李泽厚集 | 中国古代思想史论

李泽厚集

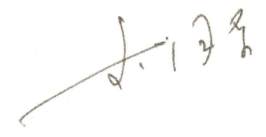

On Traditional Chinese Thoughts

中国古代思想史论

生活·讀書·新知 三联书店

1985年10月作者于曲阜

本书初版（人民出版社，1985年3月）书影

请听北京街头书摊小贩吆喝声

"李泽厚、弗洛伊德、托夫勒……"

新华社北京12月13日电 (记者吴锦才) 李泽厚、弗洛伊德、托夫勒……这些作家的名字从首都街头书摊小贩们的口中吆喝出来,听来好拗口,但是书贩们确实在重新考虑自己的摊子上该摆点什么。

人们一度习惯将这些书贩与金庸、梁羽生、琼瑶等港台通俗文学作家的名字连在一起。这类作家的书如今仍占据书摊上较大的地盘。然而书摆得住往往是由于销售不畅。书贩们发现前些时他们对"琼瑶热"、"金庸热"的估计过于乐观了。现在武侠、言情小说的销售已开始冷下来,一些学术性强的著作转而成为热销书。近几个月销得快的书籍有《宽容》、《海明威谈创作》、《中国古代思想史论》、《美学的历史》等。

北京街头的小书摊对畅销书屡有加价出售的现象,但这些小书摊又以翻阅自由、营业时间长等方便的服务赢得顾客。冬夜街头,路灯下书摊前人头攒聚的景象到处可见。

《人民日报》1986年12月14日

目 次

内容提要 …………………………………………… 1

孔子再评价 ………………………………………… 1
  一 "礼"的特征 ………………………………… 1
  二 "仁"的结构 ………………………………… 10
  三 弱点和长处 ………………………………… 29
  四 附论孟子 …………………………………… 36

墨家初探本 ………………………………………… 50
  一 小生产劳动者的思想典型 ………………… 50
  二 墨家思想并未消失 ………………………… 64

孙老韩合说 ………………………………………… 76
  一 兵家辩证法特色 …………………………… 77
  二 《老子》三层 ………………………………… 83

三　所谓"益人神智" …………………………… 96

荀易庸记要 …………………………………………… 107
　　一　人的族类特征 …………………………… 107
　　二　儒家世界观的建立 ……………………… 124
　　三　天、道、人 ……………………………… 133

秦汉思想简议 ………………………………………… 139
　　一　道、法、阴阳、儒家的合流 …………… 139
　　二　天人宇宙论图式 ………………………… 151
　　三　阴阳五行的系统论 ……………………… 165
　　四　五行图式的历史影响 …………………… 177

庄玄禅宗漫述 ………………………………………… 185
　　一　庄子的哲学是美学 ……………………… 186
　　二　人格本体论 ……………………………… 200
　　三　瞬刻永恒的最高境界 …………………… 208

宋明理学片论 ………………………………………… 231
　　一　由宇宙论到伦理学 ……………………… 232
　　二　理性本体的建立及其矛盾 ……………… 243
　　三　"心"的超越与感性 …………………… 254
　　四　遗产的两重性 …………………………… 265
　　五　《片论》补 ……………………………… 270

经世观念随笔 ………………………………………… 281

一 "内圣"与"外王" …………………………… 281
二 "治人"与"治法" …………………………… 291
三 经学与史学 ………………………………… 302

试谈中国的智慧 ………………………………… 312
一 时代课题 …………………………………… 312
二 血缘根基 …………………………………… 316
三 实用理性 …………………………………… 320
四 乐感文化 …………………………………… 323
五 天人合一 …………………………………… 333

后记 …………………………………………… 341

内容提要

孔孟

(1) 孔子所维护的周礼,本是周公所建立的氏族贵族的规范化制度,其中包含着原始人道和民主遗风。古典文献与现代民俗学可相互印证这一点。

(2) 但历史向来是在悲剧性的二律背反中行进,文明进步要付出道德的代价。必将消失的氏族社会中的人道意识却构成了孔学的中心。

(3) 孔子以"仁"释"礼",将社会外在规范化为个体的内在自觉,是中国哲学史上的创举,为汉民族的文化—心理结构奠下了始基。孔子成为中国文化的象征和代表。

(4) "仁"的四个层面:(A) 血缘基础,(B) 心理原则,(C) 人道主义,(D) 个体人格。四因素的相互制约,构成有机整体,其精神特征是"实践(用)理性"。

(5) 最为重要和值得注意的是心理情感原则,它是孔学、儒家区别于其他学说或学派的关键点。

(6) 强调情感与理性的合理调节,以取得社会存在和个体身心的均衡稳定：不需要外在神灵的膜拜、非理性的狂热激情或追求超世的拯救，在此岸中达到济世救民和自我实现。

（7）孔子仁学对中国民族长久而巨大的影响和它的优缺点。

（8）孟子的"仁政→不忍人之心→四端→人格本体"的内收路线。赋予心理情感以先验的形上性质，最终归结为道德主体性的建立。

（9）伦理相对主义与绝对主义。中国伦理学特点：一方面强调道德的先验普遍性、绝对性，另方面又强调此先验、普遍、绝对即在经验的感性、心理之中。体用不二。

（10）孟子奇特的"养气"说：理性凝聚（"集义"）为意志，人凭这种凝聚了理性的感性（"气"）能与天地相交通。

墨子

（1）墨子思想作为小生产劳动者的代表，具有重大典型意义。

（2）强调劳动生产创造财富，是墨子思想基础。

（3）建立在"交相利"基础上的"兼相爱"——"大同"空想是墨子思想的中心。

（4）人格神的专制主宰是墨子思想的第三根支柱。

（5）墨家传统并未消失，它以各种不同形态出现在农民起义和儒学异端中。近代中国的"墨学复兴"。

孙老韩

（1）中国辩证法应溯源于兵家，从而具有不同于概念辩证法的特征:(A) 高度冷静的理智态度,(B) 迅速抓住关键的二分法方式,(C) 直接指导行动的具体实用性。

(2) 老子将军事辩证法提升为"君人南面术"。"无为"的政治层与社会层含义。

(3) "道"是功能与实体混而未分的整体,不可以语言、见闻、经验去限定。老子辩证法并非对自然的认识而是生活的智慧。它的多义性和不可确定性的魅力。

(4) 由老子的非情感的特征发展而来的韩非的冷酷的利己主义:对世事人情的周密计算。政治犹军事,人生乃战场,揭穿了一切虚仁假义而"益人神智"。

(5) 重要不在认识真理而在如何运用知识,这种军事—政治—生活的辩证法给中国智力结构带来了影响。

荀易庸

(1) 孔孟荀一脉相承,"一是以修身为本",都注意了社会规范(外)与个体心理(内)的关系即人性问题。孟强调内("仁"),荀强调外("礼")。

(2) 荀子对"礼"所作的历史主义的理性解释,从人的族类特征的高度来论证,是极为卓越的见解。

(3) "隆礼"、"性伪"、"劝学"和"天人之分",构成了以改造主客观世界为根本精神的思想体系,比孟子更具有物质实践性格和以人类为主体的博大气概。

(4) 荀子的"天人之分"与"天人合一"并不矛盾。荀子思想与"顺天"的农业生产或有关系。

(5) 《易传》建构起儒家的世界观,赋予"天"以品德情感色彩，把自然与历史贯串起来。既理性又情感，既是世界观又是人生观。

（6）动态过程的《易传》辩证法与静态描述的《老子》辩证法的异同。

（7）《中庸》的内在论。

董黄

（1）与完成大一统专制帝国适应，各家学说逐渐合流，儒、道、法、阴阳为主干。儒家有深厚的农业小生产基础上的血缘宗法纽带为依据，它对各家的吸取改造。

（2）董仲舒将阴阳五行（"天"）同王道政治（"人"）作异质同构的类比联系，建构起宇宙论系统图式，以强调自然——社会作为有机整体的动态平衡与和谐秩序。

（3）中国文官政教体制的建立。

（4）以《黄帝内经》为代表的中医学说是天人宇宙论建构在科学思想中的表现。中医迄今保持其生命力，乃世界文化史的奇迹。

（5）秦汉不但在物质文明而且也在整个文化心理结构上为中国后代形成了模式和基础，是原典儒学的真正落实。

（6）阴阳五行宇宙图式长久渗入社会生活，给文化心理带来了各种优缺点，如乐观坚韧的整体精神、封闭顺从的奴隶性格和经验论的思辨水平，等等。

庄禅

（1）庄子是最早的反异化的思想家，反对人为物役，要求个体身心的绝对自由。

（2）审美的人生态度和理想人格，庄子的哲学是美学。

（3）道似无情却有情：对生命、个体、感性的注意。

（4）玄学提出人格本体论。玄学三宗，各有特色。

（5）禅是中国产物，要求彻底破除任何对语言、概念、思辨、修养、权威的执著，才能"悟道"。

（6）瞬刻中得永恒，刹那间可终古，超越一切时空因果，"我即佛"。所以，不是什么理想人格而是这种人生境界才是"本体"所在。

（7）庄禅对中国艺术有重要影响，它的直观思维方式值得注意。

理学

（1）奠基、成熟和瓦解三时期。张载、朱熹、王阳明为代表，各以"气"、"理"、"心"为中心范畴，也是理学三派。

（2）由宇宙论到伦理学的内向理论。无极太极、理气心性的讨论都是为了重建以伦常秩序为本体轴心的"孔孟之道"。

（3）从而，"人性"问题构成"天""人"关键。追求个体心性超越自身的有限感性存在，以达到"参天地"的不朽形上本体。这个本体是伦理又超伦理的。

（4）"义利之分乃人禽之异"，理性伦常与感性欲求的截然二分和尖锐对立。强调伦理律令非功利、非感性的立法普遍性。朱熹与康德。

（5）康德只讲"义"，理学又讲"仁"；但由于从本体上对感性存在的承认和肯定，使天人、理欲之分变得模糊。"仁"、"天"、"心"诸基本范畴既是先验理性的又是经验感性的。

（6）这个矛盾突出表现在"心统性情"命题中，"道心"与"人心"既对立又依存。

（7）王阳明的"无善无恶心之体"，将由伦理走向宗教？

（8）王学发展的两条路线：自然人性论与宗教禁欲主义。

经世

（1）政治化为道德，准宗教性的理学统治构成中国式的政教合一，使官僚体制和中国社会更趋虚伪和腐朽。中国传统知识分子对政治的依附性。

（2）陈、叶主功利，黄宗羲提"有治法而后有治人"，王船山发现历史与伦理的矛盾，都意味与传统命题相背离，但由于没有进入近代社会，缺乏全新的哲学建树。

（3）戴震用认识论、章学诚用历史学来反理学，展示了同一方向。

（4）主要不是宋明理学而是"经世致用"，给中国近代改革者以思想的传统力量。

中国智慧

（1）中国哲学史的课题之一：探究文化—心理结构问题以

获得清醒的自我意识。

（2）中国四大文化（兵、农、医、艺）与培育中国智慧形式有关系。自然与社会相同构的历史意识是中国智慧的重要特征，成为历史经验加人际情感的实用理性。

（3）"通而同之"（求同）以包容、吸取和同化外物而扩展自己，是中国智慧的特征之一。

（4）乐感文化：本体、无限、超越即在此当下的有限、现实中，中国智慧是审美型的。是审美而非宗教，成为中国哲学的最高境界。

（5）"自然的人化"与"天人合一"的新解释学。

孔子再评价

关于孔子研究已有不少成果，但意见分歧也许更大。分歧的一个重要原因，是对当时社会变革不很清楚，从而对孔子思想的性质和意义也就众说纷纭。本文无法涉及社会性质问题的探讨，而只想就孔子思想本身作些分析，认为其中包含多元因素的多层次交错依存，终于在历史上形成了一个对中国民族影响很大的文化—心理结构。如何准确地把握和描述这一现象，可能是解释孔子的一条途径。本文认为春秋战国是保存着氏族社会传统的早期宗法制向发达的地域国家制的过渡，认为孔子思想是这一空前时代变革中某些氏族贵族社会性格的表现。但由孔子创始的这个文化—心理结构，因具有相对独立的稳定性质而长久延续和发展下来。

一 "礼"的特征

无论哪派研究者恐怕很难否认孔子竭力维护、保卫"周礼"这一事实。《论语》讲"礼"甚多，鲜明表示孔子对当时"礼"的破坏毁弃痛心疾首，要求人们从各方面恢复或遵循"周礼"。

那么,"周礼"是什么?

一般公认,它是在周初确定的一整套的典章、制度、规矩、仪节。本文认为,它的一个基本特征,是原始巫术礼仪基础上的晚期氏族统治体系的规范化和系统化。作为早期宗法制的殷周体制,仍然包裹在氏族血缘的层层衣装之中,它的上层建筑和意识形态直接从原始文化延续而来。"周礼"就具有这种特征。一方面,它有上下等级、尊卑长幼等明确而严格的秩序规定,原始氏族的全民性礼仪已变而为少数贵族所垄断;另方面,由于经济基础延续着氏族共同体的基本社会结构,从而这套"礼仪"一定程度上又仍然保存了原始的民主性和人民性。就在流传到汉代、被称为"礼经"、作为三礼之首的《仪礼》中,也还可以看到这一特征的某些遗迹。例如《仪礼》首篇的《士冠礼》,实际是原始氏族都有的"成丁礼"、"入社礼"的延续和变形。例如《乡饮酒礼》中对长者的格外敬重,如《礼记》所阐释"六十者坐,五十者立侍,以听政役,所以明尊长也,六十者三豆,七十者四豆,八十者五豆,九十者六豆,所以明养老也。民知尊长养老,而后乃能入孝弟"①。可见,孝弟以尊长为前提,而这种尊长礼仪,我同意杨宽《古史新探》中的看法,它"不仅仅是一种酒会中敬老者的仪式,而且具有元老会议的性质,这在我国古代政权机构中有一定地位"②。中外许多原始氏族都有这种会议,如鄂温克人"在六十多年前,凡属公社内部的一些重要事情都要由'乌力楞'会议来商讨和决定。会议主要是由各户的老年男女所组成,

---

① 《礼记·乡饮酒礼》。
② 杨宽:《古史新探》,第297页,中华书局,1964年。

男子当中以其胡须越长越有权威"①。《仪礼》中的"聘礼"、"射礼"等等,也无不可追溯到氏族社会的各种礼仪巫术②。《仪礼》各篇中描述规定得那么琐碎的"礼仪",既不是后世所能凭空杜撰,也不是毫无意义的繁文缛节,作为原始礼仪,它们的原型本有其极为重要的社会功能和政治作用。远古氏族正是通过这种原始礼仪活动,将其群体组织起来、团结起来,按着一定的社会秩序和规范来进行生产和生活,以维系整个社会的生存和活动。因之这套"礼仪"对每个氏族成员便具有极大的强制性和约束力,它相当于后世的法律,实际即是一种未成文的习惯法。到"三代",特别是殷、周,这套作为习惯法的"礼仪"就逐渐变为替氏族贵族服务的专利品了③。孔子对"周礼"的态度,反映了对氏族统治体系和这种体系所保留的原始礼仪的维护。例如孔孟一贯"尚齿":所谓"孔子于乡党,恂恂如也,似不能言者"④,"乡人饮酒,杖者出,斯出矣"⑤。所谓"天下之达尊三,爵一齿一德一"⑥……等等,就是如此。

"礼"是颇为繁多的,其起源和其核心则是尊敬和祭祀祖先。王国维说:"盛玉以奉神人之器谓之豊若丰,推之而奉神人之酒醴亦谓之醴,又推之而奉神人之事,通谓之礼。"⑦郭沫若

---

① 秋浦等:《鄂温克人的原始社会形态》,第62页,中华书局,1962年。
② 参阅杨宽《古史新探》,该书对此作了一些颇有价值的探讨。
③ 在《礼记》中(例如《礼记·明堂位》)经常看到从"有虞氏"到夏殷周三代的连续,其中,夏便是重要转换点,是许多"礼"的起点。又如《礼记·郊特牲》说"诸侯之有冠礼,夏之末造也"等等,都反映出这一点。
④ 《论语·乡党10·1》。
⑤ 《论语·乡党10·13》。
⑥ 《孟子·公孙丑下》。
⑦ 《观堂集林·释礼》。

说:"礼是后来的字。在金文里面,我们偶尔看见用丰字的。从字的结构上来说,是在一个器皿里面盛两串玉具以奉事于神。《盘庚》里面所说的'具乃贝玉',就是这个意思。大概礼之起于祀神,故其字后来从示,其后扩展而为对人,更其后扩展而为吉、凶、军、宾、嘉各种仪制。"①可见,所谓"周礼",其特征确是将以祭神(祖先)为核心的原始礼仪②,加以改造制作,予以系统化、扩展化,成为一整套习惯统治法规("仪制")③。以血缘父家长制为基础(亲亲)的等级制度是这套法规的骨骼,分封、世袭、井田、宗法等政治经济体制则是它的延伸扩展。而以孔子为代表的儒家,也正是由原始礼仪巫术活动的组织者

---

① 《十批判书·孔墨的批判》,第82—83页,人民出版社,1954年。
② 《礼记·祭统》:"凡治人之道,莫急于礼。礼有五经,莫重于祭。……祭者,所以追养继孝也……夫祭有十伦焉;见事鬼神之道焉,见君臣之义焉,见父子之伦焉,见贵贱之等焉,见亲疏之杀焉,见爵赏之施焉,见夫妇之别焉,见政事之均焉,见长幼之序焉,见上下之际焉。"包括前述冠礼等等也与"祭"有关,"冠者,礼之始也……古者重冠,重冠故行之于庙,……所以自卑而尊先祖也"(《礼记·冠义》)。
③ 所谓原始礼仪,即是图腾和禁忌。它们构成原始社会强有力的上层建筑和意识形态,仪式在这里是不可违背的一套规范准则和秩序法规。恩格斯曾说,在基督教"以前的一切宗教中,仪式是一件主要的事情"(《布鲁诺·鲍威尔和早期基督教》)。原始巫术礼仪活动更是如此。种种繁缛琐碎的仪节,正是这种法规的具体执行。所以在某些礼仪活动中,一举手一投足都有严格的规定,一个动作也不容许做错,一个细节也不容许省略、漏掉……,否则就是渎神,大不敬,而会给整个氏族、部落带来灾难。《仪礼》中的繁多规定,《左传》中那么多的"是礼也""非礼也"的告诫,少数民族的材料,如"鄂温克人长时期……形成的一套行为规范,……大家都必须严格地来遵守它……涉及的范围是很广泛的……如狩猎时不能说'我们打围去',鹿、狎的头不能从驯鹿上掉下来。在捕鱼时不能跨过渔网,不能切开鱼的胸骨。鄂温克人认为违反了这些禁忌,会触怒神明,从而会对渔猎生产带来不利……"(上引秋浦书第68页),都反映这一点。

领导者（所谓巫、尹、史）演化而来的"礼仪"的专职监督保存者①。

章学诚认为，贤智学于圣人，圣人学于百姓②，集大成者，为周公而非孔子，又说"孔子之大，学周礼一言可以蔽其全体"③。的确是周公而非孔子，将从远古到殷商的原始礼仪加以大规模的整理、改造和规范化。这在当时是一个非常重要的变革。王国维《殷周制度论》中的论点是值得重视的。孔子一再强

---

① "生民之初，必方士为政"（《訄书·干蛊》），章太炎认为儒家本"术士"（《国故论衡·原儒》，术士之说当然不始于章，章的老师俞樾即有此说），"明灵星午子吁嗟以求雨者谓之儒"，"助人君顺阴阳以教化者也"（同上），本是一种宗教性、政治性的大人物。儒家的理想人物，从所谓皋陶、伊尹到周公，实际都正是这种巫师兼宰辅的"方士"（传说中所谓伊尹以"宰割要汤"，实际恐乃一有关宰割圣牛的祭神礼仪故事）。后世儒家的理想也总以这种帮助皇帝去治理天下的"宰相"为最高目标，其来有自。各派史家都注意到"礼"出自祭祀活动，"礼"与"巫"、"史"不可分等事实。如"礼由史掌，而史出于礼"（柳诒徵：《国史要义》，第5页，中华书局，民国37年），"宗祝卜史，皆司天之官，而所谓太宰者，实亦主治庖膳，为部落酋长之下之总务长。祭祀必有牲宰，故宰亦属天官"（同上），"最古之礼，专重祭礼。历世演进则兼括凡百事为，宗史合一之时已然。至周则益崇人事，此宗与史，古乃司天之官，而后来为治人之官之程序也"（同上书，第6页）。"……春秋所记，即位、出境、朝、聘、会、盟、田猎、城筑、嫁娶，乃至出奔、生卒等等事项，几乎没有和祭祀无关的。而祭祀既以神为对象，故和祭祀有关的礼，其中还包括有媚神的诗歌（舞蹈和音乐），测神意的占卜，及神的命令——类似诗歌的刑律（一种初民的禁忌，多采取这种形式）等等"（《杜国庠文集》，第274页，人民出版社，1962年）。"儒"、"儒家"之"名"虽晚出，但其作为与祭祀活动（从而与"礼"）有关的巫、尹、史、术士……之"实"却早存在。

② 这其实已有"上古之时礼源于俗"（刘师培）的意思，即"圣人"的"礼"，来源于百姓的"俗"。

③ 《文史通义·原道下》。

调自己是"述而不作"①、"吾从周"②、"梦见周公"③……，其意确乎是要维护周公的这一套。"觚不觚，觚哉，觚哉"④；"八佾舞于庭，是可忍也，孰不可忍也"⑤；"尔爱其羊，我爱其礼"⑥……，是孔子对礼仪形式（"仪"）的维护。"道之以政，齐之以刑，民免而无耻；道之以德⑦，齐之以礼，有耻且格"⑧，"自古皆有死，民无信不立……"⑨等等，则是孔子对建立在习惯法（"信"）基础上的"礼治"内容的维护⑩。

---

① 《论语·述而 7·1》。
② 《论语·八佾 3·14》。
③ 《论语·述而 7·5》。
④ 《论语·雍也 6·25》。
⑤ 《论语·八佾 3·1》。
⑥ 《论语·八佾 3·17》。
⑦ "德"究竟是什么？尚待研究。它的原义显然并非道德，而可能是各氏族的习惯法规，所以说"异姓则异德，异德则异类"（《国语·晋语》），故与"礼"联在一起。
⑧ 《论语·为政 2·3》。
⑨ 《论语·颜渊 12·7》。
⑩ 孔子反对铸刑鼎，把"政"、"刑"与"礼"、"德"对立起来。《春秋》三传都认为"初税亩"是"非礼也"，说明"礼"是与成文法对立的氏族贵族的古老的政治、经济体制。但到战国时代，儒家说"礼乐刑政，四达而不悖，则王道备矣"（《乐记·乐本》），将"礼乐"与"刑政"视为同类，情况有了很大变化，这已是荀子而非孔子。实际在战国，"礼"已全等于"仪"而失其重要性了。"春秋二百四十二年的期间，君臣士大夫言及政治人生，无不以礼为准绳。至战国则除了儒家以外，绝少言礼。……战国时之漠视礼，可以取证于记载战国史的《战国策》。……礼字差不多都是指的人情礼节之礼，与春秋时为一切伦理政治准绳之礼，截然不同"（罗根泽：《诸子考索》，第 235 页）。并参阅《日知录》卷 13"周末风俗"条："春秋时犹尊礼重信，而七国则绝不言礼与信矣。春秋时犹宗周王，而七国则绝不言王矣。春秋时犹严祭祀、重聘享，而七国则无其事矣。春秋时犹论宗姓氏族，而七国则无一言及之矣。"所谓废封建立郡县，实即地域性国家替代了自然血缘纽带。

但是，孔子的时代已开始"礼坏乐崩"，氏族统治体系和公社共同体的社会结构在瓦解崩毁，"民散久矣"①，"民恶其上"②。春秋时代众多的氏族国家不断被吞并消灭，许许多多氏族贵族保不住传统的世袭地位，或不断贫困，或"降在皂隶"。部分氏族贵族则抛弃陈规，他们以土地私有和经营商业为基础，成为新兴阶级并迅速富裕壮大。韩非说："晋之分也，齐之夺也，皆以群臣之太富也"③，经济上的强大实力使他们在政治上要求夺权（田恒的大斗出小斗进实际是显示实力而不是"收买民心"），在军事上要求兼并侵吞，终于造成原来沿袭氏族部落联盟体系建立起来的天子—诸侯—大夫的周礼统治秩序彻底崩溃。赤裸裸压迫剥削（"铸刑鼎""作竹刑""初税亩""作丘甲"）和战争主张，取下了那层温情脉脉的"礼""德"面纱，公开维护压迫剥削的意识形态和政治理论——从管仲到韩非的法家思想体系日益取得优势。

孔子在这个动荡的变革时代，明确地站在保守、落后的一方。除了上述在政治上他主张维护"礼"的统治秩序、反对"政""刑"外，在经济上，他主张维持原有的社会经济结构，以免破坏原有的氏族制度和统治体系（"不患寡而患不均，不患贫而患不安"④）。反对追求财富（聚敛）而损害君臣父子的既定秩序和氏族贵族的人格尊严，成为孔子一个重要思想：

---

① 《论语·子张 19·19》。"民"即公社自由民，"民散久矣"，即自由民离开了世代相沿的公社共同体。
② 《国语·周语》。
③ 《韩非子·爱臣》。
④ 《论语·季氏 16·1》。虽然孔子也主张"富之"，但居次要地位，更重要的是"安"和"均"。这里的"均"非平均，而是指"各得其分"。

富与贵，是人之所欲也，不以其道得之，不处也；贫与贱，是人之所恶也，不以其道得之，不去也。①

士志于道，而耻恶衣恶食者，未足与议也。②

季氏富于周公，而求也为之聚敛而附益之，子曰：非吾徒也，小子鸣鼓而攻之，可也。③

吾犹及史之阙文也，有马者借人乘之，今亡已夫。④

衣故缊袍，与衣狐貉者立而不耻者，其由也欤！⑤

……

这些都反映了被财富打败、处于没落命运的氏族贵族的特征。孔子尽管东奔西走，周游列国，想要恢复周礼，却依然四处碰壁。历史必然地要从早期宗法制走向更发达的地域国家制。

这是社会的一大前进，在这基础上出现了灿烂的战国文明和强盛的秦汉帝国。但同时，早期宗法制所保留的大量原始礼仪体制中包含的氏族内部的各种民主、仁爱、人道的残留，包括像春秋许多中小氏族国家的城邦民主制政治，也全被这一进步所舍弃和吞没。历史向来就是在这种悲剧性的二律背反中行进。恩格斯说："由于文明时代的基础是一个阶级对另一个阶级的剥削，所以它的全部发展都是在经常的矛盾中进行的。生产的每一进步，同时也就是被压迫阶级即大多数人的生活状况的一个退步……"⑥

---

① 《论语·里仁 4·5》。
② 《论语·里仁 4·9》。
③ 《论语·先进 11·17》。
④ 《论语·卫灵公》。
⑤ 《论语·子罕》。
⑥ 《马克思恩格斯选集》第 4 卷，第 173—174 页，人民出版社，1972 年。

恩格斯指的是资本主义对机器的采用。而从原始社会进到阶级社会，更是如此。社会的前进，生产的提高，财富的增加，是以大多数人付出沉重牺牲为代价。例如，在原始社会和阶级社会中，战争经常是推动历史进步的重要因素，但哀伤、感叹和反对战争带来的痛苦、牺牲，也从来便是人民的正义呼声①。双方都有理由，所以说是不可解决的悲剧性的历史二律背反②。当以财富为实力的新兴阶级推倒氏族贵族的"礼治"，要求"以耕战为本"，建立无情的"治法"，赤裸裸地肯定压迫剥削，以君主集权专制替代氏族贵族民主，来摧毁家长制的氏族统治的落后体制时，它具有历史的合理性和进步性。但另一面，哀叹氏族体制的最终崩毁，反对日益扩大的兼并战争，幻想恢复远古剥削压迫较轻的"黄金时代"，企图维护相对说来对本氏族内部成员确乎比较宽厚的统治体系，不满、斥责、抨击赤裸裸的剥削压迫③……，这也有其合理性和人民性。历史、现实和人物本来经常就是矛盾和复杂的，想用一个好坏是非的简单方式来评定一切，往往削足适履，不符事实。孔子维护周礼，是保守、落后以至反动的（逆历史潮流而动），但他反对残酷的剥削压榨，要求保持、恢复并突

---

① 《诗经·采薇》等篇很早就表示了这种矛盾。宣王北伐远征，"载饥载渴"，曰归不得，"我心伤悲，莫知我哀"；但"靡室靡家，玁狁之故"，为保卫国家抵抗外侮而战争是正义的。后世如杜甫《新婚别》等也突出地表现了这一矛盾。
② 可参看黑格尔《美学》论悲剧。
③ 如果比较一下战国以来的"杀人盈城""杀人盈野"的战争，和秦汉帝国的大规模劳役压榨，西周时代的贫困而"安宁"就很显然。周礼虽已包含恐吓威胁的一面，如"哀公问社于宰我。宰我对曰，夏后氏以松，殷人以柏，周人以栗，曰使民战栗"（《论语·八佾3·21》），但孔子不同意突出这一面，"子闻之曰，成事不说，遂事不谏，既往不咎。"（同上）

出地强调相对温和的远古氏族统治体制，又具有民主性和人民性。孔子的仁学思想体系，就建立在这样一种矛盾复杂的基础之上。

二 "仁"的结构

也几乎为大多数孔子研究者所承认①，孔子思想的主要范畴是"仁"而非"礼"。后者是因循，前者是创造。尽管"仁"字早有，但把它作为思想系统的中心，孔子确为第一人。

那么，"仁"又是什么？

"仁"字在《论语》中出现百次以上，其含义宽泛而多变，每次讲解并不完全一致。这不仅使两千年来从无达诂，也使后人见仁见智，提供了各种不同解说的可能。强调"仁者爱人"与强调"克己复礼为仁"，便可以实际也作出了两种对立的解释。看来，要在这百次讲"仁"中，确定哪次为最根本或最准确，以此来推论其他，很难做到；在方法上也未必妥当。因为部分甚至部分之合并不能等于整体，有机整体一经构成，便获得自己的特性和生命。孔子的仁学思想似乎恰恰是这样一种整体模式。它由四个方面或因素组成，诸因素相互依存、渗透或制约；从而具有自我调节、相互转换和相对稳定的适应功能。正因如此，它就经常能够或消化掉或排斥掉外来的侵犯、干扰，而长期自我保持、延

---

① 当然也不尽然。国内外均有论者持相反意见。其中，Herbert Fingarette 强调外在礼仪是中心，不是内在的个体心理（仁），与本文强调"礼"的特征有相近处；但他忽视了孔子将"礼"（外在）化为"仁"（内在）的重要性。见所著 *Conficious —— The Secular as Sacred*，New York，1972 年。

续下来，构成一个颇具特色的思想模式和文化心理结构①，在塑造汉民族性格上留下了重要痕迹。构成这个思想模式和仁学结构的四因素分别是（一）血缘基础，（二）心理原则，（三）人道主义，（四）个体人格。其整体特征则是（五）实践理性。这里面有许多复杂问题需要详细研究，本文只是试图初步提出这个问题和提供一个假说。下面粗线条地简略说明一下。

（一）孔子讲"仁"是为了释"礼"，与维护"礼"直接相关。"礼"如前述，是以血缘为基础、以等级为特征的氏族统治体系。要求维护或恢复这种体系是"仁"的根本目标。所以：

  其为人也孝悌，而好犯上者，鲜矣。不好犯上而好作乱者，未之有也。君子务本，本立而道生，孝悌也者，其为人之本欤？②（"有子之言似夫子"，一般均引作孔子材料。）
  "子奚不为政？"子曰：《书》云："孝乎惟孝，友于兄弟。"施于有政，是亦为政，奚其为为政？③
  弟子入则孝，出则悌，谨而信，泛爱众，而亲仁……。④
  君子笃于亲，则民兴于仁。⑤
  ……

参以孟子"亲亲，仁也"⑥，"仁之实，事亲是也"⑦，可以

---

① 这个结构的最终完成是在汉代，参看本书《秦汉思想简议》。
② 《论语·学而1·2》。
③ 《论语·为政2·21》。
④ 《论语·学而1·6》。
⑤ 《论语·泰伯8·2》。
⑥ 《孟子·尽心上》。
⑦ 《孟子·离娄上》。

确证强调血缘纽带是"仁"的一个基础含义。"孝"①、"悌"通过血缘从纵横两个方面把氏族关系和等级制度构造起来。这是从远古到殷周的宗法统治体制（亦即"周礼"）的核心，这也就是当时的政治（"是亦为政"），亦即儒家所谓"修身齐家治国平天下"。春秋时代和当时儒家所讲的"家"，不是后代的个体家庭或家族，正是与"国"同一的氏族、部落②。所谓"平天下"，指的也是氏族（大夫）——部落（诸侯）——部落联盟（天子）③的整个系统。只有这样，才能了解孔子所谓"迩之事父，远之事君"，孟子所谓"天下之本在国，国之本在家，家之本在身"；也才能理解孔子的"兴灭国，继绝世，举逸民"④，孟子的"反其旄倪，止其重器，谋于燕众，置君而后去之"⑤等等意思，它们都是要恢复原有氏族部落国家的生存权利。孔子把"孝""悌"

---

① 《尚书·尧典》："放勋乃殂落，百姓如丧考妣"。《尚书·康诰》："王曰，封元恶大憝，惟不孝不友，弗只服厥父事，大伤厥弟心，……大不友于弟，惟吊兹，不于我政人得罪，天惟与我民彝大泯乱……"《尚书·酒诰》、《诗·大雅·文王有声》均强调"孝"。《左传·文公》："孝，礼之始也"，甲骨文中，孝与老、考本通，金文此。可知"孝"与尊老敬齿本同一件事，是氏族遗风。"忠"则原意是对平等的"人"并非对"君"，它出现也很晚。
② 《章太炎国学讲演录》，第65页："大学有治其国者必先齐家之语，……此殆封建时代，家国无甚分别。所谓家者乃'千乘之家百乘之家'之类，故不齐家者即不能治国，……郡县时代，家与国大异，故而唐太宗家政虽乱而偏能治国。"
③ 殷周的"天子"可能比一般观念中的"部落联盟"首领要发展得更为充分、高级一层。但在实质上，我以为是相近或相当的。正如王国维所说，"当夏后之世而殷之王亥王恒累称王，汤未放桀之时亦已称王，……盖诸侯之于天子，犹后世诸侯之于盟主，未有君臣之分也。"（《观堂集林·殷周制度论》）
④ 《论语·尧曰20·1》。
⑤ 《孟子·梁惠王下》。

作为"仁"的基础，把"亲亲尊尊"①作为"仁"的标准，维护氏族父家长传统的等级制度，反对"政"、"刑"从"礼""德"中分化出来，都是在思想上缩影式地反映了这一古老的历史事实。恩格斯说："亲属关系在一切蒙昧民族和野蛮民族的社会制度中起着决定作用。"②孔子在当时氏族体制、亲属关系崩毁的时代条件下，把这种血缘关系和历史传统提取、转化为意识形态上的自觉主张，对这种超出生物种属性质、起着社会结构作用的血缘亲属关系和等级制度作明朗的政治学的解释，使之摆脱特定氏族社会的历史限制，强调它具有普遍和长久的社会性的含义和作用，这具有重要意义。特别是把它与作为第二因素的心理原则直接沟通、联结起来并扩展为第三因素之后。

（二）"礼自外作"。"礼"本是对个体成员具有外在约束力的一套习惯法规、仪式、礼节、巫术。包括"入则孝，出则悌"等等，本也是这种并无多少道理可讲的礼仪。例如，为孔孟所强调的"天下之通丧"（"三年之丧"）可能便是一种由来久远、要求人们遵守执行的传统礼仪③。从而，在"礼坏乐崩"的时代浪潮中，很自然地发生了对这套传统礼仪（亦即氏族统治体制）的怀

---

① "亲亲尊尊"并不与"举贤才"相矛盾。"举贤"也是原始社会氏族体制中一个早就存在的历史传统，它与"亲亲尊尊"互补而行。所以才有"舜有天下，举皋陶，不仁者远矣。汤有天下，举伊尹，不仁者远矣"（《论语·颜渊12·22》）的称赞和说法。孔孟并未突破氏族贵族的世袭制（如某些论著所认为），而恰好是要求保存氏族体制的各种遗迹。
② 《马克思恩格斯选集》第4卷，第24页，人民出版社，1972年。
③ 三年之丧，非周制而为殷制（见毛西河《四书改错》卷9），《尚书·无逸》中有殷王守丧三年等记述。关于三年之丧，各家说法不一，今文经学以及钱玄同、郭沫若均认为是孔子改制创作，古文经学以及胡适、傅斯年等人认为是殷礼。本文暂从后说。

疑和反对。当时，对"礼"作新解释的浪潮已风起云涌，出现了各种对"礼"的说明。其中就有认为"礼"不应只是一套盲目遵循的外在仪节形式，而应有其自身本质的观点。例如：

> 子大叔见赵简子，简子问揖让周旋之礼焉。对曰：是仪也，非礼也。简子曰：敢问何谓礼。对曰……夫礼，天之经也，地之义也，民之行也。……民失其性，是故为礼以奉之。为六畜、五牲、三牺，以奉五味，为九文、六采、五章以奉五色，为九歌、八风、七音、六律以奉五声，为君臣上下以则地义，为夫妇外内以经二物，为父子、兄弟、姑姊、甥舅、婚媾、姻亚以象天明，为政事、庸力、行务以从四时……。哀有哭泣，乐有歌舞，喜有施舍，怒有战斗；喜生于好，怒生于恶，是故审行信令，祸福赏罚，以制死生。①

这段话说明了，第一，"礼"不是"仪"②。这从反面证明，在原来，"礼"与"仪"本是不分的，它们是宗教性的原始礼仪巫术的延续；如今需要区分开来，以寻求和确定"礼"的内在本质。因为这时"礼"已是自觉的明确的社会规范，其中包含重要的统治秩序，不能再是那种包罗万象而混沌一体的原始礼仪了。第二，这段话还说明了，作为统治秩序和社会规范的"礼"，是以食色声味和喜怒哀乐等"人性"为基础的，统治规范不能脱离

---

① 《左传·昭公二十五年》。
② 从春秋到战国，从《左传》到《荀子》，有对"礼"的各种解释，其中区分"礼"与"仪"便是重要的共同处。所以有所谓"礼之文"、"礼之貌"、"礼之容"与"礼之质"、"礼之本"、"礼之实"等等区分说法。

人的食色好恶。那么，进一步的问题便是，这种作为基础的"人性"是什么呢？孔子对宰我问"三年之丧"的回答，表达了自己的看法：

>宰我问三年之丧，期已可矣。君子三年不为礼，礼必坏；三年不为乐，乐必崩。旧谷既没，新谷既升，钻燧改火，期已可矣。子曰食夫稻，衣夫锦，于女安乎？曰安。女安则为之。夫君子之居丧，食旨不甘，闻乐不乐，居处不安，故不为也。今女安，则为之。宰我出。子曰，予之不仁也！子生三年，然后免于父母之怀。夫三年之丧，天下之通丧也。予也有三年之爱于其父母乎！[①]

与上述对"礼"作新解释新规定整个思潮相符合，孔子把"三年之丧"的传统礼制，直接归结为亲子之爱的生活情理，把"礼"的基础直接诉之于心理依靠。这样，既把整套"礼"的血缘实质规定为"孝悌"，又把"孝悌"建筑在日常亲子之爱上，这就把"礼"以及"仪"从外在的规范约束解说成人心的内在要求，把原来的僵硬的强制规定，提升为生活的自觉理念，把一种宗教性神秘性的东西变而为人情日用之常，从而使伦理规范与心理欲求融为一体。"礼"由于取得这种心理学的内在依据而人性化，因为上述心理原则正是具体化了的人性意识。由"神"的准绳命令变而为人的内在欲求和自觉意识，由服从于神变而为服从于人、服从于自己，这一转变在中国古代思想史上具有划时代的意义。

[①] 《论语·阳货17·21》。

并没有高深的玄理，也没有神秘的教义，孔子却比上述《左传》中对"礼"的规定解释，更平实地符合日常生活，具有更普遍的可接受性和付诸实践的有效性。在这里重要的是，孔子没有把人的情感心理引导向外在的崇拜对象或神秘境界，而是把它消融满足在以亲子关系为核心的人与人的世间关系之中，使构成宗教三要素的观念、情感和仪式①统统环绕和沉浸在这一世俗伦理和日常心理的综合统一体中，而不必去建立另外的神学信仰大厦。这一点与其他几个要素的有机结合，使儒学既不是宗教，又能替代宗教的功能，扮演准宗教的角色，这在世界文化史上是较为罕见的②。不是去建立某种外在的玄想信仰体系，而是去建立这样一种现实的伦理—心理模式，正是仁学思想和儒学文化的关键所在。

正由于把观念、情感和仪式（活动）引导和满足在日常生活的伦理—心理系统之中，其心理原则又是具有自然基础的正常人的一般情感，这使仁学一开始避免了摈斥情欲的宗教禁欲主义。孔子没有原罪观念和禁欲意识；相反，他肯定正常情欲的合理性，强调对它的合理引导。正因为肯定日常世俗生活的合理性和身心需求的正当性，它也就避免了、抵制了舍弃或轻视现实人生的悲观主义和宗教出世观念。孔学和儒家积极的入世人生态度与它的这个心理原则是不可分割的。

---

① 参看普列汉诺夫《论俄国的所谓宗教探寻》："可以给宗教下一个这样的定义：宗教是观念、情绪和活动的相当严整的体系。观念是宗教的神话因素，情绪属于宗教感情领域，而活动则属于宗教礼拜方面，换句话说，属于宗教仪式方面。"（《普列汉诺夫哲学选集》第3卷，第363页，三联书店，1962年）
② 墨家为恢复远古传统的外在约束力企图建立宗教（《天志》、《明鬼》），结果被儒家打败了。

也由于强调这种内在的心理依据，"仁"不仅仅得到了比"仪"远为优越的地位，而且也使"礼"实际从属于"仁"。孔子用"仁"解"礼"，本来是为了"复礼"，然而其结果却使手段高于目的，被孔子所发掘所强调的"仁"——人性心理原则，反而成了更本质的东西，外的血缘（"礼"）服从于内的心理（"仁"）："人而不仁，如礼何？人而不仁，如乐何？"①"礼云礼云，玉帛云乎哉？乐云乐云，钟鼓云乎哉？"②"礼与其奢也宁俭，丧与其易也宁戚"③；"今之孝者，是谓能养，至于犬马，皆能有养，不敬，何以别乎？"④……不仅外在的形式（"仪"：玉帛、钟鼓），而且外在的实体（"礼"）都是从属而次要的，根本和主要的是人的内在的伦理—心理状态，也就是人性。后来孟子把这个潜在命题极大地发展了。

因之，"仁"的第二因素比第一因素（血缘、孝悌）与传统"礼仪"的关系是更疏远一层了，是更概括更抽象化（对具体的氏族体制说），同时又更具体化更具实践性（对未经塑造的人们心理说）了。

（三）因为建立在这种情感性的心理原则上，"仁学"思想在外在方面突出了原始氏族体制中所具有的民主性和人道主义，"仁从人从二，于义训亲"（许慎），证以孟子所谓"仁也者，人也"，"老吾老以及人之老，幼吾幼以及人之幼"，汉儒此解，颇为可信。即由"亲"及人，由"爱有差等"而"泛爱众"，由亲

---

① 《论语·八佾 3 · 3》。
② 《论语·阳货 17 · 11》。
③ 《论语·八佾 3 · 4》。
④ 《论语·为政 2 · 7》。

亲（对血缘密切的氏族贵族）而仁民（对全氏族、部落、部落联盟的自由民。但所谓"夷狄"——部落联盟之外的"异类"在外），即以血缘宗法为基础，要求在整个氏族—部落成员之间保存、建立一种既有严格等级秩序又具某种"博爱"的人道关系。这样，就必然强调人的社会性和交往性，强调氏族内部的上下左右、尊卑长幼之间的秩序、团结、互助、协调。这种我称之为原始的人道主义，是孔子仁学的外在方面。孔子绝少摆出一副狰狞面目。相反，"爱人"①，"老者安之，朋友信之，少者怀之"②，"子为政，焉用杀"③，"宽则得众，惠则足以使民"④，"其养民也惠"⑤，"百姓足，君孰与不足？百姓不足，君孰与足"⑥，"不教而杀谓之虐，不戒视成谓之暴"⑦，"伤人乎？不问马"⑧，"近者悦，远者来"⑨，"修文德以来之"⑩，"四方之民则襁负其子而至矣"⑪……《论语》中的大量这种记述，清楚地表明孔子的政治经济主张是既竭力维护氏族统治体系的上下尊卑的等级秩序，又强调这个体制所仍然留存的原始民主和原始人道，坚决反对过分的、残暴的、赤裸裸的压迫与剥削。而这，也就是所谓"中庸"。关于"中庸"，历代和今人都有许多解说，我以为新近出土

---

① 《论语·颜渊12·22》。
② 《论语·公冶长5·26》。
③ 《论语·颜渊12·19》。
④ 《论语·阳货17·6》。
⑤ 《论语·公冶长5·16》。
⑥ 《论语·颜渊12·9》。
⑦ 《论语·尧曰20·2》。
⑧ 《论语·乡党10·17》。
⑨ 《论语·子路13·16》。
⑩ 《论语·季氏16·1》。
⑪ 《论语·子路13·4》。

战国中山王墓葬中青铜器铭文所载"籍敛中则庶民坿"①这句话，倒可以作为孔子所讲"中庸"之道的真实内涵，实质上是要求在保存原始民主和人道的温情脉脉的氏族体制下进行统治。

这一因素具有重要意义。它表明"仁"是与整个社会即氏族—部落—部落联盟，亦即大夫〔"家"〕—诸〔"国"〕—天子〔"天下"〕的利害相关联制约着，而成为衡量"仁"的重要准则。所以，尽管孔子对管仲在礼仪上的"僭越"、破坏极为不满，几度斥责他不知"礼"；然而，却仍然许其"仁"。

> ……管仲知礼乎？曰：邦君树塞门，管氏亦树塞门；邦君为两君之好，有反坫；管氏亦有反坫。管氏而知礼，孰不知礼？
>
> 子路曰，桓公杀公子纠，召忽死之，管仲不死。曰未仁乎。子曰，桓公九合诸侯，不以兵车，管仲之力也！如其仁，如其仁！②
>
> 子贡曰，管仲非仁者与？桓公杀公子纠，不能死，又相之。子曰：管仲相桓公，霸诸侯，一匡天下，民到如今受其赐。微管仲，吾其被发左衽矣。岂若匹夫匹妇之为谅也，自经于沟渎而莫之知也。③

---

① "夫古之圣王，务在得贤，其次得民，故辞礼敬则贤人至，宠爱深则贤人亲，籍敛中则庶民坿"（《文物》1979 年第 1 期，第 7 页）。
② 《论语·八佾 3·22》，《论语·宪问 14·16》。有人释"如其仁"为"不仁"，但从全文及下章观之，此解难信。
③ 《论语·宪问 14·17》。所谓"被发左衽"，也就是"用夷变夏"。夷夏大防为孔门大义，实亦由原始遗风而来，即极端重视以部落联盟为内外界限的敌我区分。

这就是说,"仁"的这一要素对个体提出了社会性的义务和要求,它把人(其当时的具体内容是氏族贵族,下同)与人的社会关系和社会交往作为人性的本质和"仁"的重要标准。孟子所谓"无父无君是禽兽也",也是强调区别于动物性的人性本质,存在于、体现于这种社会关系中,离开了父母兄弟、君臣上下的社会关系和社会义务,人将等于禽兽。这也就是后代(从六朝到韩愈)反佛、明清之际反宋儒(空谈心性,不去"经世致用")的儒学理论依据[1]。可见,"仁"不只是血缘关系和心理原则,它们是基础;"仁"的主体内容是这种社会性的交往要求和相互责任。

思想总有其生活的现实根基,孔子这种原始人道主义根基在先秦很难解释为别的什么东西,而只能是古代宗法氏族内部民主制的遗风残迹。一直到西汉时代,儒家及其典籍仍然是这种原始民主遗风残迹的重要保存者(如汉今文学家对所谓"禅让"、"明堂"[2]的讲求等等)。

因之,把孔子这套一概斥之为"欺骗""伪善",便似乎太简单了,很难解释这些所谓"伪善"的言词为何竟占据了《论语》的主要篇幅和表述为"仁"的主要规定。恩格斯说:"文明时代愈是向前进展,它就愈是不能不给它所产生的坏事披上爱的外衣,不得不粉饰它们,或者否认它们——一句话,是实行习惯性的伪善,这种伪善,无论在较早的那些社会形态下,还是在文

---

[1] 参看本书《宋明理学片论》。
[2] 所谓"明堂"一直纠缠不清,我认为,大概即新石器时代的"大房子"的传统延续。它既是神庙,又是议政厅,二者在远古本是同一的。

明时代的第一阶段都是没有的。"①虽然孔子已不是文明时代的第一阶段,虽然这些思想在后代确乎经常成为"伪善"工具;但在孔子那里,仍然具有很大的忠诚性。伪善的东西不可能在当时和后世产生那么大的影响。孔子毕竟处在文明社会的早期。

(四)与外在的人道主义相对应并与之紧相联系制约,"仁"在内在方面突出了个体人格的主动性和独立性。

这一点也至为重要。在上述礼坏乐崩、周天子也无能为力、原有外在权威已丧失其力量和作用的时代,孔子用心理原则的"仁"来解说"礼",实际就是把复兴"周礼"的任务和要求直接交给了氏族贵族的个体成员("君子"),要求他们自觉地、主动地、积极地去承担这一"历史重任",把它作为个体存在的至高无上的目标和义务。孔子再三强调"为仁由己,而由人乎哉?"②"仁远乎哉?我欲仁,斯仁至矣。"③"当仁不让于师"④;"夫仁者,己欲立而立人,已欲达而达人。能近取譬,可谓仁之方也已"⑤等等,表明"仁"既非常高远又切近可行,既是历史责任感又属主体能动性,既是理想人格又为个体行为。而一切外在的人道主义、内在的心理原则以及血缘关系的基础,都必须落实在这个个体人格的塑造之上:

"其身正,不令而行;其身不正,虽令不从"⑥;"苟子之不

---

① 《马克思恩格斯选集》第4卷,第174页。
② 《论语·颜渊12·1》。
③ 《论语·述而7·30》。
④ 《论语·卫灵公15·36》。
⑤ 《论语·雍也6·30》。
⑥ 《论语·子路13·6》。

欲，虽赏之不窃"①……，儒家强调"修身"作为"齐家治国平天下"的根本，固然仍是要求保持氏族首领遗风②，同时却又是把原来只属于这种对首领的要求推而广之及于每个氏族贵族。从而，也就使所谓"制礼作乐"不再具有神秘权威性质，"礼"不再是原始巫师和"大宰"（《周官》）等氏族寡头、帝王宰史的专利，而成为个体成员均可承担也应承担的历史责任或至上义务。这当然极大地高扬了个体人格，提高了它的主动性、独立性和历史责任性。"天生德于予，桓魋其如予何？"③"文王既殁，文不在兹乎？"④"天将以夫子为木铎"⑤……，孔子以身作则式地实践了对这种具有历史责任感的伟大人格的自觉追求。

正是由于对个体人格完善的追求，在认识论上便强调学习和教育，以获得各种现实的和历史的知识。这使孔子提出了一系列有科学价值、至今仍有意义的教育心理学的普遍规律。如"性相近也，习相远也"⑥，"学而不思则罔，思而不学则殆"⑦，"毋意毋必毋固毋我"⑧……等等，从而某些涉及认识论的范畴（如知、思、学等）第一次被充分突出。一方面是学习知识，另一面则是强调意志的克制和锻炼，主动地严格约束自己、要求自己，

---

① 《论语·颜渊12·18》。
② 在远古，氏族首领必须以身作则，智勇谦让超出一般，才能被选，并且他还必须对氏族命运负责，遇有灾难，他必须首先"检讨"，或者下台。文献中种种关于汤祷于桑林的传说甚至后世皇帝下罪己诏之类，亦均可说乃此风之遗。
③ 《论语·述而7·23》。
④ 《论语·子罕9·5》。
⑤ 《论语·八佾3·24》。
⑥ 《论语·阳货17·2》。
⑦ 《论语·为政2·15》。
⑧ 《论语·子罕9·4》。

如"约之以礼"①,"克己复礼"②,"刚毅木讷近仁"③,"仁者其言也讱"④……等等。追求知识、勤奋学习和讲求控制、锻炼意志成为人格修养相互补充的两个方面。这种刻苦的自我修养和伟大的历史使命感,最终应使个体人格的"仁"达到一种最高点:即"志士仁人,无求生以害仁,有杀身以成仁"⑤;"君子无终日之间违仁,造次必如是,颠沛必如是"⑥;"求仁而得仁,又何怨"⑦;"仁者必有勇,勇者不必有仁"⑧;"仁者不忧"⑨……

以及:"三军可夺帅也,匹夫不可夺志也"⑩;"岁寒,然后知松柏之后凋也"⑪……

以及:"可以托六尺之孤,可以寄百里之命,临大节而不可夺也,君子人欤?君子人也"⑫;"士不可以不弘毅,任重而道远。仁以为己任,不亦重乎,死而后已,不亦远乎"⑬。

……

所有这些,都是为树立和表彰作为个体伟大人格的"仁"。所以,"仁"不同于"圣"。"圣"是具有效果的客观业绩("如

---

① 《论语·雍也 6·27》。
② 《论语·颜渊 12·1》。
③ 《论语·子路 13·27》。
④ 《论语·颜渊 12·3》。
⑤ 《论语·卫灵公 15·9》。
⑥ 《论语·里仁 4·5》。
⑦ 《论语·述而 7·15》。
⑧ 《论语·宪问 14·4》。
⑨ 《论语·子罕 9·29》。
⑩ 《论语·子罕 9·26》。
⑪ 《论语·子罕 9·28》。
⑫ 《论语·泰伯 8·6》。
⑬ 《论语·泰伯 8·7》。

有博施于民而能济众）①；"仁"则仍停留在主观的理想人格规范之内。实际上，"仁"在这里最终归宿为主体的世界观、人生观。孔子把本是宗教徒的素质和要求归结为这种不需服从于神的"仁"的个体自觉。因之，不必需要超凡入圣的佛菩萨或基督徒，却同样可以具有自我牺牲的献身精神和拯救世界的道德理想，可以同样孜孜不倦、临事不惧、不计成败利钝、不问安危荣辱，"知其不可而为之"②、"不怨天，不尤人"③、"内省不疚，夫何忧何惧"④……。由孔子树立的这种"仁"的个体人格（君子）⑤，替代了宗教圣徒的形象而又具有相同的力量和作用。

康德《纯粹理性批判》说："由于道德哲学具有比理性所有其他职能的优越性，古人应用'哲学家'一词经常是特指道德家。就是在今天，我们由某种比喻称能有理性指导下自我克制的人为哲学家，而不问其知识如何。"⑥对树立这种人生观并产生了长久历史影响的孔子，他在中国哲学史上的重要地位，与名、墨、老、庄以及法家不同，似应从这个角度去估量。黑格尔哲学史把孔子哲学看成只是一堆处世格言式的道德教条，未免失之表面了。

（五）如前所说，作为结构，部分之和不等于整体。四因素

---

① 《论语·雍也6·30》。
② 《论语·宪问14·38》。
③ 《论语·宪问14·35》。
④ 《论语·颜渊12·4》。
⑤ 君子、小人本为阶级（或阶层）的对称。君子本武士，即氏族贵族，亦即士阶层。到孔子这里，则成为道德人格范畴了，"君子去仁，恶乎成名"（《论语·里仁4·5》），即不成其为君子也。
⑥ 《纯粹理性批判》A840＝B868，参阅蓝公武译本，第570页，三联书店版，1957年。

机械之和不等于"仁"的有机整体。这个整体具有由四因素相互作用而产生、反过来支配它们的共同特性。这特性是一种我称之为"实践理论"或"实用理性"的倾向或态度。它构成儒学甚至中国整个文化心理的一个重要的民族特征。

所谓"实践（用）理性"，首先指的是一种理性精神或理性态度。与当时无神论、怀疑论思想兴起①相一致，孔子对"礼"作出"仁"的解释，在基本倾向上符合了这一思潮。不是用某种神秘的热狂而是用冷静的、现实的、合理的态度来解说和对待事物和传统；不是禁欲或纵欲式地扼杀或放任情感欲望，而是用理智来引导、满足、节制情欲；不是对人对己的虚无主义或利己主义，而是在人道和人格的追求中取得某种均衡。对待传统的宗教鬼神也如此，不需要外在的上帝的命令，不盲目服从非理性的权威，却仍然可以拯救世界（人道主义）和自我完成（个体人格和使命感）；不厌弃人世，也不自我屈辱，"以德报怨"；一切都放在实用的理性天平上加以衡量和处理。所以，"子不语怪力乱神"②，"祭如在，祭神如神在。……吾不与祭，如不祭"③，"未能事人，焉能事鬼"④，"未知生，焉知死"⑤……本来，在当时甚至后世的条件下，肯定或否定鬼神都很难在理论上予以确证，肯定或否定实际上都只是一种信仰或信念，孔子处理这个问题于

---

① 见《左传》中许多记载，如"天道远，人道迩，非所及也"，"民，神之主也，是以圣王先成民而后致力于神"，"国将兴，听于民；将亡，听于神"等等。
② 《论语·述而 7·21》。
③ 《论语·八佾 3·12》。
④ 同上。
⑤ 同上。

"存而不论"之列,是相当高明的回避政策。墨子斥之为"以天为不明,以鬼为不神"①,实际正是作为仁学特征的清醒理性精神。

这种理性具有极端重视现实实用的特点。即它不在理论上去探求讨论、争辩难以解决的哲学课题,并认为不必要去进行这种纯思辨的抽象(这就是汉人所谓"食肉不食马肝,不为不知味"②)。重要的是在现实生活中如何妥善地处理它。孔子说"敬鬼神而远之,可谓知矣",这个"知"不是思辨理性的"知",而正是实践理性的"知"。与此相当,不是去追求来世拯救、三生业报或灵魂不朽,而是把"不朽"、"拯救"都放在此生的世间功业文章中。"用之则行,舍之则藏"③,进则建功立业,退则立说著书……而这一切都并不需要宗教的狂热或神秘的教义,只要用理性作为实践的引导,来规范塑制情感、愿欲和意志就行了。在这里,重要的不是言论,不是思辨,而是行动本身;"君子欲讷于言,而敏于行"④,"听其言而观其行"⑤,"君子耻其言而过

---

① 《墨子·公孟》。
② 直到严复介绍斯宾塞、穆勒等人的不可知论,也仍是这种精神。"仆往常谓理至见极,必将不可思议。……食肉不食马肝,不为不知味,……不必亟求其通也"(《穆勒名学·部甲按语》)。"迷信者,言其必如是,固差;不迷信者,言其必不如是,亦无证据。故哲学大师如赫胥黎、斯宾塞诸公皆于此事谓之 Unknowable (不可知),而自称为 Agnostic (不可知论者),盖人生智识至此而穷,不得不置其事于不议不论之列,而各行心之所安而已"(《严复家书》,见《严几道先生遗著》,新加坡,1959 年)。
③ 《论语·述而 7·11》。
④ 《论语·里仁 4·24》。
⑤ 《论语·公冶长 5·10》。

其行"①,"古者言之不出,耻躬之不逮也"②……这里也没有古希腊那种日神精神和酒神精神的分裂对立③和充分发展(即更为发展的思辨理性和更为发展的神秘观念),而是两者统一融合在实用理性之中。

血缘、心理、人道、人格终于形成了这样一个以实用理性为特征的思想模式的有机整体。它之所以是有机整体,是由于它在这些因素的彼此牵制、作用中得到相互均衡、自我调节和自我发展,并具有某种封闭性,经常排斥外在的干扰或破坏。例如,在第二因素(心理原则:爱有差等)的抑制下,片面发展第三因素的倾向被制约住,使强调"兼爱""非攻"的墨家学说的进攻终于失败。例如,在第三因素制约下,片面发展第四因素的倾向,追求个人的功业、享乐或自我拯救也行不通,无论是先秦的杨朱学派或后世盛极一时的佛家各派同样被吸收消失。……此外,如忠(对人)与恕(对己)、狂("兼济")与狷("独善")的对立而又互补,都有稳定这整个有机结构的作用和功能。总之,每个因素都作用于其他因素,而影响整个系统,彼此脱离即无意义。

孔子仁学本产生在早期宗法制崩溃、氏族统治体系彻底瓦解时期,它无疑带着那个时代氏族贵族深重烙印。然而,意识形态和思想传统从来不是消极的力量。它一经制造或形成,就具有相对独立的性格,成为巨大的传统力量。自原始巫史文化(礼仪)崩毁之后,孔子是提出这种新的模式的第一人。尽管不一定自觉意识到,但建立在血缘基础上,以"人情味"(社会性)的亲子

---

① 《论语·宪问 14·27》。
② 《论语·里仁 4·22》。
③ 参阅罗素《西方哲学史》对希腊哲学的评述。

之爱为辐射核心,扩展为对外的人道主义和对内的理想人格,它确乎构成了一个具有实践性格而不待外求的心理模式。孔子通过教诲学生,"删定"诗书,使这个模式产生了社会影响,并日益渗透在广大人们的生活、关系、习惯、风俗、行为方式和思维方式中,通过传播、熏陶和教育,在时空中蔓延开来。对待人生、生活的积极进取精神,服从理性的清醒态度,重实用轻思辨,重人事轻鬼神,善于协调群体,在人事日用中保持情欲的满足与平衡,避开反理性的炽热迷狂和愚盲服从……,它终于成为汉民族的一种无意识的集体原型[①]现象,构成了一种民族性的文化—心理结构[②]。孔学所以几乎成为中国文化(以汉民族为主体,下同)的代名词,决非偶然。恩格斯曾认为,"在一切实际事务中……中国人远胜过一切东方民族……"[③],便也是这种实践("用")理性的表现。

只有把握住这一文化—心理结构,也才能比较准确地理解中国哲学思想的某些特征。例如,伦理学的探讨压倒了本体论或认识论的研究;例如中国古代哲学范畴(阴阳、五行、气、道、神、理、心),无论是唯物论或唯心论,其特点大都是功能性的概念,而非实体性的概念:中国哲学重视的是事物的性质、功能、作用和关系,而不是事物构成的元素和实体,对物质世界的实体的兴趣远逊于事物对人间生活关系的兴趣。中国的"金、

[①] 此词亦非用荣格(C.G.Jung)原意,它不是超社会非历史的神秘东西,而是一种文化心理的积淀产物。

[②] 究竟什么是所谓"文化—心理结构",当专文论述。暂可参考 Ruth Benedict *Patterns of Culture*(《文化模式》),该书只谈到文化有机体,与本文所讲仍大有区别。

[③] 《马克思恩格斯全集》第12卷,第190页,人民出版社,1960年。

木、水、火、土"五行不同于希腊、印度的"地、水、火、风"四元素,前者更着眼于其生活功能,所以有"金"。与此一致,中国古代辩证法,更重视的是矛盾对立之间的渗透、互补(阴阳)和自行调节以保持整个机体、结构的动态的平衡稳定,它强调的是孤阴不生、独阳不长;阴中有阳、阳中有阴;中医理论便突出表现了这一特征,而不是如波斯哲学强调的光暗排斥、希腊哲学强调的斗争成毁……。这些特征[①]当然源远流长,甚至可以追溯到史前文化,孔子正是把握了这一历史特征,把它们概括在实用理性这一仁学模式中,讲求各个因素之间动态性的协调、均衡,强调"权"、"时"、"中"、"和而不同"、"过犹不及"等等,而为后世所不断继承发展。尽管在当时政治事业中是失败了,但在建立或塑造这样一种民族的文化——心理结构上,孔子却成功了。他的思想对中国民族起了其他任何思想学说所难以比拟匹敌的巨大作用。

孔子在中国历史上的地位及其重要性,似乎就在这里。

三 弱点和长处

孔子而后,儒分而八,以后有更多的发展和变迁。由于对上述结构的某因素的偏重,便可以形成一些新的观念体系或派生结构。但最终又被这个母结构所吸收,或作为母结构的补充而存在发展。例如曾子也许更着重血缘关系和等级制度,使他在《论语》中的形象极端保守而愚鲁。颜渊则似乎更重视追求个体人格

---

① 参看《秦汉思想简议》。《易·说卦》:"立天之道,曰阴与阳",《黄帝内经·素问·天元纪大论》:"故阳中有阴,阴中有阳。"

的完善,"一箪食,一瓢饮,人不堪其忧,回也不改其乐",终于发展出道家庄周学派①。然而道家在整个中国古代社会中,始终是作为儒家的对立的补充物才有其强大的生命力的。荀子突出发挥"治国平天下"的外在方面,使"仁"从属于"礼"(理),直到法家韩非把它片面发展到极致,从而走到反面,而又在汉代为这个仁学母结构所吸收消化掉。子思孟子一派明显地夸张心理原则,把"仁""义""礼""智"作为先天的人的"本性"和施政理论,既重视血缘关系,又强调人道主义和个体人格,成为孔门仁学的正统。但所有这些派别,无论是孟、荀、庄、韩,又都共同对人生保持着一种清醒、冷静的理智态度,就是说,它们都保存了孔学的实践理性的基本精神。超脱人事的思辨兴趣(如名家),或非理性的狂热信仰(如墨家),由于在根本上不符合仁学模式,终于被排斥在中国文化主流之外。如前已指出,由孔子创立的这一套文化思想,在长久的中国社会中,已无孔不入地渗透在广大人们的观念、行为、习俗、信仰、思维方式、情感状态……之中,自觉或不自觉地成为人们处理各种事务、关系和生活的指导原则和基本方针,亦即构成了这个民族的某种共同的心理状态和性格特征。值得重视的是,它由思想理论已积淀和转化为一种文化—心理结构。不管你喜欢或不喜欢,这已经是一种历史的和现实的存在。它经历了阶级、时代的种种变异,却保有某种形式结构的稳定性。构成了某种民族文化和民族心理的特征,它有其不完全不直接服从、依赖于经济、政治变革的相对独立性和自身发展的规律。一方面,它不是某种一成不变的非历史的先验结构,而是历史地建筑在和制约于农业社会小生产的经济

---

① 从郭沫若说,参阅《十批判书·庄子的批判》。

基础之上,这一基础虽历经中国历史的各个阶段而并未遭重大破毁,宗法血缘关系及其相应的观念体系也长久保持下来……,这正是使孔学这一文化—心理结构长久延续的主要原因。但另一方面,它既已成为一种比较稳定的心理形式和民族性格,就具有适应于各种不同阶级内容的相对独立的功能和作用,否认这一点,便很难解释一个民族的文化、心理、思想、艺术所具有的继承性、共同性种种问题。阶级性并不能囊括历史现象的全部。有些东西——特别是文化现象(包括物质文明和精神文明,也包括语言等等),可以具有某种非阶级的性质。虽然没有非历史、超社会的性质,它们仍是一定社会历史的产物,但并非某个阶级或某种阶级斗争的产物。在文化继承问题上,阶级性经常不是惟一的甚至也不是主要的决定因素。

只有充分注意到这种种复杂情况,才可能具体地分析研究五光十色、异常繁杂的文化传统和民族性格。无论从内容或形式说,每个民族在这方面都有其优点和问题、精华和糟粕。孔子仁学结构亦然。概括前面所说,孔学诞生在氏族统治体系彻底崩毁时期,它所提出的具体的经济、政治方案,是不合时宜的保守主张,但其中所包含的氏族民主遗风、原始人道主义和氏族制崩毁期才可能有的个体人格的追求,又是具有合理因素的精神遗产。后代人们,由其现实的利益和要求出发,各取所需,或夸扬其保守的方面,或强调其合理的因素,来重新解说、建造和评价它们,以服务于当时阶级的、时代的需要。于是,有董仲舒的孔子,有朱熹的孔子,也有康有为的孔子。有"绌周王鲁""素王改制"的汉儒公羊学的孔子,也有"人心唯危,道心唯微"的宋明理学的孔子。孔子的面貌随时代、阶级不同而变异,离原型确乎大有差距或偏离。孔子明明"述而不作",却居然被说成"托古改制"；孔子并无禁欲思想，在宋儒手里却编成"存天理灭人欲"。但所有这些偏离变异，又仍然没有完全脱离那个仁学母体结构。以实践（用）理性为主要标志的中国民族文化——心理状态始终延续和保持下来。并且使这个结构形式在长期封建社会中与封建主义的各种内容混为一体紧密不分了。直到今天，孔子基本上仍然是宋儒塑造的形象。这一点，颜元早就指出过。五四新文化运动所打倒的孔子，就是这个孔子。有如李大钊所说：

> 掊击孔子，非掊击孔子本身，乃掊击孔子为历代君主所雕塑之偶像权威也，非掊击孔子，乃掊击专制政治之灵魂也。①

正是这个君主专制主义、禁欲主义、等级主义的孔子，是封建上层建筑和意识形态的人格化的总符号，它当然是资产阶级民主革命的对象。直到今天，也仍然有不断地、彻底地肃清这个封建主义的孔子余毒的重要而艰巨的任务。并且，这个封建主义的孔子与孔学原型中对血缘基础宗法等级的维护、对各种传统礼仪的尊重，以及因循、保守，反对变革、更新……，又确乎是联在一起的；与这个原型产生在生产水平非常低下的古代条件下、又不着重注意生产的发展生活的提高，而满足于在某种平均的贫困中，来保持、获得或唤起精神上的胜利或人格上的完成……也是联在一起的。所谓"安贫乐道"、"何必曰利"，以道德而不以物质来作为价值尺度，要求某种平均化的经济平等，满足和维护农业小生产的劳动生活和封闭体系，和建立在这基础上的历史悠久

---

① 《李大钊选集·自然的伦理观与孔子》，第80页，人民出版社，1959年。

的宗法制度……，如此等等，就不仅是封建和农业小生产社会的产物，而且也确与孔子仁学原型有关，它始终是中国走向工业化、现代化的严重障碍。不清醒地看到这个结构所具有的社会历史性的严重缺陷和弱点，不注意它给广大人民（不止是某个阶级）在心理上、观念上、习惯上所带来的深重印痕，将是一个巨大的错误①。鲁迅的伟大功绩之一，就是他尖锐提出了和长期坚持了对所谓中国"国民性"问题的批判和探究。他批判"阿Q精神"，揭露和斥责那种种麻木不仁、封闭自守、息事宁人、奴隶主义、满足于贫困、因循、"道德"、"精神文明"之中……。这些都不只是某个统治阶级的阶级性，而是在特定社会条件和阶级统治下，具有极大普遍性的民族性格和心理状态的问题、缺点和弱点。其实也就正是这个孔子仁学的文化心理结构问题。虽然这些并不能完全和直接归罪于孔子，但确乎与孔学结构有关。所以鲁迅总是经常把矛头指向孔老二。

就是仁学结构原型的实用理性本身，也有其弱点和缺陷。它在一定程度和意义上有阻碍科学和艺术发展的作用。由于强调人世现实，过分偏重与实用结合，便相对地忽视、轻视甚至反对科学的抽象思辨，使中国古代科学长久停留并满足在经验论的水平（这是仅从认识论来说的，当然还有社会经济和阶级、时代的原因，下同），缺乏理论的深入发展和纯思辨的兴趣爱好。而没有抽象思辨理论的发展，是不可能有现代科学的充分开拓的。这一点今天特别值得注意：必须用力量去克服这一民族性格在思维方式上的弱点和习惯。这一弱点与孔学有关。

同时，由于实用理性对情感展露经常采取克制、引导、自我

---

① 关于孔学的这个方面，参阅拙作《中国近代思想史论》，人民出版社，1979年。

调节的方针，所谓以理节情，"发乎情止乎礼义"，这也就使生活中和艺术中的情感经常处在自我压抑的状态中，不能充分地痛快地倾泄表达出来。中国大街上固然较少酗酒的醉汉，似乎是民族性格的长处；但逆来顺受、"张公百忍"等等，却又正是一种奴隶性格。在艺术中，"意在言外"、高度含蓄固然是成功的美学风格，但"文以载道"、"怨而不怒"，要求艺术服从和服务于狭窄的现实统治和政治，却又是有害于文艺发展的重大短处。只是由于老庄道家和楚骚传统作为对立的补充，才使中国古代文艺保存了灿烂光辉。当然，仁学中的人道精神、理想人格对文艺内容又有良好的影响。

然而，所有这些又都只是一个方面，即这一文化—心理结构的弱点。另一方面，这个文化—心理结构又有其优点和强处。毋宁说，中国民族及其文化之所以具有如此顽强的生命力量，历经数千年各种内忧外患而终于能保存、延续和发扬光大，在全世界独此一份（古埃及、巴比伦、印度文明都早已中断），与这个孔子仁学结构的长处也大有关系。那种来源于氏族民主制的人道精神和人格理想，那种重视现实、经世致用的理性态度，那种乐观进取、舍我其谁的实践精神……，都曾在漫长的中国历史上感染、教育、熏陶了不少仁人志士。它是在中国悠久历史上经常起着进步作用的传统。即使在孔学已与封建统治体系融为一体的后期封建社会，像范仲淹的"先天下之忧而忧，后天下之乐而乐"，张载的"民吾同胞，物吾与也"，文天祥的"孔曰成仁，孟曰取义"，顾炎武的"天下兴亡，匹夫有责"，王夫之的"六经责我开生面，七尺从天乞活埋"……，都闪烁着灿烂光华，是我们这个民族的基本观念、情感、思想和态度，而它们又都可以溯源于仁学结构。鲁迅说："我们自古以来，就有埋头苦干的人，有拼命硬干的人，有为民请命的人，有舍身求法的人……虽是等于为帝王将相作家谱的所谓'正史'，也往往掩不住他们的光耀，这就是中国的脊梁。"①而这根脊梁与孔子为代表的文化—心理结构不能说毫无关系。

《礼记》上说："是故圣人作礼以教人，使人以有礼，知自别于禽兽。"②具有外在强制性和约束力的"礼"，曾经是使人区别于动物（动物也有群体生活）的社会性标志之所在。孔子释"礼"为"仁"，把这种外在的礼仪改造为文化—心理结构，使之成为人的族类自觉即自我意识，使人意识到他的个体的位置、价值和意义，就存在于与他人的一般交往之中即现实世间生活之中；在这种日常现实世间生活的人群关系之中，便可以达到社会理想的实现、个体人格的完成、心灵的满足或慰安。这也就是"道"或"天道"，"道在伦常日用之中"。这样，也就不需要舍弃现实世间、否定日常生活，而去另外追求灵魂的超度、精神的慰安和理想的世界。正是这个方面，使中国在过去摆脱了宗教神学的统治，或许在将来也能使中国避免出现像美国"人民圣殿教"那种种反理性的神秘迷狂？因为这种迷狂与中国民族（特别是这个民族的知识阶层）的心理结构和仁学思想是大相径庭的。同时，由于在文化心理结构上已经把人的存在意义放置在"伦常日用之中"，人生理想满足在社会性的人群关系和日常交往中，也许可能在将来不致发生所谓"真实的存在"（个体）像被抛置在均一化整体机器的异化世界中，而倍感孤独和凄凉？或沉沦于同样是均一化的动物性的抽象情欲中，而失去人的本质？这些都是

---

① 《且介亭杂文·中国人失掉自信力了吗?》。
② 《礼记·曲礼》。

目前物质文明高度发展、科技力量分外加强后资本主义社会的异化产物，而为存在主义所渲染为所谓"无名"性的恐惧。由于以血肉之躯为基础的感性心理中积淀理性的因素，心理学与伦理学的交融统一，仁学结构也许能够在使人们愉快而和谐地生活在一个既有高度物质文明又有现实精神安息场所这方面，作出自己的贡献？以亲子血缘为核心纽带和心理基础的温暖的人情风味，也许能使华人社会保存和享有自己传统的心理快乐？

然而，所有这一切都只有当中国在物质上彻底摆脱贫困和落后，在制度上、心理上彻底肃清包括仁学结构所保存的小生产印痕和封建毒素（这是目前主要任务）之后，才也许有些可能。只有那时，以人类五分之一人口为巨大载体，仁学结构的优良传统，才也许能成为对整个人类文明的一种重要贡献。这大概最早也要到二十一世纪了。然而，今天可以高瞻远瞩，也应该站在广阔辽远的历史视野上，站在中国民族真正跨入世界民族之林、中国文明与全世界文明的交融汇合的前景上，来对中国文化传统和仁学结构进行新的研究和探讨。这样，对孔子的再评价，才有其真正巨大的意义。

四　附论孟子

（一）尽管孔子之后，"儒分而八"，但自韩愈、王安石高抬孟子，朱熹把《孟子》编入《四书》，从而《论语》《孟子》并行之后，孟子的"亚圣"地位沿袭了数百年。孔、孟在很多思想方面并不相同；但孔子以"仁"释"礼"，将外在社会规范化为内在自觉意识这一主题，却确乎由孟子发扬而推至极端。所以孔、孟相连，如不从整体历史而纯从思想史的角度来看，又有一定道理①。

与孔子以及春秋战国时期的许多游说之士一样，孟子也首先是满怀"治国平天下"的抱负和理想，周游列国，上说国君，提出自己的政治、经济主张的。与先秦各大学派大体一样，《孟子》也是政治论社会哲学的体系，《孟子》七篇的主要内容和着眼点仍然是政治经济问题。其特点是某种"急进的"人道、民主色彩，这其实只是古代氏族传统在思想上最后的回光返照。它的耀眼的亮光正好预告着它将成为千载绝响。而思维的辩证法也经常是：历史愈前进，批评者们便愈是喜欢用美化过去的黄金空想来对照现实和反对现实。孔子只慨叹"天下无道"，孟子则猛烈地抨击它；孔子的典范人物是周公，孟子则口口声声不离尧、舜、文王；孔子只讲"庶之"、"富之"、"教之"②，"近者悦，远者来"③；孟子则设计了一套远为完整也更为空想的"仁政王道"。之所以如此，现实原因在于氏族制度在战国时期已彻底破坏，"礼"完全等同于"仪"而失其重要性，所以孟子已经不必要像孔子那样以"仁"来解释"礼"和维护"礼"，而是直截了当地提出了"仁政"说。

经济上是恢复井田制。"夫仁政，必自正经界始"④，亦即"为民制产"："仰足以事父母，俯足以畜妻子，乐岁终身饱，凶

---

① 宋明理学和今日的"现代新儒家"正是纯从这种思想联系来立论，所以排斥荀子，专崇孔孟。他们没考虑思想在客观历史上的作用、意义和地位。参阅本书《荀易庸记要》、《经世观念随笔》。
② 《论语·子路13·9》。
③ 《论语·子路13·16》。
④ 《孟子·滕文公上》。

孔子再评价

年免于死亡"①;"五亩之宅,树之以桑,五十者可以衣帛矣。鸡豚狗彘之畜,无失其时,七十者可以食肉矣……"②等等。

政治上是"尊贤"与"故国乔木"并举。"尊贤使能,俊杰在位"③;"不得罪于巨室"④。而总目标则是"保民而王"⑤,一统天下。并激烈地抨击当时:"庖有肥肉,厩有肥马,民有饥色,野有饿莩,此率兽而食人也"⑥,"今之所谓良臣,古之所谓民贼也"⑦等等。

军事上:"善战者服上刑"⑧;"不嗜杀人者能一之"⑨;"可使制梃以挞秦楚之坚甲利兵"⑩。

社会结构上:"死徙无出乡,乡田同井。出入相友,守望相助,疾病相扶持……"⑪

总而言之,"仁政王道"必须与广大"民众"的利害相连,忧乐相通:

民为贵,社稷次之,君为轻。⑫

乐民之乐者,民亦乐其乐;忧民之忧者,民亦忧其忧。

---

① 《孟子·梁惠王上》。
② 同上。
③ 《孟子·公孙丑上》。
④ 《孟子·离娄上》。
⑤ 《孟子·梁惠王上》。
⑥ 同上。
⑦ 《孟子·告子下》。
⑧ 《孟子·离娄上》。
⑨ 《孟子·梁惠王上》。
⑩ 同上。
⑪ 《孟子·滕文公上》。
⑫ 《孟子·尽心下》。

乐以天下，忧以天下，然而不王者，未之有也。①

桀纣之失天下也，失其民也；失其民者，失其心也。得天下有道：得其民，斯得天下矣；得其民有道：得其心，斯得民矣；得其心有道：所欲与之聚之，所恶勿施尔也。②

显然，孟子的"仁政"以及这里"得民心"，都与对人们的现实物质生活关心相联系，并以之作为主要的内容。它并不是纯粹的道德观念。

（二）但是，孟子的特征在于，他在承继孔子仁学的思想体系上有意识地把第二因素的心理原则作为整个理论结构的基础和起点，其他几个因素都直接由它推出。孟子把他的整个"仁政王道"的经济政治纲领完全建立在心理的情感原则上。即是说，"仁政王道"之所以可能，并不在于任何外在条件，而只在于统治者的"一心"：

人皆有不忍人之心。先王有不忍人之心，斯有不忍人之政矣。以不忍人之心，行不忍人之政，治天下可运之掌上。③

"仁政王道"是"不忍人之政"。这个"不忍人之政"是建筑在"不忍人之心"的基础之上的。"不忍人之心"成了"仁政王道"的充分和必要条件。而这个"不忍人之心"又并不特殊和神

---

① 《孟子·梁惠王下》。
② 《孟子·离娄上》。
③ 《孟子·公孙丑上》。

秘，而是每个人都具有的。因之，任何国君、统治者只要能觉悟到、认识到自己这颗"不忍人之心"，从而行"不忍人之政"，便可以统一天下：

> 若寡人者，可以保民乎哉？曰：可。曰：何由知吾可也？曰：臣闻之胡龁曰，王坐于堂上，有牵牛而过堂下者，王见之，曰：牛何之？对曰：将以衅钟。王曰：舍之！不忍其觳觫，若无罪而就死地。……是心足以王矣……臣固知王之不忍也。①

因为看见牛将被宰而心有不忍，这种同情心只要推于百姓，就是"仁政王道"了：

> 老吾老以及人之老，幼吾幼以及人之幼，天下可运于掌。……言举斯心加诸彼而已。故推恩足以保四海，不推恩无以保妻子。②

这里，孟子把孔子的"推己及人"的所谓"忠恕之道"极大地扩展了，使它竟成了"治国平天下"的基础。一切社会伦常秩序和幸福理想都建筑在这个心理原则——"不忍人之心"的情感原则上。这固然是由于氏族传统崩毁，理想的"仁政王道"已完全失去现实依据的历史反映。但从理论上说，孟子又确是把儒学关键抓住和突出了，使它与如墨子的兼爱、老子的无情、韩非的

---

① 《孟子·梁惠王上》。
② 同上。

利己等等有了更明确的基础分界线。

孟子不但极大地突出了"不忍人之心"的情感心理，而且还赋予它以形而上学的先验性质。孟子解释什么是"不忍人之心"说：

> 所以谓人皆有不忍人之心者，今人乍见孺子将入于井，皆有怵惕恻隐之心，非所以内交于孺子之父母也，非所以要誉于乡党朋友也，非恶其声而然也。由是观之，无恻隐之心，非人也；无羞恶之心，非人也；无辞让之心，非人也；无是非之心，非人也。恻隐之心，仁之端也；羞恶之心，义之端也；辞让之心，礼之端也；是非之心，智之端也。人之有是四端也，犹其有四体也。……苟能充之，足以保四海，苟不充之，不足以事父母。①

这是著名的"四端"说。也即是孟子的性善论，即认为人之所以区别于禽兽在于人先验地具有"仁、义、礼、智"这种内在的道德素质或品德（其中"仁"是最主要和最根本的）。人之所以去援助要掉下井去的小孩，并不是为了讨好别人，也不是为了任何其他功利，而是无条件地服从于自己内在的"恻隐之心"，即"不忍人之心"。它是不假思索的直接的"良知""良能"。可见，孟子把孔子由"汝安之"来解释"三年之丧"的心理—伦理原则发展成了这样一种道德深层心理的"四端"论，并赋予先验性质。这在中国哲学—伦理学上产生了巨大影响。

哲学伦理学的理论，古今中外向来有两种类型或倾向，即伦

---

① 《孟子·公孙丑上》。

理相对主义和伦理绝对主义。前者认为道德源于现实的条件、环境、利害、教育等等，没有也不可能有普遍的道德原则或伦理标准。从而不是人性善，而是人性可善可恶或人性恶，即人性中并没有先验的道德性质。告子、荀子、董仲舒、法国唯物论、边沁、韦伯（Max Weber）以及今天本尼迪克特（Ruth Benedict）等人的文化类型说等等，均大体可划入此类。另一类型则如孟子、宋明理学、康德、摩尔（C.E.Moore）、基督教等等，认为道德独立于人的利害、环境、教育种种，它是普遍的、客观的、不可抗拒的律则，人只有绝对地遵循、服从于它。对前一类型来说，由于道德源于人世，说到底，其根源总与人的感性存在有关。对后一类型来说，相反，道德高于人世，所以其根源与感性无涉，它是主宰、支配感性的超验的或先验的命令。

  但以孟子为代表的中国伦理绝对主义特点却又在于，一方面它强调道德的先验的普遍性、绝对性，所以要求无条件地履行伦理义务，在这里颇有类于康德的"绝对命令"[①]；而另一方面，它又把这种"绝对命令"的先验普遍性与经验世界的人的情感（主要是所谓"恻隐之心"实即同情心）直接联系起来，并以它（心理情感）为基础。从而人性善的先验道德本体便是通过现实人世的心理情感被确认和证实的。超感性的先验本体混同在感性心理之中。从而普遍的道德理性不离开感性而又超越于感性，它既是先验本体同时又是经验现象。孟子说，"礼义之悦我心犹刍豢之悦我口"，"仁义礼智根于心。其生色也，睟然见于面，盎于背，施于四体，四体不言而喻。"[②]先验道德本体竟然可以与感

[①] 参看《宋明理学片论》。
[②] 《孟子·尽心上》。

觉、生理、身体、生命相直接沟通联系，从而它似乎本身也是感性的或具有感性的成分、性质了。这便是中国哲学"体用不二"、"天人合一"特征在伦理学上的早期表现。也正是从这里，生发出宋明理学关于"性""情"的一大套议论和争辩。"性"（仁、道德、理性、本体）与"情"（恻隐之心、经验、感性、现象）到底是什么关系？是"性"由"情"显、"情"以显"性"，还是"性"本"情"生、"情""性"难分？谁先谁后？谁支配谁？它们是一元还是二元？便有各种不同的回答。由于"情"作为心理事实与其他的心理、生理、社会现实相密切联结（例如与"七情六欲"的直接关联），而不像作为纯粹理性原则的"性"那么超然独立，从而强调"仁性爱情"、仁是"心之德爱之理"、反对"以觉训仁"的朱熹与强调"性""情"同一的陆王学派、与强调"血气心知"反对释"性"为"理"从而肯定情欲的戴震，虽都认为自己是孔孟的真传确解，便有许多根本的差异或对立。其实，在孟子本人那里，是还没有得到如此的展开和分别的。人作为道德本体的存在与作为社会心理的存在还是浑然一体，没有分化的。孟子强调的只是这种先验的善作为伦理心理的统一体，乃人区别于物之所在①。

（三）所以，孟子在强调先验的"善"的同时，又强调经验的"学"。孟子认为如果不加以后天的培育，先验的"善"仍然会掩埋失去：

---

① 孟子的"仁、义、礼、智、圣"（传统作"信"）倒可以与心理原则（仁）、治平理想（义）、血缘基础（礼）、个体人格（智）、实践理性（圣）的孔子仁学结构完全对应。最后一项的"实践理性"，也如朱熹注所云："愚按四端之信（仁义礼智信），犹五行之土，无定位，无成名，无专气，而水火金木，无不待是以生者，故土于四行无不友，于四时则寄王焉。"

> 人之异于禽兽者几希，庶民去之，君子存之①。
> 求则得之，舍则失之……，求在我者也。②

孟、荀都属孔学儒门，都十分强调学习。荀子的"学"是为了改造人性（恶），孟子的"学"是为了扩展人性（善）。对孟子来说，一切后天的经验和学习，都是为了去发现和发扬亦即自觉意识和保存、扩充自己内在的先验的善性，也就是所谓"存善"。孟子把孔子、曾子所提出的个体人格沿着"仁政→不忍人之心→四端→人格本体"这样一条内向归宿路线，赋予伦理心理以空前的哲学深度。与荀子认为人禽之分在于人有外在的"礼"的规范不同，孟子强调人禽之分在于人能具有和发扬内在的道德自觉。这种道德自觉既是人之不同于禽兽，也是"圣人"之不同于"凡众"所在。但"舜何人也，余何人也，有为者亦若是"③，它又是任何个人都可以达到的人格，这也就是所谓"人皆可以为尧舜"的著名命题。这种道德人格的达到，有一个逐步完成的层次："可欲之谓善，有诸己之谓信，充实之谓美，充实而有光辉之谓大，大而化之之谓圣，圣而不可知之之谓神。"④这里的最高层次的"神"，其实也就是孔子讲的"七十而从心所欲，不逾矩"，即合规律性与合目的性在道德本体中的交融统一，从而似乎是不可捉摸不可推测的了，但它仍然并非某种人格神。

---

① 《孟子·离娄下》。
② 《孟子·尽心上》。
③ 《孟子·滕文公上》。
④ 《孟子·尽心下》。

因之值得注意的是，孟子所描述的这些层次过程和所达到的伦理境界都具有某种鲜明的感性特征，这与他讲的"四端"的道德本性没有离开人的感性心理一样。孟子还说：

> 居天下之广居，立天下之正位，行天下之大道，得志，与民由之，不得志，独行其道。富贵不能淫，贫贱不能移，威武不能屈，此之谓大丈夫。①
>
> 故天将降大任于是人也，必先苦其心志，劳其筋骨，饿其体肤，空乏其身，行拂乱其所为，所以动心忍性，增益其所不能。②
>
> 待文王而后兴者，凡民也。若夫豪杰之士，虽无文王犹兴。③

这是两千年来始终激励人心、传颂不绝的伟辞名句。它似乎是中华民族特别是知识分子的人格理想。很明显，这种理想的道德人格并不是宗教性的精神，而是具有审美性灼灼光华的感性现实品格；它不是上帝的"忠诚的仆人"，而毋宁是道德意志的独立自足的主体。孟子说："仁之于父子也，义之于君臣也，礼之于宾主也，智之于贤者也，圣人之于天道也，命也，有性焉，君子不谓命也。"④这就是说，不能把"仁""义""礼""智""圣"这些道德品格当做服从外在的"命"，而应该当做内在的"性"。

---

① 《孟子·滕文公下》。
② 《孟子·告子下》。
③ 《孟子·尽心上》。
④ 《孟子·尽心下》。

尽管孟子也讲"天命"、"命也",却更着重于"立命"、"正命",它表现了由神意天命的他律道德向"四端"、"良知"的自律道德的转换。孟子由于强调道德自律,从而极大地突出了个体的人格价值及其所负的道德责任和历史使命。孔子仁学结构的第四因素在思想史上的这种形而上学化,正是孟子的最大贡献。这也表现在生死关头的临界选择上:

> 生,亦我所欲也;义,亦我所欲也。二者不可得兼,舍生而取义者也。生亦我所欲,所欲有甚于生者,故不为苟得也;死亦我所恶,所恶有甚于死者,故患有所不辟也。①

这里突出的也不是宗教献身,而是主体的自我选择。它不是服从于外在权威的神,而是听从自身内在的"所欲",即无上的道德命令。它是最高的本体和存在,世间的一切都低于它,也应从属于它。

孟子这种高扬道德人格主体性当然又仍然有其现实的根源。孟子说:

> 有天爵者,有人爵者。仁义忠信,乐善不倦,此天爵也。公卿大夫,此人爵也。古之人修其天爵,而人爵从之。今之人修其天爵,以要人爵;既得人爵,而弃其天爵,则惑之甚者也……②

---

① 《孟子·告子上》。
② 同上。

所谓"天爵"的道德品格是"人爵"的"公卿大夫"的来由，这原是上古氏族制度传统。如今这种制度已经崩毁，于是孟子在斥责为了"公卿大夫"的"人爵"竟然否弃"仁义忠信"的道德"天爵"的世风外，便只有极大地强调这种道德"天爵"本身的超越的形上意义了。孟子讲的这种以道德自律为最高标准的独立个体人格，在孔子的时代还很难想象。孔子是"畏大人"①，"与上大夫言，訚訚如也"②；"君命召，不俟驾，行矣。"③孟子则"说大人则藐之，无视其巍巍然"④；"将大有为之君，必有所不召之臣"⑤，"天下有达尊三，爵一，德一，齿一；……恶得有其一以慢其二哉?"⑥……这实际正是当时社会已把自由民从各种传统氏族礼制中解放出来而取得了独立地位的客观现实的反映⑦。任何思想都有其现实的社会来由，但孟子把这种现实现象提升为个体伟大道德品格的树立，便成为思想史上的一大创造，对后世影响很大。

（四）那么，如何来达到这种独立的个体人格呢？除上述的"学"外，孟子还有一个最为奇特的理论，这就是他的"养气"说：

---

① 《论语·季氏16·8》。
② 《论语·乡党10·2》。
③ 《论语·乡党10·20》。
④ 《孟子·尽心下》。
⑤ 《孟子·公孙丑下》。
⑥ 同上。
⑦ 所以同样的思想也反映在别处。如"齐宣王见颜触曰：触前。触亦曰：王前。……王忿然作色曰：王者贵乎？士贵乎？对曰：士贵耳，王者不贵"。（《战国策·齐策》）

> 夫志，气之帅也；气，体之充也。……持其志，无暴其气。……我善养吾浩然之气……其为气也，至大至刚，以直养而无害，则塞于天地之间。其为气也，配义与道；无是，馁也。是集义所生者，非义袭而取之也。行有不慊于心，则馁矣。我故曰，告子未尝知义，以其外之也。①

这似乎相当神秘。两千年来，对此也有种种解释。我以为除去其中可能涉及养生学说的生理理论外，它主要讲的是伦理学中理性凝聚的问题，即理性凝聚为意志，使感性行动成为一种由理性支配、主宰的力量，所以感到自己是充实的。作为伦理实践必要条件的意志力量之所以不同于一般的感性，便正由于其中已凝聚有理性，这就是所谓"集义"。它是自己有意识有目的地培育发扬出来的，这就是"养气"。

"集义"既作为"理性的凝聚"，这"凝聚"就并非仅是认识，而必须通过行为、活动（"必有事焉"）才能培育。所以它包括知、行二者在内。正由于人的意志力中有理性的凝聚，从而就不是外在的"义"（告子）所能替代。至于这种由"集义"所生的"气"与"四端"如"不忍人之心"（"恻隐之心"）等等又有何关系，是何种关系，孟子并没交代清楚。但很明显的是，孟子强调的正是凝聚了理性的感性力量。人是凭着这种"集义而生"的感性（"气"）而与宇宙天地相交通。这也就是孟子所再三讲的，"存其心，养其性，所以事天也"②，"夫君子所过者

---

① 《孟子·公孙丑上》。
② 《孟子·尽心上》。

化，所存者神，上下与天地同流"①等等。它就是为孟子所首倡而后到《中庸》再到宋明理学的儒学"内圣"之道（文天祥的《正气歌》把孟子讲的"浩然之气"可说作了实用伦理学上的充分发挥）。它与由荀子、《易传》到董仲舒再到后世的"经世致用"的"外王"之道，恰好成为儒学中的两个并行的车轮和两条不同的路线。有时它们相互补充，交融统一；有时又互相对峙，分头发展。它们从不同方面把孔子仁学结构不断丰富化，而成为中国文化心理结构的主体部分。其详，参阅本书诸文。

(原载《中国社会科学》1980年第2期，
"附论孟子"部分为此次增补。)

---

① 《孟子·尽心上》。

墨家初探本

本文不拟涉及作为一个团体或派别的墨家,但所论又不止于墨子本人。本文认为墨子具有小生产劳动者思想代表的特征。而在后代农民起义的意识形态以及某些著名儒家"异端"人物如颜元、章太炎的思想中,仍然延绵不断地呈现出某些类似墨子的思想因素,这是一个很值得思索的重要现象。

一 小生产劳动者的思想典型

先秦氏族传统逐渐崩毁所带来的意识形态的空前解放,使代表手工业的小生产劳动者思想的墨家一度显赫非常,成为与儒家并列而对抗的重要派别①。这大概与当时比较自由的特定政治、思想条件,使作为社会生产力量的各种手工匠作失去原氏族结构的严密控制的情况有关。他们之中产生了墨子。似乎可以说,中国小生产者劳动阶级的某些思想特征,是空前绝后地以系统的理论形态呈现在墨子此人或此书中的(不包括墨辩)。我认为,这

---

① "墨"原意乃使用绳墨之木匠。见求是《经史杂考》(《学习与思考》1984.6)。

就是墨子最值得研究和注意的地方。

如果从这一角度出发,作为墨子思想的基础和出发点,概括说来,似乎可说是强调劳动特别是物质生产的劳动在社会生活中的重要地位,亦即对所谓"力"、"强"的强调。墨子认为,人之不同于禽兽正在于人必须依靠自己劳动才能生存:

> 今人固与禽兽麋鹿蜚鸟贞虫异者也。今之禽兽麋鹿蜚鸟贞虫因其羽毛,以为衣裘;因其蹄蚤,以为绔屦;为其水草,以为饮食。……今人与此异者也,赖其力者生,不赖其力者不生。①

这是一个简单的事实,却是一个重要的真理。正是从这里出发,墨子认为只有上上下下都努力劳动、工作,社会才能存在,而不致衰败。"凡五谷者,民之所仰也,君之所以为养也。故民无仰则君无养,民无食则不可事。故食不可不务也,地不可不力也,用不可不节也……"②。"今也农夫之所以蚤出暮入,强乎耕稼树艺,多聚叔粟而不敢怠倦者,何也?曰彼以为强必富,不强必贫;强必饱,不强必饥,故不敢怠倦。今也妇人之所以夙兴夜寐,强乎纺绩织纴,多治麻统葛绪捆布縿而不敢怠倦者,何也?曰彼以为强必富,不强必贫;强必暖,不强必寒,而不敢怠倦"③。如此等等。墨子的整个社会政治哲学就是建立在这个简单素

---

① 《墨子·非乐上》。
② 《墨子·七患》。
③ 《墨子·非命下》。

朴的道理之上。他所忧虑和关注的是"饥者不得食,寒者不得衣,劳者不得息"。他所要求的是"饥者得食,寒者得衣",劳动者有一定的休息。如果毫无休息,终年累月为统治者服役,也就不可能进行简单的再生产。这样极端重视作为社会存在基础的生产劳动活动,比较起孔子偏重"克己复礼""文行忠信"而斥责问稼问圃("小人哉!樊须也"①)来,所代表的阶级观念的差异,应该说是相当明显的。

当然,墨子讲的"强"或"力",也包括氏族贵族统治者在内。"王公大人之所以蚤起晏退,听狱治政,终朝均分而不敢怠倦者何也?曰彼以为强必治,不强必乱,强必宁,不强必危,故不敢怠倦"②。"君子不强听政即刑政乱,贱人不强从事即财用不足"③。墨子并不反对阶级差别和阶级统治,如郭沫若所说,他的确是为"王公大人"献策和服务的。墨子并且认为,像他们这些不事生产的游说之士,如果能使"王公大人用吾言,国必治",当然功劳就要大于从事直接生产的农夫织妇,"……一农之耕分诸天下,不能人得一升粟……其不能饱天下之饥者,既可睹矣","不若诵先王之道……上说王公大人"④。与孔孟一样,墨子并不反对"劳心"与"劳力"、统治与被统治的"分工",而且还特别强调要"尚贤使能"来治理天下,认为"尚贤"是"为政之本"。这里与孔孟的区别是:第一,孔孟虽讲举贤,但基本是限制在和服从于尊尊亲亲的氏族血缘传统范围内,反映着上层贵

---

① 《论语·子路13·4》。
② 《墨子·非命下》。
③ 《墨子·非乐上》。
④ 《墨子·鲁问》。

族们的利益；墨子的"尚贤"则是要打破这种传统，反对举"骨肉之亲，无故富贵面目姣好者"，而认为应该不管出身贵贱、血缘远近，惟"贤"是尚，这反映着下层的利益。"古者圣王，甚尊尚贤，而任使能，不党父兄，不偏富贵"①，"赏贤罚暴，勿有亲戚兄弟之阿"②，"虽在农与工肆之人，有能则举之"③。从而，第二，孔孟举贤是为了修礼乐行仁义，然后才天下太平，百姓富庶；墨子则首先和直接强调老百姓的食饱衣暖，"贤者之治邑也，蚤出暮入，耕稼树艺，聚叔粟多而民足乎食"④。因此，作为"为政之本"的"尚贤"，是直接服务于物质生产以满足人民生存需要这个总目标的。至如其他的一切如礼乐等等，都是次要的，应直接从属于这个根本目标而不应违反它的。

所以，墨子反对违反这个总目标的氏族贵族统治者们的奢侈生活，强调"节用"：

> 不极五味之调，芬香之和，不致远国珍怪异物。……古者圣王制为衣服之法，曰冬服绀緅之衣，轻且暖，夏服缔绤之衣，轻且清，则止。诸加费不加于民利者，圣王弗为……⑤。

饮食、衣裳、舟车、房屋……，总之一切衣食住行，只求满足生存的基本需要，其他一切便属铺张浪费。

---

① 《墨子·尚贤中》。
② 《墨子·兼爱下》。
③ 《墨子·尚贤上》。
④ 《墨子·尚贤中》。
⑤ 《墨子·节用中》。

所以，墨子"非乐"：

> 仁者之为天下度也，非为其目之所美，耳之所乐，口之所甘，身体之所安。以此虚亏民衣食之财，仁者弗为也①。

墨子不是不知道音乐以及丽色、美味、高楼、广室能给人以快乐，但因为它们"将必厚措敛于万民"，既不能直接帮助生产，又不能保卫国家，而且还妨害统治者的"蚤朝晏退，听狱治政"，妨害农夫织妇"蚤出暮入，耕稼树艺"，"夙兴夜寐，纺绩织纴"，因此应该统统取缔。

墨子当然反对厚葬。因为厚葬"辍民之事，靡民之财"，"国家必贫，人民必寡，刑政必乱"②。"衣食者，人之生利也，然且犹尚有节。葬埋者，人之死利也，夫何独无节于此乎？"③

……

总之，保证老百姓的吃饭穿衣要紧，其他一切消费都应尽量节约、尽量取缔、尽量废除。在物质财富还远不充裕，广大劳动者经常处于饥寒交迫的古代，墨子这种思想是完全可以理解的。它在揭露、抨击贵族统治者们的各种骄奢生活，也是有其进步意义的。但问题是，社会在发展，生产在扩大，剩余价值在增加，财富在不断增多和集中，社会消费和社会需要（特别是在上层氏族贵族中）在迅速扩大，这是一种不可遏止的历史潮流。生产与消费是互为因果和互相影响的。因之墨子企图极大地限制甚至取

---

① 《墨子·非乐上》。
② 《墨子·节葬下》。
③ 同上。

缔人们除基本生存需要之外的一切消费，实际上就违反了社会发展的客观规律，是行不通和不会有什么结果的。而这，就正是小生产劳动者的狭隘眼界的悲剧。作为劳动者，他们知道稼穑之艰难、生产之不易，反对一切铺张浪费、奢侈享受；但作为小生产者，他们又严重局限于亲闻目见的狭小环境里，而不知道由于劳心与劳力、统治与被统治的分化，使社会上层的消费生活方式变得日益富裕阔绰和奢侈，消费要求会日益提高，不会满足于仅仅食饱衣暖，要主观地加以人为的限制，便只能是空想。

墨子许多其他基本思想也都建立在这样一种双重性的基础之上。例如，墨子是坚决反"命"的：

> 今用执有命者之言，则上不听治，下不从事。上不听治则刑政乱，下不从事则财用不足。[1]

> 必使饥者得食，寒者得衣，劳者得息，乱者得治，遂得光誉令问于天下，夫岂可以为命哉，故以为其力也。[2]

> 虽上世之圣王岂能使五谷常收而旱水不至哉？然而无冻饿之民者，何也？其力时急而自养俭也。[3]

总之，把"命"与"力""强"对立起来，认为饱饥、暖寒、治乱、荣辱、贵贱、安危……，一切系之于人的努力（生产），而不在于命运。连社会道德和道德标准也以此为转移：

---

[1] 《墨子·非命上》。
[2] 《墨子·非命下》。
[3] 《墨子·七患》。

故时年岁善，则民仁且良，时年岁凶，则民吝且恶。①
　　好攻伐之君不知此为不仁不义也，其邻国之君不知此为不仁不义也，是以攻伐世世而不已者，此吾所谓大物则不知也，所谓小物则知之者，何若？今有人于此，入人之场园，取人之桃李瓜果，上得且罚之，众闻者非之，是何也？曰不与其劳，获其食，以非其有所取之故……。②

　　民"性"的良恶由于收成的善凶；而收成的善凶主要依靠于人为的努力而并非命定，所以应该"非命"。所谓"仁义"道德也应该建立在尊重劳动果实的所有权利之上。当时战乱频繁，相互攻打掠夺，在墨子看来，原因就在于不明白这个基本道理。这些都表明，墨子是以小生产劳动者的立场来衡量、判断、肯定或否定一切社会生活现象的。正如他之主张节用、节葬、非乐，是因为从小生产劳动者立场看，任何财富的创造和积累均大不易，必须力加节省爱护；他之主张非命、主强、重力也如此。墨子据以出发这个非常素朴的道理，往往是上层阶级的思想家们所自觉或不自觉地予以忽视或抹杀的。他们没有直接生产的经验，便较难有"重力""非命"的深切体验；他们有较多的财富和较高的生活享受，也就很难真正严格地注意节省俭约。从而他们的治国方略和社会理想，便很难强调以物质生产为根本，而多半回旋于人性、制度等上层建筑和意识形态的设计中。儒家便是如此。
　　墨子把道德要求、伦理规范放在与物质生活的直接联系

---

① 《墨子·七患》。
② 《墨子·天志下》。

中①,也就是把它们建筑在现实生活的功利基础之上。墨子最著名的兼爱说便是以现实功利为根基的,即所谓"兼相爱,交相利":

……即欲人之爱利其亲也,然即吾恶先从事,即得此。若我先从事乎爱利人之亲,然后人报我爱利吾亲乎……,投我以桃,报之以李,即此言爱人者必见爱也,而恶人者必见恶也。②

这正是小生产劳动者的交换关系观念的扩大化。"虽有贤君,不爱无功之臣,虽有慈父,不爱无益之子"③。所以,最值得注意的是,同样讲"爱",它与儒家把"爱"建立在亲子血缘关系的心理基础上有根本的不同。这种不同,具有许多重要的后果。第一,儒家的"爱"是无条件的、超功利的;墨家的"爱"是有条件而以现实的物质功利为根基的。它不是出自内在心理的"仁",而是来于外在互利的"义"。基于"利"的"义"是小生产劳动者的准则尺度。而这,却又为后来法家斥仁爱为虚伪,一切以现实利害计较为根本提供了基础。在这意义上,郭沫若讲墨、法两家在秦国合流是有见地的。第二,由于儒家从亲子血缘和心理原则出发,于是强调"爱有差等",由近及远;墨子的"兼爱"是以"交相利"出发,所以不主张甚至反对爱有差等。但前者由于具有现实的氏族血缘的宗法基础,获得了强有力的现

---

① 墨子反对儒家三年之丧,也是认为这样会"败男女之交"而影响人口的增长。
② 《墨子·兼爱下》。
③ 《墨子·亲士》。

墨家初探本 57

实支柱；后者要求无分亲疏的兼相爱以免于战乱的大功利①，反而成为脱离实际的空想。

企图以"普遍的爱"来停止战乱取得太平，是小生产劳动者的一种常见的乌托邦意识。由于在小生产劳动过程的狭小范围内可以获得这种相互合作而互利的实际经验，使他们的代言人、思想家容易把它升华扩展为一种"政治"和"救世"的理论。在后世以及其他民族思想史上，都可以看到类似现象。当然，墨子兼爱还有其渊源。《淮南子·要略训》说墨子"背周道而用夏政"，墨子也说"夫兼相爱交相利，此自先圣六王者亲行之"②，其他一些典籍也常说墨子继承夏禹。这表明，墨子思想有其远古的历史来由。这大概是因为，在远古夏禹时代，氏族宗族制度还没有完善建立，无阶级无等差的原始体制还在很大程度上延续着。这种遗风余韵残存在人们的记忆和怀念中，便是产生墨子兼爱的思想来由。所以，人们经常认为被儒家纳入《礼记》中的《礼运·大同》篇实际是墨家的思想："禹汤文武成王周公"之前的"大同"世界所展现的"人不独亲其亲，不独子其子，使老有所终，壮有所用，幼有所长，矜寡孤独废疾者皆有所养。……货恶其弃于地也，不必藏于己；力恶其不出于身也，不必为己"的图景，是在根本上超越了儒家"小康"理想而为孔子所喟叹"丘未之逮也"，它却在一定程度上保存和呈现在墨子思想中。"兼爱"正是突出的一项，如"视人之国若视其国，视人之家若视其家，

---

① "……乱何自起？起不相爱。……盗爱其室，不爱其异室，故窃异室以利其室；贼爱其身不爱人，故贼人以利其身，……大夫各爱其家不爱异家，故乱异家以利其家；诸侯各爱其国不爱异国，故攻异国以利其国。天下之乱物，具此而已矣"（《兼爱上》）。

② 《墨子·兼爱下》。

视人之身若视其身"①;"强者不劫弱,贵者不傲贱,多诈者不欺愚"②;"老而无妻子者有所侍养,以终其寿;幼弱孤童之无父母者有所放依,以长其身"③等等,不是都与上述大同理想有非常近似的地方?这是一个无掠夺、无剥削、无压迫的劳动者们相互帮助、友爱、互利的乐园空想。

这里重要的是,一方面是兼爱主张和大同空想,另方面它又并没有儒家倡导的那种温情脉脉的人道面纱和情感心理。而是把包括"为贤""助人""分财"这些道德空想都建筑在现实功利(富贵)之上:"今也天下之士君子,皆欲富贵而恶贫贱,曰然:女何为而得富贵而辟贫贱?莫若为贤。为贤之道奈何?曰有力者疾以助人,有财者免以分人,有道者劝以教人。"④

这似乎是矛盾的,然而是事实,是小生产劳动者本身的矛盾性格之典型反映:既要以物质现实的功利为根本基础,同时又强调要互助兼爱,甚至可以为此而牺牲自己。

与前述重力、兼爱鼎足而立以构成墨子思想体系的第三根支柱的,便是"天志""明鬼"。

看来奇怪,从经验和功利出发、似乎非常务实而清醒的思想理论,为什么需要一个活灵活现的上帝人格神?为什么强调"强力"反对宿命的墨子,却要以能行赏善罚恶的"天""鬼"来统治人世?……

这仍然只能以小生产劳动者的特征才能真正解释:他们需要

---

① 《墨子·兼爱下》。
② 《墨子·兼爱中》。
③ 《墨子·兼爱下》。
④ 《墨子·尚贤下》。

一种信仰力量,来作为超出自己狭隘经验范围的精神支撑。因为从小生产劳动者的日常经验的狭窄眼界中,归纳不出、当然更演绎推论不出一个真正有博大视野、比较科学的整体世界观,墨子便不可能有荀子《天论》以及《易传》那样的思想。传统宗教意识也更容易存留在这些见闻有限、闭塞落后的小生产者的心理和观念中而不被触动,经常成为传统习惯势力的顽强的保存者、卫护者。从社会存在方面(小生产者的散漫狭窄的生产生活环境和地位)和社会意识方面(宗教传统的残存),小生产者都易于产生一个拥有绝对权威的人格神来作为最高主宰的幻想。"兼相爱,交相利"、"赖其力者生"等等社会原则和政治理想,必须依存于建立这样一个绝对服从和信仰的基石、动力和标准,才有可能得到实行。

所以,尽管以现实功利为基础,墨子的社会政治原则并不建立在近代个人之间的平等契约论的原理之上,而是建立在每个人都必须服从人格神主宰的基础之上。也就是说,世间法度不是由人协商而确立的,它来自上天,从而必须服从。这即是"天志""天意"。

> ……顺天之意,谓之善刑信,反天之意,谓之不善刑政,故置此以为法,立此以为仪,将以量度天下之王公大人卿大夫之仁与不仁。……天之意,不可不顺也,顺天之意者,义之法也。①
>
> 天子有善,天能赏之;天子有过,天能罚之,天子赏罚不当,听狱不中,天下疾病祸福,霜落不时,天子必且……

---

① 《墨子·天志中》。

祷祠祈福于天……是故义者，不自愚且贱者出，必自贵且知者出，曰谁为知？天为知。①

轨范、规程、原则、法度如兼爱、非攻、仁义、节用等等，都不是"愚且贱者"的下层人民即老百姓所能规定，它来自比天子还更"贵且知者"——作为人格神的"天"。小生产劳动者总是把自己的意愿欲望折射到天上，希望有一个公平正直的主宰来统治世界和制约贵族，自己也好匍匐在这个构造出来的主宰面前而献出一切。墨子的"强力"、"兼爱"引不出近代的个人主义，反而要由一个宗教人格神来颁布执行，相当鲜明地体现了这一特征。

因此，尽管如何强调自力、非命，却仍然不能由人掌握自己的命运，确定和监督自己的法度、刑政、制度以及善恶等，而必须委托和依赖"贵且知"的上帝鬼神："今若使天下之人，偕若鬼神之能赏贤而罚暴也，则夫天下岂乱哉？""故古圣王治天下也，故必先鬼神而后人"②，"鬼神之明，智于圣人，犹聪耳明目之于聋瞽"③，要求"……一天下之和，总四海之内焉，率天下之百姓以农，臣事上帝山川鬼神"④。这比起儒家"子不语怪力乱神"，"未能事人焉能事鬼"，强调人本身的独立价值和优先地位，显然就落后多了。这种落后又正是小生产劳动者与拥有文化成果的统治者之间的差异所造成的。

---

① 《墨子·天志下》。
② 《墨子·明鬼下》。
③ 《墨子·耕柱》。
④ 《墨子·非攻下》。

墨子在政治上的"尚同"也如此。"尚同"是要求统一意志，统一观念，统一行动。统一于谁？统一于"上"，即统一于"卿长"、"国君"、"天子"和"天"。"卿长之所是，必皆是之；卿长之所非，必皆非之"；"国君之所是，必皆是之；国君之所非，必皆非之"；"天子之所是，必皆是之；天子之所非，必皆非之"①。总之，一卿一国和天下都必须统一于一个最高统治者。这样，"治天下之国，如治一家；使天下之民，如使一夫"②。可见，正如要求宗教上的人格神来统治精神一样，在政治上所要求的便相应是绝对专制的统治者。

总之，一方面要求举贤任能，另方面强调尚同服从；一方面追求兼爱、平均，另方面主张专制统治；一方面强调"强力"、"非命"，另方面尊尚鬼神、"天志"——这看来似乎有些矛盾，却相当典型地表现了作为分散、脆弱的小生产劳动者的双重性格。因之，所谓"千里万里，一家一人"，既可以是社会理想上的博爱乌托邦，也可以是政治主张上的现实专制制度；既可以是在生活经验基础上的清醒的积极态度，也可以是沉溺在宗教观念中的醉醺醺的狂热精神。实际上，是两者兼而有之。

"非命""节用"（重视生产），"交利""兼爱"（乐园空想）和"天志""尚同"（宗教专制），就这样构成墨子思想体系三大支柱。这三大支柱是相互渗透、很难分割的。它有着剥削阶级所缺乏的重视劳动和讲求互爱的光辉观点；但从整体说，却并不符合社会发展的客观趋向，历史的二律背反的进程使它陷入了尴尬的可悲境地。小生产劳动者在漫长的历史时期始终处于被剥削被

---

① 《墨子·尚同上》。
② 《墨子·尚同下》。

统治的地位，其思想体系的代表墨家也逐渐泯灭。墨子思想的主体没有取得当时和后世思想家们的呼应，相反，得到的是不断的讥评：

……墨子兼爱，是无父也，无君无父，是禽兽也。①

其生也勤，其死也薄，其道大觳。使人忧，使人悲，其行难为也。恐其不可以为圣人之道，反天下之心，天下不堪……其去王也远矣。②

墨子蔽于用而不知文③。墨子有见于齐，无见于畸……有齐而无畸，则政令不施④。墨子大有天下，小有一国，将蹙然衣粗食恶，忧戚而非乐，若是则瘠，瘠则不足欲，不足欲则赏不行……。⑤

墨者俭而难遵……使天下法若此，则尊卑无别也。夫世异时移，事业不必同。⑥

其中特别是荀子，站在正开拓着自己的经济政治事业、有着扩大生产的广阔眼界的统治阶级立场，指出只要"善治"，粮食、水果、蔬菜、肉食……都可以足够吃的，衣亦然。"财货浑浑如泉源，汸汸如河海……夫天下何患乎不足也"，"夫有余不足

---

① 《孟子·滕文公上》。
② 《庄子·天下》。
③ 《荀子·解蔽》。
④ 《荀子·天论》。
⑤ 《荀子·富国》。
⑥ 《史记·太史公自序》。

非天下之公患也，特墨子之私忧过计也"①。因之统治者就应该用盛乐、美色、甘食等等来享受、装饰和威严自己，"知夫为人主上者不美不饰之不足以一民也，不富不厚之不足以管下也，不威不强之不足以禁暴除悍也。故必将撞大钟、击鸣鼓、吹笙竽、弹琴瑟以塞其耳，必将雕琢刻镂黼黻文章以塞其目，必将刍豢稻粱、五味芬芳以塞其口……"②也就是说，统治者与被统治者、富贵与贫贱，必须有享受上和衣食住行上的差别，而不能像墨子所主张的均等消费、拉平齐一③，节俭倒退，那样就反而会使天下"贫且乱"，"尚俭而弥贫，非斗而日争"④，这鲜明地显示了处于上升阶段的统治阶级有增进生产提高生活远为开阔的眼界和气概；无论在理论上或实际上，它都更符合历史的需要。

二 墨家思想并未消失

秦汉以来，墨家作为思想体系和学派逐渐消失无闻，并且此后再也没有出现过类似的独立学说、思潮或派别。这大概是由于，尽管作为小生产劳动者的手工匠作和农民仍大量地长期地存在，但已经没有像氏族结构彻底瓦解的春秋战国时代那种自由的社会环境和自由的意识气氛。特别在独尊儒术以及后来佛教东来之后，小生产劳动者文化落后，见闻闭塞，经年累月束缚在自己

---

① 《荀子·富国》。
② 同上。
③ 尽管墨子也承认并也以"富贵爵禄"来引诱人，如说"爵位不高则民不敬也，蓄禄不厚则民不信也"（《尚贤中》）等等，但这不构成墨子的思想主体。
④ 《荀子·富国》。

的狭小天地内，一般便受着社会统治意识的控制和支配，很难从自身中再产生像墨子这样的思想家或思潮、学派。

因之，只有在社会发生大分裂，即阶级对抗非常激烈、要求明确区分阶级界限的斗争时刻，那些力图表现本阶级独特利益、要求和理想的意识、思想、纲领、口号，才可能被突现出来和提上日程。这个时刻主要就是农民起义和农民战争。农民起义总是裹卷了各种手工匠作于其中，并且由于后者具有某种程度上的纪律、组织（如师徒、行业等）训练，使他们经常成为起义队伍的各方面的骨干或领袖。

中国历史上有频繁和巨大的农民起义和农民战争。虽然有关文献大都无存，已无法考察、了解它们的意识形态，而且由于大都是"铤而走险"、"官逼民反"，不一定能有条件和时间作真正的自觉思考或理论准备，然而，就在极不完全的挂一漏万的残存材料中，也仍然可以看出其中好些基本思想倒是与上述墨子思想有一脉相通之处的①。

最早的例子是陈胜的"帝王将相宁有种乎"的著名传说。它不一定有何深意可言，但与墨子所讲"官无常贵而民无终贱"，在思想特征上似乎是可以相通的。只是一个是在和平时期讲"尚贤"，认为从"贱人"中也可以举拔贤能；一个是在起义时期认为"贱人"也可以作将相以至帝王。它们在反对等级不能逾越和"富贵在天"的命定思想上，是同一种语言。又如，保存在《太

---

① "我认为，中国农民战争的口号应溯源于战国末年墨侠一派下层宗教团体所提出的一条公法，即《吕氏春秋》所载，杀人者死，伤人者刑，墨者之法也……这一点似乎不大为从前的学者们所注意。"（侯外庐：《我对中国社会史的研究》，《历史研究》1984年第3期）但侯却把它解释为"要求人身权的旗帜"，这似乎是近代化的夸张而忽略了墨的本质特征。

平经》里的少数片断字句，像强调"天生人幸使其人人自有筋力，可以自衣食者"①，一再反对"或多智反欺不足者，或力强反欺弱者，或后生反欺老者，皆为逆，故天不久佑之"②等等思想，也可以与墨子主张"强力""兼爱"联系起来③。尽管《太平经》早已成为统治阶级"惩恶扬善"、修道求仙的正统典籍，但这部道家汇集中的某些东西又确曾与农民起义（如张角）有关。

从历代农民起义、农民战争某些意识形态的共同特征看，例如几乎都以某种超自然的人格神（即"天意"）作为主宰、命令来支撑和证明起义的合理性和合法性，来组织队伍，统一意志，严格纪律。农民起义也常常是反贪官而拥戴"好官家"、"好皇帝"，以及一面讲求博爱、平等、共患难，另方面又承认甚至强调等级、上下的差别，与墨子的矛盾两面都有相通或相同之处。尽管农民起义大多打着道教、佛教的旗帜，并不理睬墨子，但这是因为他们并不知道墨子，而墨子本人也非神或佛。当然，在农民起义和农民战争中，某些基本观念比墨子思想要远为激进和彻底。例如进行大规模的杀戮，便不能讲"非攻"。例如提出平均土地或财富，也远非墨子思想所具有。汉代以来作为统治阶级意识的儒家也反对过分的贫富不均，也讲仁爱，也讲天命甚至制造谶纬"符命"来作为政权的"天授"依据，甚至也渗入农民起义中；但农民起义中的宗教信仰和博爱精神主要是当做统一意志、

---

① 《六罪十治诀》，见《太平经合校》，第242页，中华书局，1960年。
② 《太平经钞辛部》，见《太平经合校》，第695页。
③ 卿希泰："《太平经》的这些思想，乃是先秦墨家有关思想的继承和发展。……墨家学说乃是道教的思想渊源之一。"（《中国道教思想史纲》第1卷第129—131页，四川人民出版社，1980年）并参阅王明《道家和道教思想研究》，中国社会科学出版社，1984年。

发动群众的行动纲领和组织力量,并直接地具体地落实在集团的战斗行动之中,与儒家讲的仍不相同,而毋宁说与墨家的特色相接近。

这种特色以最突出和最完备的形态出现在近代太平天国运动中。他们引进一位西方基督教的人格神作为主宰人间事物的最高权威;以"千年王国"作为建立世上天国的太平理想;正式提出"务使天下共享天父上主皇上帝大福,有田同耕,有饭同食,有衣同穿,有钱同使,无处不均匀,无人不饱暖"①的政治纲领;强调"天下多男子,尽是兄弟之辈;天下多女子,尽是姊妹之群"②的伦常博爱原则。总之,在同一个上帝面前,人们应该相爱而平均,共同劳动,各享所得,衣暖食饱,天下太平。这与墨子所说"天必欲人之相爱相利,而不欲人之相恶相贼也……今天下无大小国,皆天之邑也,人无幼长贵贱,皆天下之臣也"③,基本精神不仍然相通么?当然,两千多年后的太平天国的思想、纲领和体系,比墨家远为急进、具体和完整;特别是在战争中,农民军队所要求的共患难的兼爱原则,要求强调斗争的非命思想,都极大地突出了。但是,曾经使得敌人也惊叹的"以人众为技,以敢死为技,以能耐劳苦忍饥渴为技……死者自死,渡者自渡,登者自登"④,不又仍然可以与"墨子服役者百八十人,皆可使赴汤蹈火,死不还踵"⑤,"以自苦为极","虽枯槁不舍",相比拟么?!应该说,这种比拟的意义不在于任意选择外表现象

---

① 《天朝田亩制度》。
② 《原道醒世训》。
③ 《墨子·法仪》。
④ 《贼情汇纂》。
⑤ 《淮南子·泰族训》。

的偶然相类，而在于它们共同体现着劳动者所具备的普遍阶级品格，而为上层社会所难能。另一方面，平等、博爱只是乌托邦，严格的等级制却是现实；太平天国特别在定都南京后的种种等级规定、专制统治、禁欲主义、禁商空想、迷信上帝……，也不无与墨子的天志、明鬼、节用、尚同等思想有类似之处。这种类似也不是偶然的外在现象。所以，尽管洪秀全的思想并不直接来自墨子，除了接受基督教传教士的宣传品外，他与儒家的关系更深，但重要的是精神实质。洪秀全和农民起义的思想并不直接来自墨子，却与墨家相通，更说明这种思想所具有的现实根基的深厚。这精神实质恰恰在于作为广大下层劳动群众在意识形态中所显现出来的特色，它的优点与缺点、强处与软弱。

墨家不存在了，大规模的农民起义和农民战争也并不常有，但小生产劳动者却长期存在。这种社会基础使墨家的某些观念、行为以至组织形态，不但在一定程度和意义上表现在始终不断的下层秘密会社中，如讲义气，重然诺，行兼爱，"赴汤蹈火"，以及《水浒》上梁山英雄们那种遭压迫而共患难、称兄弟，排坐次则又讲身份、崇官职等等；而且还可以通过其他各种改变了的状态和途径比较间接地展现出来。因之关于墨子思想的继承、影响问题便十分复杂。

简单看来，也至少有两种情况。一种是被社会统治意识的主流所吸收消化。墨家的好些思想如功利、重力等，已经以不同方式渗入或融合在法家和儒家思想中。特别由于儒墨两家原都以古代氏族传统为背景，他们对氏族制度这一社会体制和秩序都是基本肯定的，对人生世事、政治经济也都采取积极作为的态度，都讲父慈子孝、兄友弟恭，都讲任贤使能。只是一个从氏族贵族立场出发，所以强调等级差别，重视礼乐文化和个体价值，强调维护"周制";一个从下层生产者出发,反对奢侈生活,抨击、排斥任何非生产性的消费,强调集体互助,幻想博爱世界,主张"行夏政"。但它们同道家彻底否定氏族制度,要求回到最古的动物式的世界里去,从而否定任何文明、秩序,对人生世事采取虚无消极的态度,则大不相同。也与以后单纯代表统治阶级利益的法家,以传播某些科技文化或贩卖政治策略为特色的、飘浮在上层而没有自己切实的现实根基的名家、阴阳家、纵横家等等,很不相同。诚如汪中所说,墨子"其在九流之中,惟儒足与之相抗,自余诸子,皆非其比"①。既然有上述这些共同基础和特征,儒家也用不着花多大气力,便不留痕迹地吸收了所可以容纳的墨子中的许多思想和观念。韩愈说:

> 儒讥墨,以尚同兼爱尚贤明鬼,而孔子畏大人,居是邦不非其大夫;春秋讥专臣,不尚同哉?孔子泛爱亲仁以博施济众为圣,不兼爱哉?孔子贤贤,以四科进褒弟子,疾没世而名不称,不尚贤哉?孔子祭如在,讥祭如不祭者,不明鬼哉?儒墨同是尧舜,同非桀纣,同修身正心以治天下国家,奚不相悦如是哉……。孔子必用墨子,墨子必用孔子。②

韩愈是以"卫道者"即捍卫儒家孔孟之道、力排佛教异端而著称的,却居然这样对待墨子,不奇怪吗?当然韩愈是大大地夸张了孔墨的共同处,并且也不敢提及墨子的非乐、节葬等直接与儒家相冲突的东西。但由于孔墨毕竟有某些共同的现实基础,所

---

① 汪中:《述学·墨子序》。
② 《韩昌黎集·读墨子》。

以如"尚贤"、"节用"、"非攻"以及"兼爱"、"尚同"等,就都比较容易地与儒家学说相沟通,就是"天志"、"明鬼"与儒家(例如董仲舒)也可以找到共同处。因为这些是农业小生产国家中无论上下层都大体可以接受的东西。只是由于阶级的差异,这种吸收接近又仍有一定的限度。韩愈的"博爱之谓仁"仍不等于墨子的兼爱,不过是在儒家亲亲尊尊、爱有差等的基础上的某种扩大而已。至于墨家那些"侵差等"、"有见于齐"、"欲使君臣上下同劳苦"的平均思想和反文化的苦行思想,则为社会上层代表的儒家所当然拒绝。

比较起来,更有意思的倒是,墨家中某些越出正统儒家接受限度或为正统儒家所排斥、拒绝的东西,却又有时在儒学"异端"人物身上出现。也正因为这些人物、思想显现出这些非正统儒学所能容纳的东西,它们也就构成了"异端",从而这"异端"的意义也正在于它们曲折地反映了小生产劳动者们的观点、思想、情绪或倾向。这就是本文所认为更值得注意的另一种情况。

颜元是一个例子。颜元号习斋,他最强调的就是一个"习"字。这个"习"不是正统儒学所重视的文化学习,而更多是指向实际操作等体力活动和技艺训练。"习斋之学,其本在忍嗜欲,苦筋力,以勤家而养亲,而以其余习六艺,讲世务……"[①]颜元自己便是参加农业劳动而有亲身体验的:"吾用力农事,不遑食寝,邪忘之念,亦不自起。"他要用这种体力劳动(包括各种需要体力活动的技艺训练)来改造儒家理学。他处处强调,任何事都要"亲自下手一番","吾辈只向习行上做工夫,不可向言

---

① 方苞:《方望溪集·李刚主墓志铭》。

语文字上着力"①,"读书愈多愈惑,审事机愈无识,办经济愈无力"②;"读书人便愚,多读更愚","以多读为学,圣人之学所以亡也"③。颜元这种强调实际操作的经验论,的确很容易令人想起墨子。墨子就也讲过"士虽有学而行为本焉"④,"言必信,行必果,使言行之合,犹合符节也,无言而不行也"⑤等等。无怪乎一些哲学史家认为,"颜元的实证的知识论,在表面上看来好像是儒学,而实际上则是墨子学术的复活。"⑥

在社会思想上,颜元坚决反对重义轻利,认为"以义为利,圣贤平正道理也。……义中之利,君子所贵也。后儒乃云正其谊不谋其利,过矣"⑦,"世有耕种而不谋收获者乎?世有荷网持钩而不计得鱼者乎?"⑧这也正是从生产活动的物质实际出发,与墨子把仁义、兼爱等伦理原则、道德规范放在现实功利生活的基础之上,又是很相似的。

颜元特别强调礼仪,使它具有神圣的准宗教性质。颜元平均土地的思想,如"岂不思天地间田,宜天地间人共享之……为父母者,使一子富而诸子贫,可乎"⑨等等,也与墨子的宗教信仰和兼爱空想有相通处。所以颜元的主习主动、强调实用、主张复

---

① 《颜习斋先生言行录·卷下·王次亭第12》。
② 颜元:《朱子语类评》。颜的读书愚蠢论有一定道理,特别是他本是针对宋明理学的巨大弊病而言。
③ 颜元:《四书正误》卷2。
④ 《墨子·修身》。
⑤ 《墨子·兼爱下》,可对照儒家"言必信,行必果,硁硁然,小人哉"(《论语·子路》)。
⑥ 侯外庐:《中国思想通史》第5卷,第374页,人民出版社,1980年。
⑦ 颜元:《四书正误》卷1。
⑧ 《颜习斋先生言行录·卷下·教及门第14》。
⑨ 《存治编·井田》。

古、提倡均约、激烈抨击空谈性理的宋明理学，使他在十七八世纪中国民族民主思潮中另具一种风貌殊色。他既不是王夫之、顾炎武等带有总结性的正统理学儒宗，也不是黄宗羲、唐甄、戴震等人带有近代气息的启蒙思想，而是有点泥古不化、眼光狭窄、执著于直接经验和实用价值却又勤劳苦作、孳孳不息的具有小生产劳动者特征的理论意识。他的理论、实践和学派也和墨子一样，并没流行多久就告结束。"颜李之力行派陈义甚高，然未免如庄子评墨子所云其道大觳，恐天下不堪"；"元道太刻苦，类墨氏，传者卒稀，非久遂中绝"[1]。

……

时间又过去了一二百年，墨子在近代中国再一次被重新发现。《民报》第一期撇开孔孟老庄，把墨子捧为"平等博爱"的中国宗师，刊登了臆想的墨子画像。连梁启超在《新民丛报》上也呼喊"杨学（指杨朱为己）遂亡中国，今欲救亡，厥惟学墨"[2]。当时及以后，从各种不同角度治墨家墨学和服膺墨子者盛极一时，从清末附会声光电化来解墨学到孙诒让的力作《墨子闲诂》，直到中国共产党的"墨者杜老"[3]（杜守素），近代许多重要学者都有关于墨子的论述；而颁发给墨子的"伟大的平民思想家"、"劳动阶级的哲学代表"之类的美称也络绎不绝，以至有人称之为"墨学之复兴"[4]。几乎在同一时期，颜元也被推崇了起来。颜李学的复兴当然不可能有墨学的声势，然而自章太炎

---

[1] 梁启超：《清代学术概论》。
[2] 《子墨子学说》。
[3] 见郭沫若《十批判书》后记。
[4] 方授楚：《墨学源流》。

《訄书》中尊颜,颜元被推到继荀子而后的大师的空前地位后,北洋军阀时期徐世昌也大崇颜李学。杜威来华,许多人又把颜元捧比为实用主义。近几十年的众多研究论著,也都大赞颜为唯物主义哲学家,等等。但很少有论著着重评论颜元思想中上述那种二重性特色的,特别是很少注意颜元思想的落后面。杜维明的文章提出了颜元地居僻乡,无史地时事知识(不及顾、黄、王远甚),将礼仪宗教化,因之其倾向并非革命和科学的,而毋宁说是保守的等论点,比好些论著更如实地描述了颜的本来面目[①]。但杜文也仍然没有指出所有这些思想特征何所由来,没有揭示它的现实根基,即中国小生产劳动者的历史特色。我以为指出这一根基和特色是重要的,所以特地在本文中把他与墨子联系起来,把它们看做是中国思想史上一种重要的倾向或线索。尽管颜元是以孔子真传自命的理学家。

之所以要由墨子而谈及这些,乃因为墨学以及颜元在近代突然兴起,非常吃香,是一种颇具深意的现象。当然,崇墨捧颜中有各种不同的背景、内容和意义。例如把墨学误解为近代的平等博爱主义等等。但其中最值得注意的却是,它与近代民粹主义有否思想血缘关系的问题。在中国近代以至今日,我以为,始终有一股以农民小生产者为现实基础的民粹主义思潮的暗流在活跃着。由于世界历史条件的差异(例如马克思主义在俄国战胜民粹主义等等),中国的民粹主义思潮不能像俄国那样由于经历独立的发展过程,从而具有完整的系统理论、明确的政治纲领、具体

[①] Tu Wei-ming: "Yen Yuan: From Inner Extperience to Lived Concreteness",见杜著 *Humanity and Self-Cultivation*, pp.186—215, Asian Hamanities Press, Berkeley, 1979。

的团体组织和实际的社会行动,例如不像俄国民粹主义曾掀起"到民间去"的知识分子下乡运动;但这种思潮仍然是或明或暗地、强有力地渗入和影响着中国近代政治和思想舞台,特别是在与农村有较深关系的知识分子或具有农民气质的思想家政治家身上自觉或不自觉地表现出来,甚至也可以渗入马克思主义的革命家们的思想深处。

我在《中国近代思想史论》一书的一些论文中曾经强调指出过这一点,并特别提出了章太炎,作为比较典型的例证。按照列宁的著名提法,民粹主义的最大特征在于反映了宗法农民反对和要求避免资本主义的前途。他们站在根基深厚但注定没有前途的小生产者立场来反对和抨击资本主义。他们反对剥削、压迫,反对资本主义的经济、政治、思想、文化、生活享受和奢侈风习,而经常把小生产者的劳动、道德、宗教作为抵制和对抗它们、作为唾弃和取缔"腐败"的现代文明的武器。他们的社会理想经常是平均主义的乌托邦,他们的认识论经常是狭隘的实用经验论:强调亲知、"践履"、力行、吃苦,而轻视甚至反对间接知识、抽象思辨、读书、理论……①章太炎憎恶资本主义而宁愿保持旧时代的"原始的圆满",主张"用宗教发起信心,增进国民的道德",反对现代化的经济发展,反对资产阶级代议政治,提出虚无主义的解脱空想……,便具有代表性。尽管从墨子到颜元到章太炎,在外表上缺少联系,例如章太炎就并不一定喜欢墨子(见《訄汉微言》),但重要的是他们所可能具有的内在深刻关系。而且,远不只是章太炎,还有其他好些人,从伟大的革命家(毛)到著名的保守派(如梁漱溟,虽然梁也反墨),在思想中都可以

---

① "文化大革命"的好些理论和实践把这一方面推到了极端。

在不同程度和不同意义上具有这一特色（尽管其具体内容、作用、性质可以大不一样）。其实，这也正是中国这个以悠久而庞大的小生产劳动者为基础，和以农民革命为特征的国度所必然要出现的思想现象，并不足奇怪。

中国近代这种站在小生产立场上反对现代文明的思想或思潮，经常以不同方式或表现或爆发，具有强烈的力量，得到广泛的响应，在好些人头脑中引起共鸣，这一点却是不容忽视的。它对中国走向现代化并非有利，并经常成为近代启蒙的阻力或对抗。当代农民和手工业者已在突破小生产者在经济上的局限，在走向现代生活和生产，在改变着自己；如何在思想上相应地自觉分析和对待这一有重要传统根基的意识形态以至思维模式（如墨子三支柱构成的社会观念），分辨它的优缺点，例如既不因墨子信鬼神主专制就无视其作为劳动者优点的一面（郭沫若），也不因具有这一面而无视其作为小生产者的严重弱点的一面（许多论著），清醒地意识到它的两重性和这两个方面，而加以科学的探讨，便仍然是富有现实意义的思想史课题。从而，把古代墨子当做某种思想典型，放在历史的长河和现实基地中作为一个问题提出来，该不会被看做是牵强附会和任意胡诌吧。不知读者们以为如何？

（原载《学习与思考》1984年第5期，原题《墨子论稿》）

孙老韩合说

传言十年前毛泽东说过,《老子》①是一部兵书。前人也有此议论。唐代王真说,"五千之言……未尝有一章不属意于兵也。"②苏辙说,"……此几于用智也,与管仲、孙武何异?"③王夫之说,"言兵者师之","持机械变诈以徼幸之祖也"④。章太炎说它"约《金版》《六韬》之旨"⑤。我的看法是,《老子》本身并不一定就是讲兵的书,但它与兵家有密切关系。这关系主要又不在后世善兵者如何经常运用它,而在它的思想来源可能与兵家有关。《老子》是由兵家的现实经验加上对历史的观察、领悟概括而为政治—哲学理论的。其后更直接衍化为政治统治的权谋策略(韩非)。这是中国古代思想中一条重要线索。之所以重

---

① 本文所谈均指《老子》一书。此书著者及成书年代,本文不讨论,暂采春秋末年说。
② 《道德真经论兵要义述·叙表》,此书迂腐不堪,实无足观者。
③ 《老子解卷2》,苏辙因为要搞儒老合一,奉老子为"圣人",所以又说:"圣人之于世俗,其迹因具相似者也,圣人乘理而世俗用智"(同上书)。
④ 《宋论·神宗》。
⑤ 《訄书·儒道》。

要,一方面在于它对中国专制政治起了长远影响;同时也由于,贯串在这条线索中对待人生世事的那种极端"清醒冷静的理智态度"①,给中国民族留有不可磨灭的痕迹,是中国文化心理结构中的一种重要的组成因素。

一 兵家辩证法特色

在《美的历程》中,我曾认为,中国自新石器时代中期以来,充满了极为频繁、巨大、复杂的战争。"自剥林木而来,何日而无战?大昊之难,七十战而后济;黄帝之难,五十二战而后济;少昊之难,四十八战而后济;昆吾之战,五十战而后济。"②为史籍所承认的黄炎之战、黄帝蚩尤之战,不过是其中规模最大具有决定性意义的几次而已。中国兵书那么早就如此成熟和发达,几千年后仍有借鉴价值,正由于它们是以这种长期的、繁复的、剧烈的战争的现实经验为基础。谈《孙子兵法》的论著已经有不少了,本文注意的只是表现在兵家思想里的理性态度。

什么是这种特定的理性态度呢?

第一,是一切以现实利害为依据,反对用任何情感上的喜怒爱憎和任何观念上的鬼神"天意",来替代或影响理智的判断和谋划:

> 主不可以怒而兴师,将不可以愠而致战;合于利而动,

---

① 拙作《孔子再评价》。其中说"无论孟、荀、庄、韩"而未提老,因老与孔学大抵无关,而以自己的独特方式表现了这一态度。
② 罗泌:《路史·前纪》卷5。

不合于利而止，怒可以复喜，愠可以复悦，亡国不可以复存，死者不可以复生。故明君慎之，良将警之……。①

明君贤将，所以动而胜人，成功出于众者，先知也。先知者不可取于鬼神，不可象于事（指作类比推测），不可验于度（指证验于天象），必取于人，知敌之情者也。②

只有在战争中，只有在谋划战争、制定战略、判断战局、选择战机、采用战术中，才能把人的这种高度清醒、冷静的理智态度发挥到充分的程度，才能把它的巨大价值最鲜明地表现出来。因为任何情感（喜怒）的干预，任何迷信的观念，任何非理性东西的主宰，都可以立竿见影，顷刻覆灭，造成不可挽回的生死存亡的严重后果。必须"先计而后战"，如果凭感情办事，听神灵指挥，可以导致亡国灭族，这是极端危险的。所以，《孙子兵法》一开头就说，"兵者，国之大事，死生之地，存亡之道，不可不察也。"③这一特点在一般日常生活和任何其他领域中是没有或比较少见的。

第二，必须非常具体地观察、了解和分析各种现实现象，重视经验。作战要考虑人事、天时、地利。天时包括季节、气候、昼夜、冷暖变化等等；地利包括高下、远近、险易、广狭等等；人事包括将领、法令、士兵、技械、军需等等。并且，不但要"知己"，而且要"知彼"，"知吾卒之可以击，而不知敌之不可击，胜之半也；知敌之可击，而不知吾卒之不可击，胜之半也；

---

① 《孙子兵法·火攻》。
② 《孙子兵法·用间》。
③ 《孙子兵法·计》。

知敌之可击，知吾卒之可以击，而不知地形之不可以战，胜之半也。"①"兵无常势，水无常形，能因敌变化而取胜者，谓之神。"②总之，全面地具体地了解实际情况，重视现实形势，在战争中有极重要的意义。纸上谈兵为兵家大忌。在战争中不容许搞空中楼阁的思辨遐想和不解决问题的空洞议论。思维的具体现实性和实用性的重要，在这里比任何其他地方都更为突出。

第三，在这种对现实经验和具体情况的观察、了解、分析中，要迅速地从纷繁复杂的错综现象中发现和抓住与战争有关的本质或关键。其中包括要善于鉴别假象，不为外在的表面现象所迷惑：

敌近而静者，持其险也。远而挑战者，欲人之进也。……③

众树动者，来也。众草多障者，疑也。鸟起者，伏也。兽骇者，覆也。……④

这是由某种经验现象而看出有关交战利害的关键，所以它重视的不是现象的罗列，而是抓住某些现象迅速推断到有关本质。

兵者，诡道也。故能而示之不能，用而示之不用。近而

---

① 《孙子兵法·地形》。
② 《孙子兵法·虚实》。
③ 《孙子兵法·行军》。
④ 同上。

示之远,远而示之近。……①

辞卑而益备者,进也;辞强而进驱者,退也。……无约而请和者,谋也;奔走而陈兵车者,期也。半进半退者,诱也。②

这就是注意现象与本质之间的差异与矛盾。这种情况在日常生活和一般经验中也都存在,但认识它们的极端重要性和严重意义却只有在战争中才突出。否则,略不经心便可铸成大错,而毫厘之差便有千里之失。

也正因为此,古兵家在战争中所采取的思维方式就不只是单纯经验的归纳或单纯观念的演绎,而是以明确的主体活动和利害为目的,要求在周密具体、不动情感的观察、了解现实的基础上,尽快舍弃许多次要的东西,避开繁琐的细部规定,突出而集中、迅速而明确地发现和抓住事物的要害所在;从而在具体注意繁杂众多现象的同时,却要求以一种概括性的二分法即抓住矛盾的思维方式来明确、迅速、直截了当地去分别事物、把握整体,以便作出抉择。所谓概括性的二分法的思维方式,就是用对立项的矛盾形式概括出事物的特征,便于迅速掌握住事物的本质。这就是《孙子兵法》中所提出的那许许多多相反而又相成的矛盾对立项,即敌我、和战、胜负、生死、利害、进退、强弱、攻守、动静、虚实、劳佚、饥饱、众寡、勇怯等等。把任何一种形势、情况和事物分成这样的对立项而突出地把握住它们,用以指导和谋划主体的活动(即决定作战方案如或进或退、或攻或守等

---

① 《孙子兵法·计》。
② 《孙子兵法·行军》。

等)。这是一种非归纳非演绎所能替代的直观把握方式,是一种简化了的却非常有效的思维方式。在一般经验中,这种方式大都处在不自觉或隐蔽的状态中(如列维-斯特劳斯所分析的人类各民族神话所普遍具有的二分结构)。因为在日常生活中并不需要到处都自觉采用这种思维方式,不必要把任何对象都加以二分法的认识或处理。

正因为这种矛盾思维方式是来源于、产生于军事经验中,而不是来源或产生于论辩、语言中所发现的概念矛盾,所以它们本身也就与世俗生活一直保持着具体内容的现实联系,具有极大的经验丰富性。像《孙子兵法》里举出的那许多矛盾的对立项,就是非常具体的和多样化的。与生活经验紧密相连,它们是生活斗争的经验性的概括,而不是语言辩论的思辨性的抽象。

第四,兵家的这种辩证思维既是主体在有关自己生死存亡、切身利害的战斗实践中所获得和所要求的认识方式,上述一切观察、了解、分析、估量、考虑、决策便都是在主体(己方军队)的行为中来进行的。即使自然现象如"地形"也是从战争利害("地利")角度来着眼的。因之,客体在这里作为认识对象不是静观的而是与主体休戚相共的,是从主体的功利实用目的去把握的,客体不是作为与主体利害、行动相分离的恒常稳定的对象来作观察处理的。从而,它不但重视对立项矛盾双方的依存、渗透,而且更重视它们之间的消长转化和如何主动运用它们:"乱生于治,怯生于勇,弱生于强。"[①]"……实而备之,强而避之,怒而挠之,卑而骄之,佚而劳之,亲而离之,攻其无备,出其不

---

① 《孙子兵法·势》。

意……。"①总之,不只是描述、发现、了解、思索诸矛盾而已,而是在活动中去利用、展开矛盾,随具体的条件、情况而灵活的决定和变化主体的活动,不局限、拘泥、束缚于既定的或原有的认识框架。"五行无常胜,四时无常位",只要能最后打败敌人,保存自己,便可以"涂有所不由,军有所不击,城有所不取,地有所不争,君命有所不受"。后世兵家也常说,"运用之妙,存乎一心"。所有这些,都不同于从对大自然的静观或从抽象思辨中所获得的矛盾观念和思维方式。

总起来说,我以为要真正了解中国古代辩证法,要了解为什么中国古代的辩证观念具有自己特定的形态,应该追溯到先秦兵家。兵家把原始社会的模糊、简单而神秘的对立项观念如昼夜、日月、男女即后世的阴阳观念多样化和世俗化了。它既摆脱了巫术宗教的神秘衣装,又不成为对自然、人事的纯客观记录,而形成一种在主客体"谁吃掉谁"迅速变化着的行动中简化了的思维方式。它所具有的把握整体而具体实用,能动活动而冷静理智的根本特征,正是中国辩证思维的独特灵魂,使它不同于希腊的辩证法论辩术,而构成中国实用理性的一个重要方面。

在《孙子兵法》中,已经可以看到,它由军事讲到了、涉及了政治。军事本来就是政治斗争的一种特殊手段。《孙子兵法》相当明确地指出政治应该统帅军事。它在多处虽然是讲军事,实际已经超越了军事。例如那些非常著名的话:

> 是故百战百胜,非善之善者也;不战而屈人之兵,善之善者也。故上兵伐谋,其次伐交,其次伐兵,其下攻

---

① 《孙子兵法·计》。

城……。故善用兵者，屈人之兵，而非战也；拔人之城，而非攻也。……①

重筹划更重于作战本身，重政治更重于军事，重智谋更重于拼力量，重人事更重于天地鬼神……，以《孙子兵法》为代表的这种兵家思想已成为后世中国的思想传统。它在《老子》那里，便上升为哲学系统。这不是说《老子》一定是直接从孙子或兵家而来（有人还考证《孙子兵法》产生在战国，可能在《老子》之后）②，只是说《老子》哲学的基本观念可能与先秦的兵家思潮有关系。

二 《老子》三层

《老子》是一本非常复杂、异义极多的书。如何细致鉴别其中的种种不同内容和方面及它们之间的繁复关系，将是一个艰难而重要的研究要点，远非本文所能论及。这里只从上述中国辩证思维特征这一角度提点初步看法。

《老子》确有多处直接讲兵。有些话好像就是《孙子兵法》的直接延伸：

> 将欲弱之，必固强之；将欲废之，必固兴之；将欲夺之，必固与之。③

---

① 《孙子兵法·谋攻》。
② 如齐思和《中国史探研·孙子兵法著作时代考》，中华书局，1981年。
③ 《老子·第36章》。

故善为士者不武。善战者不怒。善胜敌者不与……。①

用兵有言曰：吾不敢为主而为客，不敢进寸而退尺……。②

于是，有学者认为，"下篇《德经》是直接论述军事战略战术并通过总结战争规律而引申出社会历史观和人生观的。其上篇《道经》则是对其兵略兵法思想给予理论上的概括并提高到宇宙观和世界观上给予论证。"③这说法略嫌过头。《汉书·艺文志》上说："道家者流，盖出于史官，历记成败、存亡、祸福、古今之道，然后知秉要执本，清虚自守，卑弱以自持，此君人南面之术也。"所以，似乎只能说，《老子》辩证法保存、吸取和发展了兵家的许多观念，而不能说，《老子》书的全部内容或主要论点就是讲军事斗争的。应如上述《艺文志》所指出，作为道家代表的《老子》与记录、思索、总结历史上的"成败、存亡、祸福、古今之道"相关。这个"道"不仅是军事，而更是政治。《老子》一书是对当时纷纷扰扰的军事政治斗争，和在这些频繁斗争中大量氏族邦国灭亡倾覆的历史经验的思考和概括。

思考的结果，军事辩证法变成了政治辩证法。孙子说，"凡战者，以正合，以奇胜。"④《老子》说，"以正治国，以奇用兵。"⑤但《老子》实际上是把用兵的"奇"化为治国的"正"，

---

① 《老子·第68章》。
② 《老子·第69章》。
③ 唐尧：《老子兵略概述》，《中国哲学史文集》，第32页，吉林人民出版社，1980年。
④ 《孙子兵法·势》。
⑤ 《老子·第57章》。

把军事辩证法提升为"君人南面之术"——统治、管理国家的根本原则和方略。

由于这一提升，《老子》对兵家的辩证法就有保存，有变化，有发展。它基本上保存了上述兵家辩证法的那些特征，即它仍然是在主体活动和具体运用中的二分法直观思维方式。人们经常强调《老子》的消极无为，其实，《老子》一再讲"圣人"、"侯王"，是一种"以无事取天下"的积极的政治理论。所以它的辩证法在实质上并没有失去主体积极活动性的特征。只是它不是在瞬息万变的军事活动中，而毋宁是在较为久远的历史把握中获得和应用，从而具有静观的外在特征，好像是冷眼旁观似的。

《老子》把《孙子兵法》中所列举的军事活动中的那许多对立项（矛盾）进一步扩展到了自然现象和人事经验，诸如明昧、高下、长短、先后、直曲、美恶、宠辱、成缺、损益、巧拙、辩讷……等等①，使矛盾成为贯串事事物物的普遍性的共同原理。由于观察总结历史经验，由于它的似乎是冷眼旁观的静观气质，使兵家的冷静理智不动情感的特色在这里更为突出，而终于提升为"天地不仁，以万物为刍狗；圣人不仁，以百姓为刍狗"，"失德而后仁"的基本哲学原理。朱熹说"老子心最毒"②。韩非说"仁者，谓其中欣然爱人也，……生心之所不能已也"③，当然在摈斥之列。正是在这要害处，《老子》道家与以仁学为基础的孔学儒家区别开来：同样讲人的活动，兵家、道家重客观实际而

---

① 注意事物的对立项也是当时大变革社会中的一种思潮，《左传》《国语》多有这类记载。如晏婴曾说："……清浊、大小、长短、疾徐、哀乐、刚柔、迟速、高下、出入、周疏，以相济也。"（《左传·昭公二十年》）等等。
② 《朱子语类》卷137。
③ 《韩非子·解老》。

不讲情感；儒家则以人的情感心理作为某种重要依据。章太炎说，"吾谓儒道之辨，当先其阴骘……，行一不义，杀一不辜，虽得国可耻，儒道之辨，其扬攉在此耳。故周公诋齐国之政，而仲尼不称伊吕，抑有由也。"①在《老子》看来，天地的运行变化是没有也不需要情感的；"圣人"的统治，亦然。重要的只在于遵循客观的法则规律——"德"、"道"。

那么，什么是"德"、"道"？

"德"的原始含义究竟是什么，是一个迄今并不清楚而很值得研究的问题。"它的原义显然并非道德，而可能是各氏族的习惯法规。"（《孔子再评价》）最近也有人论证"德"原指拘执、捆缚奴隶以及征伐掠夺、占有财富，以后演化为等级秩序和天命伦理②。"德"在殷商卜辞及《尚书·盘庚》中虽多见，但作为一个主要观念和中心思想，是在姬周。周初再三强调"敬德"、"明德"，金文中多有"德"字。"帝"（殷商）在意识形态中的地位在周初已被结合天意与人事的"德"所取代③。"德"字在甲骨文中从直从行，与"循"字近（容庚说），"示行而视之意"（闻一多说），《庄子·大宗师》有"以德为循"④。我以为，"德"正是由此"循行""遵循"的功能、规范义转而为实体性能义，最终变为心性要求义的。"德"在周初被提到极高位置，恐怕也与周公当时全面建立规范化的氏族制度有关。"德"逐渐由必须"循行"的习惯法规转义为品格要求。与此并行，"天"（卜

----

① 《訄书·儒道》。章太炎也强调了道家与兵家（阴谋、"诡道"）有关。
② 温作峰：《殷商奴隶主阶级德的观念》，《中国哲学》第 8 辑。
③ 参阅张光直《中国青铜器时代》，第 307 页，三联书店，1983 年。
④ 求是：《经史杂考》，《学习与思考》，1984 年第 5 期。

辞中似少见）袭取了殷商的"帝"的位置，冲淡了人格神的严重主宰义。这都是殷周之际思想意识上的巨大变革，也是周公重大功绩所在而为孔子所称道不已的。可惜至今对此研究得还极为不足。

"德"似乎首先是一套行为，但不是一般的行为，主要是与以氏族部落首领为表率的祭祀、出征等重大政治行为。它与传统氏族部落的祖先祭祀活动的巫术礼仪紧密结合在一起，逐渐演变而成为维系氏族部落生存发展的一整套的社会规范、秩序、要求、习惯等非成文法规。周初突出"敬德"。"敬"，是要求恪守、服从，其中包含有谨慎、崇拜义，就因为这个"德"本与原始的巫术礼仪传统有关，与对神秘的祖先崇拜、与对"天意"、"天道"的信仰和观念有关。

周公以"制礼作乐"驰名后世，载入史册。王国维《殷周制度论》中曾强调周公建立嫡长制、分封制、祭祀制的巨大历史意义。这意义就是将尚在混乱中的"殷礼"作了重大的完备化、系统化、条理化、规范化，这也就是使这种"德"获有一整套的"礼"的形式仪范，树立和确定了以血缘宗族为纽带的"祭祀——社会——政治"的组织体制。这就是存"德"于"礼"。《礼记》："圣立而将之以敬曰礼，礼之体长幼曰德。"[①]《大戴礼》："明堂者，天法也。礼度者，德法也。"[②]直至春秋，"礼"、"德"、"敬"还经常交错使用，连在一起。与对"德"一样，对"礼"也强调要"敬"。"敬，礼之与也，不敬则礼不行。"[③]

---

① 《礼记·乡饮酒义》。
② 《大戴礼记·盛德》。
③ 《左传·僖公三十三年》。

从以上或者可以略窥"德"的本源。"德"被了解为统治者的方术、品德以至被了解为道德,是远为后来的事情。但在《老子》中,"德"已主要是以后一种含义(特别是统治方术这层含义)被应用和讨论了,只是《老子》把这种统治方术提升到哲学的空前高度,正如它把前述兵家辩证法提到这个高度一样。

"上德不德"。"上德无为而无不为"。《老子》辩证法与兵家的重大不同和发展之处,便是提出了"无为"。"无为"也就是"上德"。就是说,连那些远古习惯规范之类的"德"也不必去刻意讲求和念念不忘。只有任社会、生活、人事、统治自自然然地存在,这才是"无为"、"上德",也就是"道"。"上德"、"无为"、"道"、"无"、"一"、"朴",是老子哲学的核心范畴。

它们有好几个层次的意思。首先是它的政治层含义。

先秦各派哲学基本上都是社会论的政治哲学。道家老学亦然。《老子》把兵家的军事斗争学上升为政治层次的"君人南面术",以为统治者的侯王"圣人"服务,这便是它的基础含义。所谓"无为"乃是一种"君道"①:君主必须"无为"才能"无不为",表面不管,实际却无所不管。否则,如果不是"无为",而是"有以为",统治者不是处"无",而是占"有",那就被局限,就不可能总揽全局了。因为任何"有",尽管如何广大,总是有限定的、能穷尽的和暂时的,它只能是局部。只有"无"、"虚"、"道",表面上似乎只是某种空洞的逻辑否定或混沌整体,

---

① Herrlee G. Creel 曾统计《老子》书中共 12 次讲"无为",其中 6 次(即占一半)是有关统治的(*What is Taoism?*, p. 54, Chicago and London, 1970.)Creel 分道家和静观的(Contemplative Taoism)、怀抱目的的即讲统治、治理方略的(purposive Taoism)和求仙的(Hsien Taoism)三种,颇有见地,但关于《老子》时代甚晚,法道关系等论点则有误。

实际上却恰恰优胜于、超越于任何"有"、"实"、"器"。因为它才是全体、根源、真理、存在。而这就正是君主所应处的无上位置，所应有的优越态度，所应采的统治方略。正如《韩非子·解老》所阐释："凡德者，以无为集，以无欲成，以不思安，以不用固。为之欲之，则德无舍，德无舍则不全。"并且，与《孙子兵法》中的"能而示之不能，用而示之不用"的兵家"诡道"一脉相承，《老子》大讲的"大成若缺"，"大盈若冲"，"大直若屈，大巧若拙，大辩若讷"等等，其中的"若"便也可释作"好像"。所以有人认为"实质便不外一个装字"①，"以为后世阴谋者法"②。后代各个层次的统治者、政治家甚至普通人，都从这里学到了不少处世的学问：从"韬晦"、"装蒜"到"以退为进"、"以守为攻"等等。《老子》把军事斗争中的对立项抽象化和普遍化了，但又未失去其具体的可应用性。而且，它在社会生活的实用性和适应范围是空前地被扩大了。

　　《老子》辩证法中另一突出特点是，在对立项的列举中，特别重视"柔"、"弱"、"贱"的一方。这就是著名的"守柔曰强"的思想。《老子》再三强调："弱也者，道之用也"；"侯王无以贵高，将恐蹶"；"兵强则灭，木强则折"；"故必贵而以贱为本，必高而以下为基"；"天下之至柔，驰骋于天下之至坚"等等。这除了教导统治者要谦虚谨慎、重视基础（"圣人无心，以百姓之心为心"）之外，主要是要人们注意到只有处于"柔"、"弱"的一方，才永远不会被战胜。这就是说，不但不要过分地暴露了自己的才能、力量和优势，要善于隐藏优势或强大，而且不要去竞赛

---

① 张舜徽：《周秦道论发微》，第12页，中华书局，1982年。
② 章太炎：《訄书·儒道》。

或争夺那种强大。要"守雌"、"贵柔"、"知足",这样就能保持住自己,就能持久而有韧性,就能战胜对方而不会被转化掉。这一观念在总结世事经验,开启人生智慧上曾起过作用。从"老子不为天下先"、"先让一步然后还手"到"哀兵必胜"、"宁受胯下之辱"、"君子报仇十年不晚"等等,在忍让和委屈中以求得生存的可能和积蓄力量,用以夺取最后的胜利,这也属于中国的智慧。它仍然承续了不动情感、清醒冷静的理智态度和不失主体活动的特征,以服务于家族、邦国和个体的生存。它不是明晰思辨的概念辩证法,而是维护生存的生活辩证法。但是,《老子》这种保持生存避免转化的政治辩证法和生活艺术,又有其深刻的社会根基。

《老子》似乎满怀恐惧和慨叹在总结着历史上的"成败、存亡、祸福、古今之道":"长治久安"的氏族社会的远古传统正在迅速崩毁,许多邦国在剧烈争夺,许多在争夺之中变得强大,然后又很快地失败和覆灭了。"金玉满堂,莫之能守"。那么,应该怎么办?正如儒墨各家均道尧舜,企图以美好的古代回想作为救治当世的良方一样,《老子》所追求、称道、幻想的理想社会,则是比孔、墨理想更为古远的"小国寡民"的原始时期①:"……有舟车,无所乘之;有甲兵,无所陈之;使民复结绳而用之","绝圣弃智,民利百倍。绝仁弃义,民复孝慈。绝巧弃利,盗贼无有"。在这种社会里,一切任其"自然",人像动物式地生存和生活,浑浑噩噩,无知无欲,没有任何追求向往。"罪莫大于可欲","祸莫大于不知足"。一切人为的进步,从文字技艺到各种文明都在废弃之列。这正是处于危亡阶段的氏族贵族把往古

---

① 这可能与传说中老子来自南方(原始氏族比中原延续保持得远为长久)有关。

回忆作为理想画图来救命的表现。在那个远古社会里，一切确乎是相对地平静、安宁、缓慢和柔弱的。"邻国相望"，而并不相侵，也不相交通，"民至老死不相往来"。大家都不发展得"过分"，相安无事，没有拼死的争夺和不断的毁灭……。

《老子》的"无为"思想有这样一层社会论的含义在。这方面，过去哲学史著作中讲得很多，不再重复。近年有些论著则似乎完全否认这一方面，或强调《老子》只是"君人南面术"，或强调"无为"为"无违"，从而在社会论上是积极的，这都太简单化了。在《老子》那里，"无为"、"守雌"是积极的政治哲学，即君主统治方术。但这种积极的政治层含义又恰恰是以其消极的社会层含义为基础和根源的。我们很难承认大开历史倒车、主张连文字和任何技术都完全取消的社会理想还能是"积极的和进步的"。庄子继承发挥了这种社会理想，但庄子已不是社会论政治哲学。韩非等法家以及汉初道家继承发挥的则主要是作为"君人南面术"的"无为"政治哲学，并改变了《老子》原有的社会层含义，在一个时期内服务于新兴的统治阶级，那倒的确曾经是积极的和进步的了。

问题是复杂的。要注意《老子》中政治论和社会论不同层次的差异、区分和矛盾以及它们之间的联系与渗透。

然而，《老子》的特点毕竟在于，它把社会论和政治论提升为具有形而上性质的思辨哲学①。这主要表现在"道"这个范畴上。如果说，"德"——"无为"是《老子》的政治社会理论；

---

① 也有人认为，《老子》是挂在老聃名下的道家思潮的某种合集（D.C.Liu, *Lao Tzu*：*Tao Te Ching. Introduction*，Penguin Classics, 1963），所以有多种内容。

那么"道"——"无名",则是《老子》的哲学本体。本来,有关"天道"的观念在中国古代由来久远,但在《老子》这里终于得到了一种哲学性质的净化或纯粹化。而这正是《老子》之所以为《老子》。今本改"德""道"次序为"道德",也以此故。"道可道,非常道……"那是多么"玄妙"的哲理啊。鄙视东方文化的黑格尔也得承认它属于哲学。

"反者道之动"。这句话大概最简要地概括了《老子》的"道"的主要内容,即在运动中相反相成的对立项相互转化。这个兵家本就有之的辩证法观念在这里净化为这个"道"的总规律了。"道"是总规律,是最高的真理,也是最真实的存在。这三者(规律、真理、存在)在《老子》中是混为一体不可区分的。正因为这样,便不可能用任何有限的概念、语言来界定"道"、表达"道"和说明"道"。一落言筌,便成有限,便不是那个无限整体和绝对真理了。所以说"吾不知其名,字之曰道,强为之名曰大"。《老子》强调的是不能用有限的语言、见闻、经验去限定、界说和规范"道",而不是强调"道"是超感知超认识的实体。说"道"是"一"、是"朴"、是"惟恍惟惚"等等,也是这个意思。在古代思想家那里,经常可以看到规律、功能与实体、存在两个方面尚未明确分开的现象,这两者(功能与实体,规律与存在)对他们来说,乃是一种统一整体的直观把握。正因为实体与功能、存在与规律混为一体,于是就显出种种泛神论、物活论等超经验超感性的神秘色彩。今日关于《老子》是唯物主义还是唯心主义的多余争论,原因之一恐怕是对古代哲学这一特征注意不够。

同时,《老子》的"道"并不像时下哲学史所认为的那样,是对自然现象的观察、概括。《老子》中"飘风不终朝,骤雨不终日","天地尚不能久"等等,不过是借自然以明人事而已,并非对自然知识的真正研究或总结。所谓"有物混成,先天地生","惚兮恍兮,其中有象;恍兮惚兮,其中有物"等等,也只是强调"道"对"象"、"物"、"天地"的优先地位。而这种所谓优先,并不一定是时间性的,《老子》并未有意于讲宇宙发生论(这正是先秦《老子》与汉代《淮南子》的差别所在)。如果把《老子》辩证法看做似乎是对自然、宇宙规律的探讨和概括,我以为便恰恰忽视了作为它的真正立足点和根源地的社会斗争和人事经验。正是这种根源地和立足点,使先秦哲学不同于希腊哲学。希腊的"辩证法"一词本就与论辩直接有关,而希腊各派哲学对自然的探究也是非常突出的。在哲学的起源上,中西恐即有其差异。一般人常说西方的哲学在"爱智",中国的哲学是"闻道",也有一定道理。中国的辩证法以至宇宙论总不离开人的活动,"常无欲以观其妙,常有欲以观其徼",也可以说是"排除目的性以认识道的本身","保持目的性以观察道的作用",而这两者却实际是同一的,不过暂时的名称有异而已。这把这种辩证法的体用一源、不离人事的特征概括得很清楚。尽管表面看来,《老子》的"道"是与人无干的客观律则,其实只是与人的情感无关,而并非与人的活动无关。《老子》哲学层的辩证法,正只是他的政治层社会层的军事、政治、历史、社会思想的提升罢了。

如前所说,中国辩证法的对立项是具体经验的,即使到《老子》这样高度抽象的哲学里,也仍然保留着这一特征。《老子》尽管把矛盾转化的普遍性提扬为"视之不见,听之不闻,搏之不得"的"道",却仍然强调只有"守雌"、"贵柔"、"致虚极,守静笃"才能得"道",即在对立项矛盾双方中仍然非常经验具体地执著和肯定一方。这就是说,矛盾始终没有完全脱开它们的具体经验性质，不是纯逻辑的形式抽象。《易传》也是这样，只是它所执著、肯定的是另一方，即刚、阳、"自强不息"罢了①。它们的共同点都恰恰在于把辩证法与特定的社会生活、秩序、规范、要求密切联系结合起来，以作为治国平天下即进行政治统治的普遍性规律。可见，从总体看，辩证法在这里的重要性仍然是在主体的具体人事活动和经验运用中。后世人们从《老子》辩证法里获得的，也并非对自然的认识，或思维的精确，或神意的会通，而主要仍然是生活的智慧。只是在这种生活智慧的领悟中，由于它本身具有的多义性、不确定性和极为宽泛的概括性和包容性，似乎又能感受到某种超越的哲理而得到精神的极大满足。

由于强调任何有限的、可以感知的事物都非真实的存在，加上那些关于"道"的"恍兮惚兮"的形象描述，并且在《老子》中可能已有而后来为庄子所大大发展了的养身保生学说，如《老子》中的"谷神不死，是谓玄牝；玄牝之门，是谓天地根"、"专气致柔，能婴儿乎"之类的奇异提法，便使《老子》的"道"有某种原始巫术神话的存留感，以致后世可以发展为奉老子为教主的道教。但如果从全书整体或就其主要部分和特征来看，"道"的这种不可捉摸的神秘感并没有归结为宗教神学的理论逻辑的必然性。因为这种神秘感主要来源于"道"的不可确定性，而"道"的这种不可确定性的实际来源之一，又主要是具体运用中的多样性和灵活性所造成的。在毫无神秘感、非常实际而具体的《孙子兵法》中，就有"微乎微乎，至于无形，神乎神乎，至于无声，故能为敌之司命"②。这种对军事辩证法的形容描述，它

---

① 参阅余敦康《论易传和老子辩证法的异同》，《哲学研究》1983 年第 7 期。
② 《孙子兵法·虚实》。

所强调的正是对辩证法掌握运用由于多样性灵活性而带来的不可确定性。后来通由庄子在后世艺术创作领域中，这一"无法而法"的不可确定性便更为明确突出了。所以尽管《老子》的"道"已经是某种客体的存在规律，但它之所以具有上述神秘色彩，主观运用中的灵活性倒仍然是重要来由之一。从而，"象帝之先"和"独立而不改，周行而不殆"就并非一定是宗教的神（宗教神学）或永恒的自然界（唯物主义）或绝对不变的理念（唯心主义），而只是强调主观掌握的总规律具有实体式的客观存在，"迎之不见其首，随之不见其后"，"祸兮福之所倚，福兮祸之所伏，孰知其极？其无正。正复为奇，善复为妖"之类，主要是在着重描述这种规律的变易性、灵活性和不可确定性。只是因为把它客体化，就使这种不可确定性具有了神秘的特征。而这种神秘的特色与其来源于兵家的"诡道"不无关系。其实司马谈说得很好："道家无为，又曰无不为，其实易行，其辞难知。其术以虚无为本，以因循为用。无成执，无常形，故能穷万物之情；不为物先，不为物后，故能为万物主"[①]等等，已经把"道"的哲学层与政治层的联系和关系表达得相当清楚了。

由《老子》所突出提炼和净化了的矛盾普遍观念，以及"贵柔"、"守雌"、"不为天下先"等对待矛盾的具体态度，都在形成和确定中国思维的历史河床中具有里程碑的意义。荀子、《易传》固然承接、吸收了《老子》，就是同时或略早的 A 而非 A′（即限定 A，不使之过分发展到 A′）的中庸辩证形式，亦即是"度"的注意，以保持、维护整体生命的和谐稳定，避免矛盾的激化而导致对立项的易位，也与《老子》的"贵柔"、"守雌"有

---

① 《史记·太史公自序》。

共同或相似处①。尽管今日论者们可以斥责"贵柔"(老)和"中庸之道"(孔)为消极、保守、落后甚至反动,但这只是从矛盾斗争的近代抽象形式来评论本来具有具体经验内容的中国古代辩证法,因之它并不一定是准确的。在现实生活特别是古代农业社会中,除军事斗争的特殊情况外,并非任何矛盾都必须激化或转化。特别是从一些生命有机体来看,以维持机体系统的和谐稳定为目的,强调对立项的依存渗透,中和互补,避免激剧的动荡、否定、毁灭、转化,在许多对象和许多情况下,有其重要的合理性。正由于中国辩证法主要源出于和应用于社会秩序、政治统治和人事经验,它之所以具有这种特性,便有其不可忽视的现实根源和生活依据。我们不能以某种一般形式标准来抽象地否定它。对《老子》哲学层的辩证法,亦然。

三 所谓"益人神智"

由韩非承接《老子》,似乎顺理成章②。

这不只是因为韩非有《解老》、《喻老》之作,而是由于在战

---

① 如著名的季札观周乐后的赞颂:"至矣哉!直而不倨,曲而不屈,迩而不逼,远而不携,迁而不淫,复而不厌,哀而不愁,乐而不荒,用而不匮,广而不宣,施而不费,取而不贪,处而不底,行而不流……"等等(《左传·昭公元年》),说明这种思维方式已是当时(春秋)重要的理论成果,而它又正是从人事经验而非从自然观察上升为普遍意识的。

② Creel着重研究了重"术"讲"道"的申不害,认为申讲的"道"非整体乃治术,并认为申的"无为"来自孔子讲的"无为而治者其舜也欤?夫何为哉,恭己正南面而已矣"(《论语·卫灵公》),所谓法家的"法"非法律,乃方法即统治术;申的刑名即责名循实,亦与儒家有关,以及申、韩不同等等,均值得作进一步探讨。

国秦汉之际，以"黄老之学"著名的"道法家"①在相当长的时期内逐步取得了统治地位，韩非正是这个过程中的大人物。无论从思想的逻辑过程和社会的发展过程，由兵家到道家到法家再到道法家，是一根很有意思的思想线索。其间的复杂关系还待仔细探究，但由"道生法"（马王堆帛书）的提法和《解老》《喻老》等篇章可以看出，从总体讲，法家是接过了《老子》政治层的"无为"含义上的人君南面术，把它改造为进行赤裸裸统治压迫的政治理论的。

如果说，《老子》是把兵家辩证法提扬为哲学学说，加上对历史经验的思索，"观往者得失之变"②，使这种哲理反思尽管具有某种诗意朦胧，也夹杂着现实愤慨，但其冷眼旁观不动声色的理智态度仍然异常突出的话（例如对比《易传》）；那么，韩非就不但继承了这一态度，而且把它极端地发展了。关于韩非，当然也可以说许多，本文所能谈到的只是这种对《老子》思维特点的发展方面，这大致分为三点。

第一，是由冷眼旁观的非情感态度发展到极端冷酷无情的利己主义。韩非把一切都浸入冷冰冰的利害关系的计量中，把社会的一切秩序、价值、关系，人们的一切行为、思想、观念以至情感本身，都还原为归结为冷酷的个人利害。它成了衡量、考察、估计一切的尺度标准。这方面韩非有许多非常出名的论证：

> ……父母之于子也，产男则相贺，产女则杀之。此俱出于父母之怀衽，然男子受贺，女子杀之者，虑其后便、计之

---

① 参阅裘锡圭《马王堆老子甲乙本卷前后佚书与道家》，《中国哲学》第2辑。
② 《史记·老子韩非列传》。

> 长利也。故父母之于子也,犹用计算之心以相待也,而况无父母之泽乎!①
>
> 故舆人成舆则欲人之富贵,匠人成棺则欲人之夭死也,非舆人仁而匠人贼也,人不贵则舆不售,人不死则棺不买,情非憎人也,利在人之死也。②
>
> 夫卖庸而播耕者,主人费家而美食,调布而求易钱者,非爱庸客也,曰:如是,则耕者且深耨者熟耘也。庸客致力而疾耕耘者,尽巧而正畦陌畦畤者,非爱主人也,曰:如是,羹且美,钱布且易云也。③

多么犀利、冷静和"清醒",然而又都是不可辩驳的事实。这真可说是撕破了人间世事中的一切温情美好的面纱,还事物以残酷面目:人都是为生存而互相计较着、交易着、争夺着和吞噬着。一切都只是利害关系,都是冷静计算的结果,并没有别的什么。它充分地反映了战国末期原始氏族传统及其观念的彻底崩溃,本来在神圣庄严而温情脉脉的情感形态中的君臣、父子、夫妇等社会关系和社会秩序统统失去了原有的依据。充满着的只是"臣弑君"、"子弑父"种种激烈争夺、残酷吞并的生活事实和历史事实。已经没有别的准绳尺度,神圣的原始礼仪失去了它的庄严可信,温情脉脉的孔孟人道说教只能是毫无实效的迂腐空谈。神没有了,情感靠不住,只有冷静理智的利害计算,才能了解一切,战胜一切,以维持和保护统治者的生存和安全。统治秩序只

---

① 《韩非子·六反》。
② 《韩非子·备内》。
③ 《韩非子·外储说左上》。

能建立在冷静理智所分析的利害关系上，在这关系上树立起君主专制的绝对权威：

> 主利在有能而任官，臣利在无能而得事；主利在有劳而爵禄，臣利在无功而富贵；主利在豪杰使能，臣利在朋党用私。①
>
> 圣人之治国也，固有使人不得不爱我之道，而不恃人之以爱为我也。恃人之以爱为我者，危矣。恃吾不可不为者，安矣。……明主知之，故设利害之道以示天下而已矣。②

这说得毫无掩饰，确乎使人耳目一新。儒家的迂腐仁义、墨家的矫情兼爱，以及人世间各种漂亮的言词、可爱的情感、浪漫的理想……，在这种理智的冷酷检验下，似乎都不过是可笑的扯淡和可恶的伪装。军事是政治的继续，在这里，可以说是倒过来了：政治是军事的继续。人事关系就好像一场无情的战争，各人为着一己之利害而拼命争夺，人生就是战场。从而孙子、老子那一套兵书也完全可以适用在政治领域和生活领域中。这正是韩非在思想史上的巨大业绩。韩非这一套在政治斗争中，如同《孙子兵法》在军事斗争中一样，具有极大的实用性、可行性。在两千年后的"文化大革命"中，不是仍然有"政治斗争无诚实可言"之类的行为和理论吗？这一切在韩非那里早已有了淋漓尽致的说

---

① 《韩非子·孤愤》。可对比孟子："为人臣者怀利以事其君，为人子者怀利以事其父，为人弟者怀利以事其兄，是君臣父子兄弟终去仁义，怀利以相接，然而不亡者，未之有也"（《孟子·告子下》）。
② 《韩非子·奸劫弑臣》。

明。在后代社会的日常经验和人情世事中,为什么读韩非的书可以"益人神智",大抵也在于它可以帮助人们去冷静地揭穿、看透那包裹着层层漂亮外衣下的冷酷事实和"世人的真面目"吧?

第二,是这种冷静计算空前地细密化。在理论上,如许多哲学史著作所指出,韩非提供了"理"的哲学范畴,用"理"来说明"道":

> 道者,万物之所然也,万理之所稽也。理者,成物之文也……。道,理之者也。物有理,不可以相薄,故理之为物之制,万物各异理。万物各异理而道尽。稽万物之理,故不得不化;不得不化,故无常操……。①
>
> 凡理者,方圆、短长、粗靡、坚脆之分也。故理定而后可得道也。②

韩非通过万事万物的"理"(具体矛盾)的掌握来达到"道",这就使"道"得以具体区分从而周密化了。

"理"是客观事物的具体规律,特别是对立项双方即矛盾的对立和冲突。韩非承继道家传统,"虚以静后,未尝用己","去喜去恶,虚心以为道舍"③。总之要求极端冷静;只有冷静,才能心"虚",才能客观地去认识对象;主观的喜怒情感便容易使人产生成见和偏见。韩非并提出"参验"的方法:"偶参伍之

---

① 《韩非子·解老》。
② 同上。
③ 《韩非子·扬权》。

验,以责陈言之实"①,"无参验而必之者,愚也"②,要求收集、了解多方面的情况,加以排比、参照、验证。《韩非子》一书本身就援引了宣讲了那么多的具体的历史故事、人情世俗来详尽地论证他的观点主张。其中重要的是,韩非很强调要用实践行动来检验:"夫视锻锡而察青黄,区冶不能以必剑;水击鹄雁,陆断驹马,则臧获不疑钝利。……观容服,听辞言,仲尼不能以必士;试之官职,课其功伐,则庸人不疑于愚智。"③"道"的哲理在这里失去了诗意的朦胧,却获有了现实的周密。"清醒冷静的理智态度"在韩非手里发展为对人情世故、社会关系、政治活动多方面多角度和多层次的细密探索,对是非、毁誉、善恶、成败的多变性、复杂性,对人情世态中种种微妙细腻处,例如对为争权夺利而相倾轧、嫉妒、勾结、欺诈、逸毁、诬陷……种种现象和事实,都做了充分的分辨和剖析。其思维的周详细密,犀利锐敏,确乎空前绝后,不能不给人以深刻印象。在这方面,它不但大大超过了孙子的军事辩证法,而且也超过了老子的形而上学。

第三,这一切冷静态度和周密思虑具有异常明确的功利目的,这一点前面已经讲得不少,这也是孙、老、韩的共同特征。但韩非把它发挥到自觉的极致。韩非说:

> 夫言行者,以功用为之的彀者也。夫砥砺杀矢而以妄发,其端未尝不中秋毫也,然而不可谓之善射者,无常仪的

---

① 《韩非子·备内》。
② 《韩非子·显学》。
③ 同上。

也。……今听言观行，不以功用为之的彀，言虽至察，行虽至坚，则妄发之说也。①

这正是韩非这种思维方式区别于譬如公孙龙、惠施等逻辑学家（名家）的地方。韩强调和感兴趣的不是无实际用途的抽象的辩论，而是具体有用于生活的思维。所以这种思维所注意的周详细密，不是去研究去探讨各种逻辑的可能性或概念中的辩证法（尽管著名的思维中的矛盾悖论恰恰由韩非提出，但其目的还是为了论证生活，并不是揭示概念），而是去考察各种现实的可能性和生活中的"悖论"。甚至明是非、辨真假、定对错本身也还是次要的，更重要的是如何运用和处理实际问题。因为同一是非在不同实际情况和条件下，便可以具有根本不同的实际意义和处理办法。因之，所谓"真理"，是依存于实际应用、人间关系、利害目的等其他条件的，而并不在其自身。例如：

宋有富人，天雨墙坏，其子曰不筑必将有盗。其邻子之父亦云。暮而果大亡其财，其家甚智其子而疑邻人之父……非知之难也，处知则难也。②

可见，"难"并不在于道理难明、知识难得或讲不清楚，总之不是纯粹认识的问题，难在于如何处理知识、运用知识，在于如何估计它的实际后果将如何：

---

① 《韩非子·问辩》。
② 《韩非子·说难》。

> 凡说之难，非吾知之有以说之之难也……在知所说之心，可以吾说当之。所说出于为名高者也，而说之以厚利，则见下节而遇卑贱，必弃远矣。所说出于厚利者也，而说之以名高，则见无心而远事情，必不收矣。所说阴为厚利而显为名高者也，而说之以名高，则阳收其身而实疏之；说之以厚利，则阴用其言而显弃其身矣……
>
> ……与之论大人则以为闲己矣；与之论细人则以为卖重；论其所爱，则以为藉资；论其所憎，则以为尝己也……①

周详细密，实际具体。韩文素以谨严犀利著称，也即是说它具有推理清晰无懈可击的逻辑力量。很明显，这种所谓逻辑力量与其说在于逻辑形式的严格，而毋宁说更在于它的那种无情感地论断一切。例如，在这篇专门探讨"论说"的文章中，就根本没去研究、讨论什么形式逻辑或论辩方法之类的问题，也不是探讨思维经验中的对错、真假、是非等问题，而主要是讨论如何对待、处理和应用知识于具体不同的人事关系中，讨论研究的是人情世故的复杂性、变异性。这种"知识"在韩非看来比知识本身重要得多，也就是后人讲的"世事洞明皆学问，人情练达即文章"。这也是中国的传统，是好的传统，更是坏的传统。

由于服务于新兴的大一统专制政权的君主统治，韩非不同于《老子》的小国寡民的社会理想，他一反"贵柔"、"守雌"、"不争"，强调对立项的冲突斗争，"不并容"、"不两立"，重强、重

---

① 《韩非子·说难》。

兵、重力,"力多则人朝,力寡则朝于人"①,绝对地排除仁义而峻法严刑,"明主之道,一法而不求智,固术而不慕信"②,"吾以此知势位之足恃,而贤智之不足慕也"③。由《老子》来的道法家之所以讲究势、术,正因为所谓"无为"的"君人南面术",其前提在于必须据有至高无上的地位权势,亦即握有生杀予夺的绝对权力。不是个人的道德才智而是客观的权势地位,在政治中才起决定作用。《老子》说"国之利器不可以假人",韩非说"尧为匹夫不能治三人,而桀为天子能乱天下"④,都是这个意思。而"术"则是专制君主"藏之于胸中,以偶众端而潜御群臣者也"⑤,即专制君主必须用难见不测的权术来进行统治,所以不但不排斥而且正是要运用各种阴谋诡计残忍狠毒的手段,才能保持自己的势位权力。利己主义在这里终于达到了顶峰,并不断在后世的宫廷斗争中得到了最充分的实现。韩非的这一套,与儒家强调从个体道德品质出发的内圣外王的政治理论,当然就截然不同了。

*　　*　　*

在《孔子再评价》中,我曾援引恩格斯的一句话:"在一切实际事务中……中国人远胜过一切东方民族",用以说明作为儒学精神的实用理性。《老子》、韩非从另一角度即具体经验的辩证法方面补充和增强了这种实用理性。中国人在各种实务中,无论是政治、商业、经验科学、人事关系等方面都惯于深思熟虑,不

---

① 《韩非子·显学》。
② 《韩非子·五蠹》。
③ 《韩非子·难势》。
④ 同上。
⑤ 《韩非子·难三》。

动声色,冷静慎重,周详细密地计算估量,注意实际的可行性和现实的逻辑(可能性、必要性、秩序性等等),不冲动,不狂热,重功能,重效果。这有好的方面。然而也就在同时,束缚、限制和压抑了浪漫想象的自由开展、逻辑形式的纯粹提炼和抽象思辨的充分发展,在理性形式和思维能力上处处套上了不离日常生活经验的框架,阻碍了它的新的开拓。所以在真正的逻辑思辨中,中国的这套思维方式却又并不周密细致,而毋宁是粗糙、含混、模糊、笼统的。它缺乏严格规范的普遍推论形式,缺乏精确明晰的概念规定,忽视抽象思辨的重要价值……,这些也是孙老韩这种军事——政治——生活的辩证法智慧和智力结构形式,结合儒家思想,给中国文化心理和思维模式所留下的坏的影响和痕迹。

《史记》说,申韩"惨礉少恩,皆原于道德之意",又说法家"专决于名而失人情"。《老子》、韩非以及某些道法家与以人情心理为原则的孔门仁学相斗争的最终结果,由于社会基础的根本原因,在政治上形成了"阳儒阴法"、"杂王霸而用之"的专制政治传统。而在文化——心理上,《老子》的"贵柔守雌"、韩非的利己主义和极端功利主义则终于被舍弃,温情脉脉的人道、仁义和以群体为重的道德伦理终于占了上风。因为任何社会都不可能建立在韩非那种极端利己主义的基础之上,更何况行之于以血缘宗法为纽带的小农业家庭生产的社会?正是这个社会给以心理情感和伦理义务为原则的儒家思想提供了延续和保存的强大根基,孙、老、韩那种生活智慧和细致思维的特点,则因与儒家的实用理性精神相符合,在不失儒家上述原则的基础上被吸收同化,并应用在政治以及生活中了。《老子》对人生真理的思索寻觅,后来与《庄子》结合后,成为对儒家思想的补充;而《老子》对矛盾的多面揭示则直接被吸收在《易传》中而成为儒家的世界观。韩非的三纲专制主义在汉代董仲舒等儒家体系中得到了肯定。他们那"冷静的理智态度"更是与儒家实用理性一道，构成了中国智慧的本质特征。总之，它们是被融化吸收在儒家中了。

（原载《哲学研究》1984年第4期）

荀易庸记要

一 人的族类特征

荀子或被视为法家,或曰儒法过渡人物,或"很明显地可以看得出百家的影响"①。然而按传统说法他是儒家,比较起来,仍然更为准确。但因为传统的说法是儒家自己的,便经常突出他与孔孟正统特别是孟子的歧异和对立。其实,荀与孔孟的共同点,其一脉相承处是更为基本和主要的。荀子可说上承孔孟,下接易庸,旁收诸子,开启汉儒,是中国思想史从先秦到汉代的一个关键。

荀子与孔、孟一样,是所谓"彼其人者,生乎今之世而志乎古之道"②的。在政治、经济、文化、思想各方面,荀子实际都大体遵循了孔孟的路线。例如:

"行一不义,杀一无罪,而得天下,仁者不为也。"③ "贤齐

---

① 郭沫若:《十批判书·荀子的批判》,第185页,人民出版社,1954年。
② 《荀子·君道》。
③ 《荀子·王霸》。

则其亲者先贵；能齐则其故者先官。"①虽然加了一定的前提条件（"贤齐"、"能齐"），但仍然主张"亲亲"、"尊尊"。而"行一不义"等语不也见诸孟子么？

"田野什一，关市讥而不征。山林泽梁，以时禁发而不税。"②"轻田野之税，平关市之征，省商贾之数，罕兴力役，无夺农时。"③以及"故家五亩宅百亩田"④等等，也完全可以与孟子"关市讥而不征"、"五亩之宅，树之以桑"、"无夺农时"相对照（特别是《大略》等篇似乎渗入了不少孟子的思想）。

"天之生民，非为君也；天之立君，以为民也"⑤，"从道不从君"⑥等等也可与孟子著名的"民为贵"，"天与贤则与贤"等相比拟⑦。

所有这些（还有许多）与孟子同样保持了孔门传统。这个传统就是我已在许多文章中所指出的氏族民主和人道遗风，根源则是远古氏族社会的世袭贵族统治体系。

所以，这些经济政治主张的共同处有一个中心点，这就是"一是以修身为本"。由"修身"而"齐家"而"治国"而"平天下"，这正是原始氏族制度所要求于统治者们的必经程序。由自

---

① 《荀子·富国》。
② 《荀子·王制》。
③ 《荀子·富国》。
④ 《荀子·大略》。
⑤ 同上。
⑥ 《荀子·臣道》。
⑦ 孟、荀一致处，郭沫若曾一再指出："但这见解（指荀子的义荣势荣，义辱势辱）又分明是从孟子的天爵人爵之说演变出来的"（《十批判书》，第205页），"和孟子一样，在原则上是重视王道的"（同上书，第206页），"和孟子天与贤则与贤，天与子则与子，可以说是异曲同工"（同上书，第214页）等。但郭未指出孔孟荀一致的社会根源。

身做起，才可能在本氏族内取得威信，然后才可能去当部落和部落联盟的有威望的首领。所谓"人皆可以为尧舜"（孟），"涂之人皆可以为禹"（荀）等道德原则，其实却曾经是绵延过数千年之久的历史的真实。尽管在春秋战国，这个远古制度早已崩毁无余，但它留给人们思想的印痕、观念和传统却并未磨灭，而由"信而好古"的孔门儒学保存下来，把本是现实社会政治体制变而成意识形态中的伦常道德精神。我以为这正是儒家思想学说的主要特征之一，它对后世的中国文化影响极大，孔孟荀在这方面也是一脉相承的。

但是，时代毕竟大不同了。战国末期，氏族政经制度早已彻底瓦解，地域性的国家体制已经确立。因此，荀子在遵循孔门传统中，也就作了许多变通。例如孔孟只讲"仁义"，不大讲兵（打仗），"军旅之事，未之学也"①；荀子却大议其兵。而议兵中又仍不离仁义："彼仁者爱人，爱人故恶人之害之也。……彼兵者，所以禁暴除害也，非争夺也"②。孔孟以"仁义"释"礼"，不重"刑政"，荀则大讲"刑政"，并称"礼"、"法"，成为荀学区别于孔孟的基本特色。但是这特色又仍然从属于上述儒家轨道，仍然是"有乱君，无乱国；有治人，无治法。"③"故械数者，治之流也，非治之原也；君子者，治之原也"④。即仍然归结到"得人"、"君子"，也就是说仍然归结到从"修身"出发："请问为国，曰闻修身，未尝闻为国也"⑤。荀子是在新时代条件

---

① 《论语·卫灵公 15·1》。
② 《荀子·议兵》。
③ 《荀子·君道》。
④ 同上。
⑤ 同上。

下的儒家，他不是法家，也不再是像孔孟那样的儒家。这种"不像"，也正表现为荀学中的原始民主和人道遗风毕竟大大削减，从而更为明白地呈展出它的阶级统治面目。近代人读《荀子》不如读《孟子》那么使人心神旺畅，其根本原因恐怕也在这里①。荀子的理论是更为条理化，更有逻辑，更具有唯物主义的精神；然而却更少那种打动人的原始人道情感和吸引人的原始民主力量。

之所以如此，理论本身的原因则在于，同样是所谓"修身"，与孟子大讲"仁义"偏重内在心理的发掘不同，荀子重新强调了外在规范的约束。"礼"本来就是一种外在的规定、约束和要求，孔子以"仁"释"礼"，企图为这种古老的外在规范寻求某种心理依据；孟子发展这一线索而成为内在论的人性哲学，而颇不重视礼乐本有的外在的社会强制性的规范功能。荀子批评孟子"略法先王而不知其统"，也即指此而言；即是说，孟子不知道古代的"礼"对社会人群从而也对个体修身所必须具有的客观的纲纪统领作用。在这里，孔孟荀的共同处是，充分注意了作为群体的人类社会的秩序规范（外）与作为个体人性的主观心理结构（内）相互适应这个重大问题，也即是所谓人性论问题。他们的差异处是，孔子只提出仁学的文化心理结构，孟子发展了这个结构中的心理和个体人格价值的方面（仁学结构的第二、第四因素）②，它由内而外。荀子则强调发挥了治国平天下的群体秩

---

① 郭沫若："我本来是不太喜欢荀子的人，……我之比较推崇孔子和孟轲，是因为他们的思想在各家中是比较富于人民本位的色彩。荀子已经渐从这种中心思想脱离。"(《十批判书》，第423—424页)

② 参看《孔子再评价》。

序规范的方面（第三因素）①，亦即强调阐解"礼"作为准绳尺度的方面，它由外而内。

人所公认，"礼"是荀学的核心观念。"礼"是什么？其来何自？在当时已不是很清楚了："凡礼：事生，饰欢也；送死，饰哀也；祭祀，饰敬也；师旅，饰威也。是百王之所同，古今之所一也，未有知其所由来者也。"②但是，对这种来源于巫术图腾活动而在当时已沦为装饰的礼仪文饰，荀子却作了自己的理性主义的解释：

"礼起于何也？曰人生而有欲，欲而不得，则不能无求，求而无度量分界，则不能不争。争则乱，乱则穷。先王恶其乱也，故制礼义以分之，以养人之欲，给人之求。使欲必不穷于物，物必不屈于欲，两者相持而长，是礼之所起也。"③"人之生不能无群，群而无分则争，争则乱。"④"故先王案为之制礼义以分之，使有贵贱之等，长幼之差，知愚、能不能之分，皆使人载其事而各得其宜，然后使悫禄多少厚薄之称，是夫群居和一之道也。"⑤在这里，"礼"不再是僵硬规定的形式仪容，也不再是无可解释的传统观念，而被认为是清醒理智的历史产物。即把作为社会等级秩序、统治法规的"礼"，溯源和归结为人群维持生存所必需。在荀子看来，"礼"起于人群之间的分享（首要当然是食物的分享），只有这样才能免于无秩序的争夺。可见，第一，人必须生存在群体之中。第二，既然如此，如果没有一定的规矩尺度

---

① 参看《孔子再评价》。
② 《荀子·礼论》。
③ 同上。
④ 《荀子·富国》。
⑤ 《荀子·荣辱》。

来确定各种等差制度,这个群体也就无法维持,而这就是"礼"。有意思的是,现代古人类学家也指出,人性起源于分享食物①。二千年前荀子以对"礼"的理性主义的"群"、"分"来解释人禽区别,应该说是一种非常了不起的见解:"今夫狌狌形笑亦二足而毛也,然而君子啜其羹,食其胾。故人之所以为人者,非特以其二足而无毛也,以其有辨也。夫禽兽有父子而无父子之亲,有牝牡而无男女之别,故人道莫不有辨。辨莫大于分,分莫大于礼。"②"水火有气而无生,草木有生而无知,禽兽有知而无义;人有气有生有知亦且有义,故最为天下贵也。力不若牛,走不若马,而牛马为用,何也?曰人能群,彼不能群也。人何以能群?曰分。分何以能行?曰义。"③

总之,"礼"到荀子这里,作为社会法度、规范、秩序,对其源起已经有了高度理智的历史的理解。"礼"这个"贵贱有等,长幼有差,贫富轻重皆有称者"④的"度量分界",被视作是"百王之所积",亦即是久远历史的成果,而并非只是"圣人"独创的意思。

正因为从人类生存这一现实性的根本点出发,荀子把"类"看得比"礼"和"法"更高一层,即所谓"礼者,法之大分,类之纲纪也"。《儒效》篇里说"雅儒"、"大儒"之别在于,前者"其言行已有大法矣,然而明不能齐法教之所不及、闻见之所未至,则知不能类也";后者则是"……以古持今,以一持万,苟

---

① R.E.Leaker:*Origins*.pp.66—67.London,1977.
② 《荀子·非相》。
③ 《荀子·王制》。严复:"(斯宾塞)大阐人伦治化之事,号其学曰群学。群学者何?犹荀卿子言,人之贵于禽兽者,以其能群也。"(《原强》)
④ 《荀子·礼论》。类、族,古同义,血缘群体也。

仁义之类也,虽在鸟兽之中若别白黑;倚物怪变,所未尝闻也,所未尝见也,卒然起一方,则举统类而应之"。所谓"类",就是指生物族类而特别是指人类而言的秩序规则:"先祖者,类之本也"①。"类"(统类)是"礼""法"之所以能为"万世则"的根本理由。所以荀子讲"群"、讲"分"、讲"礼""法",其最高层次是"若夫总方略,齐言行,一统类"。就是说,一切社会秩序和规则("礼")乃是人作为特殊族类存在所必需的,从而它们就不是根源于先验的心理或本能的道德,如孟子讲的那样。荀子的"类"具有一种现实性的社会内容。从而荀子的"人道"便不同于孟子的"人道",它不是先验的内在的道德心理,而是区别人禽族类的外在的社会规范;不是个体自发的善良本性,而是对个体具有强制性质的群体要求。在荀子看来,内在的仁义道德必须通由这种外在的规范才有可能存在。所以,"礼"才是"仁义"的"经纬蹊径"和"人道"准则,"故绳者,直之至;衡者,平之至;规矩者,方圆之至;礼者,人道之极也"②。

总之,荀子对氏族血缘传统的"礼"赋予了历史的解释,"礼"的传统旧瓶装上了时代新酒。所谓"旧瓶",是说荀子依然如孔子那样,突出"礼"的基础地位,仍然重视个人的修身、齐家等等。所谓"新酒",是说这一切都具有了新的内容和含义,它实际已不是从氏族贵族或首领们的个体修养立场出发,而是从进行社会规范的整体统治立场出发。正因为此,它才不再仅仅着眼于个体的仁义孝悌,而是更强调整体的礼法纲纪,并认为前者是服从于后者的,"入孝出悌,人之小行也。上顺下笃,人之中

---

① 《荀子·礼论》。类、族,古同义,血缘群体也。
② 同上。

行也。从道不从君，从义不从父，人之大行也。若夫志以礼安，言以类使，则儒道毕矣。虽舜不能加毫末于是矣"①。从而，也就很自然地要"法后王，一制度"，"隆君权"、主一尊②。荀子失去了氏族传统的民主、人道气息，却赢得了对君主统治的现实论证，实际上是开创了后世以严格等差级别为统治秩序的专制国家的思想基础。所以谭嗣同要说，"二千年来之学，荀学也。"这种从社会统治整体着眼的理智—历史理论，比起孔孟仍依循氏族传统的情感—心理—道德理论，在当时具有更现实的进步意义。而这，很可能与荀子在齐国吸收了管仲思想（也开始从地域性国家的统治着眼）有关。

也正因为从现实的群体规范秩序出发，荀子才有性恶论。孟子讲"性善"，是指人先验地具有善的道德理性。荀子说"性恶"，是说人必须自觉地用现实社会的秩序规范来努力改造自己，所以说"其善者，伪也"③，是控制、节制、改变自己内在自然性（动物性）的结果。可见"性善""性恶"之争，来源于对社会秩序规范的根源的不同理解：孟子归结于心理的先验，荀子归结于现实的历史；从而前者着重于主观意识的内省修养，后者着重客观现实的人为改造。而荀子的这个客观现实既包括外在的自然，也包括内在的"人性"。所以，同样一个所谓"修身"，孟荀便完全分道扬镳了。

从这里，便逻辑地引向荀学的第二大关键："天人之分"。荀

---

① 《荀子·子道》。
② 《荀子·致士》："君者，国之隆也；父者，家之隆也。隆一而治，二而乱；自古及今，未有二隆争重而能长久者。"
③ 《荀子·性恶》。

子认为，人要与自然相奋斗，才能生存。因之荀子也就强调刻苦努力，强调人必须"学"。孔子《论语》以"学而"为第一章，荀子也是以"劝学"为首篇。但尽管荀子也以"始乎诵经，终乎读礼"作为"学"的内容和全程，"学"在荀子的解释里，由于上述思想背景，却具有更为广阔的意义。他论证说，"为之，人也；舍之，禽兽也"①，"可学而能、可事而成之在人者，谓之伪"②，荀子把"学"与"为"联结了起来，使"劝学"与"性伪"有了内在的联系。这个"学"实质上便已不限于"修身"，而是与整个人类生存的特征——善于利用外物、制造事物以达到自己的目的——有了联系："陶人埏埴而为器，然则器生于工人之伪，非故生于人之性也"③，"假舆马者，非利足也，而致千里；假舟楫者，非能水也，而绝江河。君子生非异也，善假于物也"④。这不但把孔子"工欲善其事，必先利其器"这一经验之谈提到极为重要的理论高度，而且它也成为荀子的整个理论的脊梁骨架，使荀子的"礼论"、"性伪"、"劝学"和"天人之分"由之而构成一个严整的体系。这个严整体系的逻辑基础正是这样：人类（社会）维持自己的生存发展必须组合在一起（"群"）而与自然相奋斗（对付外在的自然），这就产生了"礼"；"礼"是为了"分享""止争"，使群体能够存在和延续而建立起的规范秩序；这秩序正在于克制、改造、约束、节度人的自然欲求（改造内在的人性）；因此要维系这种社会秩序（外）和节度自然欲求

---

① 《荀子·劝学》。
② 《荀子·性恶》。
③ 同上。
④ 《荀子·劝学》。

(内),就必须"学",必须"为",必须"伪";可见"学""为"对于人便有关系存在的根本意义。这样,"学""为"在荀子这里也达到了本体高度。孟子的"学"是"收放心",回到超越的善的心性本体;荀子的"学"则从"木受绳则直"的外在规范,而可达到"天见其明,地见其光"的宇宙本体。

正是在这基础上,出现了"天人之分"的观念:

君子敬其在己者,而不慕其在天者,是以日进也;小人错在己者,而慕其在天者,是以日退也……①

大天而思之,孰与物畜而制之;从天而颂之,孰与制天命而用之;望时而待之,孰与应时而使之;因物而多之,孰与骋能而化之……②

这已成为人生的颂歌、伟大的名句。它充分表现了人类以自己的力量来赢得生存和发展,从而区别于众多物种之所在。如果说,孟子在中国思想史上最先树立了伟大的个体人格观念;那么,荀子便在中国思想史上最先树立了伟大的人的族类的整体气概。荀子把这种气概提到了与"天地参"的世界观的最高度:

天有其时,地有其财,人有其治,夫是之谓能参。③

天地者,生之始也,礼义者,治之始也,君子者,礼义之始也。为之,贯之,积重之,致好之者,君子之始也。故

---

① 《荀子·天论》。
② 同上。
③ 同上。

天地生君子，君子理天地。君子者，天地之参也……。①

虽然这里讲的是统治者必须努力学习，积极治理，使社会的等级秩序与天地"同理"，但它在理论层次上突出了人能主宰万物而与天地并立，无需任何神意干预的奋斗理想。荀子说，"良农不为水旱不耕，良贾不为折阅不市，士君子不为贫穷怠乎道"②，这正是儒家积极精神的极大发扬。如果说，孟子对孔学的发扬主要在"内圣"，那么荀子则主要是"外王"③。"外王"比"内圣"具有更为充分的现实实践品格，也是更为基础的方面。人类的心理、道德是在外在实践活动基础之上才能形成并逐渐内化、凝聚和积淀的。所以，荀子强调的方面，实际是更为根本的一面。而"骐骥一跃，不能十步；驽马十驾，功在不舍。锲而舍之，朽木不折；锲而不舍，金石可镂"④。这种勤劳坚韧、孜孜不倦、愚公移山式的实践行动精神，不正是中国民族的重要的现实品德吗？

关于荀子的论著已经非常多了，本文以为，在荀子所有的思想观念中，最重要最突出的便是上述这点，即追溯"礼"的起源及其服务于人群秩序的需要，从而认为人必须努力学习，自觉地用社会的规范法度来约束和改造自己，利用和支配自然。

这里一个要注意的问题是，人们经常没有足够重视在荀子"制天命而用之"（"天人之分"）思想中，仍然有着"顺天"的

---

① 《荀子·王制》。
② 《荀子·修身》。
③ 说"主要"，是因为孟也有"外王"的一面，而荀也有"内圣"方面。
④ 《荀子·劝学》。

重要内容。在荀子那里,"天"已不是有人格有意志的神,而是无预于人事的自然。"天"既不能主宰人的命运,人也不能依赖天或抱怨"天"。人只有靠自己的努力去顺应和利用"天"的规律而生存发展。所以,一方面荀子说,"强本而节用,则天不能贫;善备而动时,则天不能病;修道而不二,则天不能祸;故水旱不能使之饥,寒暑不能使之疾,祆怪不能使之凶……"①但另方面荀子又认为,"圣人清其天君,正其天官,备其天养,顺其天政,善其天情,以全其天功"②。一方面,"惟圣人为不求知天"③;另一方面,"其行曲治,其养曲适,其生不伤,夫是之谓知天"④。即是说,一方面,事在人为,命运非由"天"定(这里实际上已经吸收了墨家许多思想,包括"重力"、"非命"、"强本"在内),"天"不能主宰人事(这又和墨家不同),所以不必去深究"天"的奥秘,只需弄明人的规律就够了。另方面,人本身及其环境又是自然存在物,有其"天"(自然)的方面,从而如何处理好这个方面,即人如何遵循客观自然规律,使"天地官而万物役",也就是"知天",这恰恰又是荀子所非常重视的。

可见,荀子讲的"天人之分"、"制天命而用之",并不排斥而是包含着对自然("天")与人事如何相适应、相符合的重视和了解。荀子不求了解和重视与人事无关的自然,而要求了解和重视与人事相关或能用人事控制和改造的自然。在这相关和改造中,当然就有顺应自然规律的问题。因为如果只讲人为,便会陷

---

① 《荀子·天论》。
② 同上。
③ 同上。
④ 同上。

人盲动而达不到所期望的目的和效果,所以必须强调遵循客观规律的必要性。因之,与表面现象相反,荀子虽然提出"天人之分",却又仍然有着"天人合一"的思想,只是这种思想不像孟子那样充满了神秘意志或目的主宰等内容罢了。荀子说:

> ……春耕夏耘,秋收冬藏,四者不失时,故五谷不绝而百姓有余食也。污池渊沼川泽,谨其时禁,故鱼鳖优多而百姓有余用也,斩伐养长不失其时,故山林不童而百姓有余材也。圣王之用也:上察于天,下错于地,塞备天地之间,加施万物之上。①

这里强调三个"不失其时",也就是要依据客观世界的规律来种植耕作,足见"天人之分"也必须"顺天"。"顺天"("天人合一")在这里倒毋宁是更为具体和更为现实的。

当然,这就难免带来一些矛盾。特别是关于人性恶的问题。一方面,"性者,天之就也……,不可学不可事而在天者,谓之性"②;另方面,人必须"化性而起伪",使"性伪合"。那么,"性出于天"的"天"(自然)到底是善呢还是恶?第二,荀子说:"性者,本始材朴也。伪者,文理隆盛也。无性则伪之无所加,无伪则性不能自美。性伪合,然后成圣人之名,一天下之功于是就也。"③人为的改造活动("伪")必须有对象("性"),这没有问题。问题在于,这种改造("伪")又是如何可能的呢?

---

① 《荀子·王制》。
② 《荀子·性恶》。
③ 《荀子·礼论》。

即是说，恶的自然（"性"）又如何可能接受改造呢？王国维曾问："荀子云人之性恶，其善者伪也，然使之能伪者，又何也？"①荀子认为这是由于人有心知，再积以学的缘故，是由于"心""知"礼义，才能节制情欲。那么，"心"又如何可能知"礼义"呢？荀子似乎没有非常明确的回答。在荀子看来，这固然是由感性到理性的唯物主义学习过程；但另一方面，荀又强调作为理性作用的"心"具有某种先验性："凡以知，人之性也。"②因之，人之所以能改造自己、学得"礼义"，就仍有赖于本有的"心知"。荀子说，"礼以顺人心为本。"③这样，"天""性"的二重性便出现了：一方面是需要加以抗争、反对、改造、克制的自然性（"天"），如有害于人群生活的水旱（外在的）、情欲（内在的）；另方面又是必须依据、遵循、认识、顺应的自然性（"天"），如四时顺序（外在的）、心知神明（内在的）④。在大量的具体论证中，后一方面在荀子那里倒常常是更为重要的方面。例如荀子讲究"虚一而静"，以达到"心"的"大清明"而认识对象，使人在认识上从而在行为中符合和遵循客观的规律法则（"道"）。可见，总起来，"天人之分"是指某种主观清醒态度和奋斗精

---

① 《静庵文集·论性》。
② 《荀子·解蔽》。
③ 《荀子·大略》。陈登原说，"……曰感动善心，又曰心术如水，又曰凡顺人心者皆礼。凡此所言，又与孟子所谓羞恶之心是非之心，毫无二致"（《国史旧闻》，第一分册，第281页，中华书局，1958年）。其实不然，孟子的"心"主要是具有先验道德的"情感心"，荀子的"心"主要是包括先验和经验的"认知心"，并不包括情感内容。
④ 荀子的"心"因为被强调有"君形"作用，似乎也具有某种神秘性；但总起来看，它是指不为各种主观情欲干扰的"心"对外在规律性的认识和把握，仍大不同于孟子，而毋宁吸取了老、墨。

神；要有实效，仍必须"天人合一"，即要求以遵循自然规律性为基础。中国"天人合一"思想根源于历史悠久的农业小生产，这使得即使强调"天人之分"的荀子也在根本上不能脱出这个基础。并且，如果说，《老子》的辩证法可能与兵家有关①；那么可否说，荀子这种既强调与天奋争又强调顺天的思想，与古希腊（航海）、近代（工业）不同，是与当时正迅速发展、成熟着的农业相关呢？荀子是极端重视农业生产的，比起许多其他思想家，他更多地谈及了具体农事。农业生产确乎一方面要讲究工具、积极耕作，并与"天"（自然）相奋争；另方面，而且是主要方面，又要求注意遵循"天"（自然）的客观规律办事。先秦农家面目已不复可知，如果参看后世农家著作，强调"力能胜贫"，"田者不强，困仓不盈"②，"欲善其事，先利其器……，需调习器械，务令快利"③，"观其地势，干湿得所"，"仰著土块，并待孟春"④等等，应该说，这些观念与荀子许多思想倒是颇为接近和类似的。

荀子在驳斥墨子限制奢侈消费时，也正是从强调人可以创造出足够消费的农产品出发的：

> 今是土之生五谷也，人善治之，则亩数盈，一岁而再获之，然后瓜桃枣李，一本数以盆鼓，然后荤菜百疏以泽量，然后六畜禽兽一而剸车……可以相食养者，不可胜数也。⑤

---

① 参看《孙老韩合说》。
② 《齐民要术·序》。
③ 《齐民要术·杂说》。
④ 同上。
⑤ 《荀子·富国》。

荀易庸记要

这种一方面强调工具、劳作以利用自然而"养生",同时又十分注意遵循自然规律、重视天时地利的长久农业实践活动,也许就是荀子思想的真正根源?它使荀子在世界观上一方面是唯物论,另方面又仍是循环论("始则终,终则始,若环之无端"①);在认识论上,一方面强调"虚一而静",要求排除主观成见、情感的干扰,客观冷静地去认识世界;另方面又仍然排斥一切所谓不切实际的抽象思辨②,强调认识的经验性和实用性。在前一方面(冷静理智),荀与老、韩有共同处。其不同在于,老、韩是一种旁观式的历史智慧,它是无情的。荀子尽管少讲先验道德和心理情感,却仍然突出了孔门"积善而不忘"的乐观奋斗精神。他斥责"老子有见于诎不见于信",坚决肯定人类主体的实践力量,强调"与天地参"的人生理想,它是冷静理智而又乐观积极的。也正是这种对待自然的积极改造的思想,使传统的"天人合一"观念中原来具有的宗教神秘性质的情感因素,获得了真正现实的物质实践基石,而为后世许多献身现实改革的仁人志士所承继。这便是荀子的伟大贡献所在。尽管它在哲学理论上还没有得到充分的发展。

从宋明理学到"现代新儒家",都一贯抨击荀子,表彰孟子,并以朱熹王阳明直接孟子,认为这才是值得继承发扬的中国思想史的主流正宗。而三十年来国内的研究则又大都只赞扬表彰荀的唯物论,近则抨击他的尊君尚礼的法家倾向。这些似乎都没

---

① 《荀子·王制》。
② 荀子坚决反对名家,非常鲜明地表露了他的实用理性,如"夫坚白、同异、有厚无厚之察,非不察也,然而君子不辩,止之也"(《修身》),"杀盗非杀人也,此惑于用名,以乱名者也"(《正名》),"言无用而辩,辩不惠而察,治之大殃也"(《非十二子》)等等。

抓住荀的要害。孟子固然有其光辉的一面，但如果完全遵循孟子的路线发展下去，儒家很可能早已走进神秘主义和宗教里去了。正是荀子强调人为，并以改造自然的性恶论与孟子追求先验的性善论鲜明对立，才克服和冲淡了这种神秘方向；同时由于尽量吸取了墨家、道家、法家中冷静理智和重实际经验的历史因素，使儒学的重人为、重社会的传统得到了很大的充实，从而把儒家积极乐观的人生理想提高到"与天地参"的世界观的崇高地位。不是神秘、主宰的"天"，也不是先验道德的人，而是现实生活活动中的人，由于"积学"而成为万物之长，宇宙之光。正是这一观念，为儒家由孔孟的道德论过渡到易庸的世界观再到汉儒的宇宙论，提供了一个不可或缺的中间环节。荀子说，"凡礼，始乎梲，成乎文……天地以合，日月以明，四时以序，星辰以行，江河以流，万物以昌，好恶以节，喜怒以当……，礼岂不至矣哉！"①这实际则已在为秦汉的天人感应的系统图式作准备。可以说，没有荀子，就没有汉儒；没有汉儒，就很难想象中国文化会是什么样子。所以连痛斥荀子的谭嗣同也说："荀子生孟子后，倡法后王而尊君统，务反孟子民主之说，嗣同尝斥之为乡愿矣。然荀子究天人之际，多发前人所未发，上可补孟子之阙，下则行于王仲任之一派，此其可非乎？"②这段话正好指出了两点，一是"究天人之际""多发前人所未发"，这就是本文所讲的给传统的"天人合一"思想以客观实践的性格，并提到了世界观的高度；二是它充分地展现了清醒冷静的理性批判态度，这正是张衡、王充（王仲任）、刘禹锡、柳宗元一直到戴震、章太炎之所本；这

---

① 《荀子·礼论》。
② 《致唐佛尘》，《中国哲学》第4辑，第424页，人民出版社，1980年。

两点彼此渗透交融。荀学通过这种具体方式，发展了孔子仁学的实用理性。这种理性仍然不在对自然作思辨的科学探究，而是站在对自然采取常识的经验立场上，反对一切超经验的迷信和虚妄。从荀子的"天行有常，不为尧存，不为桀亡"，"天不为人之恶寒也辍冬，地不为人之恶辽远也辍广"①，到王充"何以知其自然也，以天无口目也……。今无口目之欲，于物无所求索，夫何为乎"，"天动不欲以生物而物自生，此则自然也"②，正是一脉相承的线索。这条线索在中国哲学迈向意志论、目的论或神秘主义时，经常起着重要的抗衡作用。例如，从思孟到董仲舒到汉代谶纬，从魏晋到隋唐，荀子、王充、范缜、刘禹锡、柳宗元等人便分别起了重要的理性清醒剂的解毒抗衡作用。这在中国哲学和中国文化心理结构的形成上具有不容低估的地位。

二 儒家世界观的建立

关于《易传》时代、来由、各部分的先后关系等等，本文不拟讨论。当然更不拟讨论在来源和实质上与《易传》不同的《易经》。本文采《易传》与荀学有关说③。这种有关也主要是从理论体系的发展史程来看的。《易传》的最大特点，我以为，便是

---

① 《荀子·天论》。
② 《论衡·自然》。
③ 郭沫若："两者（指《荀子·大略篇》与《象下传》）之相类似是很明显的。……《易传》显明地是把荀子的话更展开了。它把他的见解由君臣父子的人伦问题扩展到了天地万物的宇宙观上去了"，"《系辞传》至少其中的一部分也明明受了荀子的影响，从思想系统上可以见到它们的关系。"（《青铜时代·周易之制作时代》，第78页，群益出版社，1946年）

沿袭了荀学中刚健奋斗的基本精神，舍弃了"天人之分"、"制天命而用之"的具体提法或具体命题，把它们改造为"天行健（或作'天行，乾'），君子以自强不息"，赋予自然以人的品德色彩，提到"一阴一阳之谓道"的形而上学的明确高度，创造性地建构了一个完整的世界观。《易传》终于成为整个儒家最基本和最高的哲学典籍。

《易传》明显具有综合儒学各派和《老子》、法家学说的特色，同时与阴阳家大概也有重要关系。它讲的"天"，多指外在自然，与荀子同。但荀子作为外在自然的"天"是与人无关、自身无价值和意义、与人相分的"天"。《易传》则赋予外在自然的"天"以肯定性的价值和意义，并类比于人事，亦即是具有道德甚至情感内容的"天"。如前所述，不同于工业社会，以农业生产为基础的人们，长期习惯于"顺天"，特别是合规律性的四时季候、昼夜寒暑、风调雨顺，对生产和生活的巨大作用在人们观念中留有深刻的印痕，使人们对天地自然怀有和产生感激和亲近的情感和观念。《易传》把这种有深厚根基的"天人合一"的传统观念和情感，在荀学的基础上，构造成一种系统，其中最重要的精神正是：

天地之大德曰生。[1]

这已不是荀子外在自然的"天"，但也不是孟子内在主宰的"天"。它是外在的，却又具有道德品格和感情色彩。因为这样，

---

[1] 《易·系辞下》，参阅荀子："天地者，生之本也"（《荀子·礼论》），"天地者，生之始也"（《荀子·王制》）。

荀易庸记要

它似乎接近于孟子。但它又并不是如孟子那样从个体的内在心性先验道德论出发，而是以荀子那种广阔的人类外在活动与自然史程出发的。《易传》讲了许多人类历史和宇宙事物的起源、演变和发展；从整体说，它更近于荀而不近于孟：

> 古者庖牺氏之王天下也，仰则观象于天，俯则观法于地，观鸟兽之文与地之宜，近取诸身，远取诸物，于是始作八卦以通神明之德，以类万物之情……①

它叙说了所谓庖牺、神农、黄帝、尧舜以来的人类历史的演化，把它们统统与"八卦"联系起来。作为《易经》的八卦，本是用于占卜的概括性的符号，其中包含有远古先民对自然现象和历史经历的经验描述和理解；《易传》却对它们作了哲理性的提升阐释，把人类历史与整个自然的历史相贯串联系起来，予以系统化，这就是《易传》的基本主题：

> 昔者圣人之作易也，幽赞于神明而生蓍，参天两地而倚数，观变于阴阳而立卦，发挥于刚柔而生爻，和顺于道德而理于义，穷理尽性以至于命。
> 昔者圣人之作易也，将以顺性命之理。是以立天之道曰阴与阳，立地之道曰柔与刚，立人之道曰仁与义……②
> 有天地然后有万物，有万物然后有男女，有男女然后有夫妇，有夫妇然后有父子，有父子然后有君臣，有君臣然

---

① 《易·系辞下》。
② 《易·说卦》。

后有上下,有上下然后礼义有所错。①

从天地到万物到男女夫妇到伦常礼义,"易"以贯之。原来以往事(《易经》中充满了许多历史故事)来解说未来的巫术占卦,终于在儒家仁学精神洗礼和道家法家的冷静理智力量的从旁刺激下,变成了这样一种既理性又情感的哲理世界观。它是世界观、历史观,同时也是人生观。世界观与人生观合而为一正是中国哲学的特征之一。

它是历史的理性。它客观地记叙了历史的变迁和人道的来由,从男女交配到父子家族,再到君臣礼义,其中还有造舟楫、服牛马、制弓矢、建宫室、立文字等等,都几乎描述为一种自然的史程,其中包括把鬼神、生死、吉凶也都纳入这个图式,成为可理解可解说的一个部分。从而强调宇宙自然与人类存在构成为一个和谐的整体,它本身高于一切。从而也就不再需要别有创造主了②:"先天而天弗违……天且弗违,而况于人乎?而况于鬼神乎?"③尽管《易传》中仍然夹杂着大量的巫术、迷信等不可以理智解释的说明、提法和论断(很可能这与传统流行的以天文星历占卜人事等有关),而就总体实质言,却与荀子无神论思想接近。《易传》说"观天之神道而四时不忒,圣人以神道设教,而天下服矣"④,与荀子神道设想的思想便完全一致。

它是情感的。因为它把"人道"与"天道"、"人生"与"世

---

① 《易·序卦》。
② Joseph Needham、Dert Bodde 均强调中国哲学无创造主观念是根本特色。这一特色在《易传》世界观中相当明显。参阅本书《试论中国的智慧》。
③ 《易·乾·文言》。
④ 《易·观彖》。

界"、"历史"与"自然"合在一起,赋予后者以活跃的生命性质,使本是自然的"天"具有了不断生长的、向前发展的积极乐观的主调,即所谓"日新之谓盛德,生生之谓易"①。这样,就使乐观的人生意识渗入了自然观,终于构成了世界观与人生观相统一的自然—历史哲学。

它之所以是哲学,在于它把"天道"、"地道"、"人道"一统于"乾坤"、"阴阳"、"刚柔"的交感作用,即两种矛盾而又互补着的力量的渗透、推移和运动。以它来解释"八卦",从而解释一切事物:宇宙始源、万物发生、人事规律;既知过去,又卜未来;万物、时空和人事在《易》中似乎具有一种相互牵制而影响着的密切关系。《易传》正是要用这种宇宙普遍秩序("天道")与现有社会秩序("人道")的推演一致和相互肯定,企图包罗万象,一统事物,"范围天地之化而不过,曲成万物而不遗"②。以对自然和历史有某种合规律性的观念,来建构秩序图式。《易传》这一特色,正是吸取道、法,走向秦汉新时代的儒家所追求建立的统一整体的宇宙论的开始:

> 天尊地卑,乾坤定矣。卑高以陈,贵贱位矣③。夫易,圣人所以崇德而广业也,知崇礼卑。崇效天,卑法地,天地设位而易行乎其中矣。成性存存,道义之门④。是故法象莫大乎天地,变通莫大乎四时,悬象著明莫大乎日月,

---

① 《易·系辞上》。
② 同上。
③ 同上。这里明显有对法家思想(如"势"的观念)的吸取。
④ 同上。

崇高莫大乎富贵,备物致用,立成器以为天下利,莫大乎圣人……。①

比起《老子》来,《易传》的辩证法有了自觉的系统,即有了一定的顺序次列,不再是分散零碎的了。它是变中的不变。而这种序列图式又是非常明了简捷的。所以"变易"(万物和人世的不断变化)、"不易"(各种卦象作为共同公式的客观规律的确定不移)和"简易"(对其规律的要领掌握)便构成《易》的基本内容。荀子说,"善为易者不占"。"易"到荀子手里或荀子这个时代,已经由占卜转为哲学,由迷信上帝到自我主宰。它已由大量占卜中的共同卦式联系着的各种历史传闻,逐渐提高为具有共同模式的抽象哲理。荀子提出"善言古者必有节于今,善言天者必有征于人……故坐而言之,起而可设,张而可施行"②。这种"究天人之际,通古今之变",对自然和历史作统一的解释,大概是本之于上古传统(以天象卜人事),而由《易传》从哲学上予以完成,然后到汉代再系统化而大流行的。

包括"天人感应"的观念,在《易传》中便已存在;不仅"天道"作用和影响"人道","人道"也作用和影响"天道"。所以说"言行,君子之所以动天地也,可不慎乎?"③也正因为这样,人才能"与天地参","夫大人者与天地合其德,与日月合其明,与四时合其序,与鬼神合其吉凶。"④一方面,人必须顺天

---

① 《易·系辞上》。
② 《荀子·性恶》。
③ 《易·系辞上》。
④ 《易·乾·文言》。

之道，循阴阳之理；另方面，"天"（自然）也具有人的品格性能。总之，"天"、"人"在这里连成一气，自然的"天"与意志的"天"在这里完全融合。从而这就不同于《老子》那种客观宁静、冷眼旁观的无情的"道"①，而充满着人的存在和进取的情感和精神。《老子》是把"人道"上升为"天道"，由"德"而"道"，"人道"反而被动地服从于"天道"；《易传》则是从"天道"推演到"人道"，但"人道"主动地参与"天道"。《易》原是占卜以决定行动的，其中本就包含有吉凶祸福可以趋避的主动性，而不只是命定的预言而已，所以要强调"知几"、"察微"，以获得人事的成功。《易传》把这一特性推上哲理水平，认为"一阴一阳之谓道，继之者善也，成之者性也"②，由"天"而"人"，人应该觉察"天道"、遵循"天道"而发挥其主动作用。这也就是哲学史家们常讲的《老子》贵柔、守雌、尚静的辩证法与《易传》重刚、行健、主动的辩证法的差异。

这种差异如加以具体的分析，可以发现，原因之一是《易传》系统地赋予了"阴阳"这个变化总规则以确定的经验含义。整个《易传》以"阴阳"为中心而展开："观变于阴阳而立卦，发挥于刚柔而生爻。"③"刚柔者，立本者也。"④它的具体展现就是乾卦与坤卦，《易传》分别赋予它们以"健"、"顺"的哲理含义：

---

① 参阅《孙老韩合说》。
② 《易·系辞上》。
③ 《易·说卦》。
④ 《易·系辞下》。

> 夫乾，天下之至健也，德行恒易以知险。夫坤，天下之至顺也，德行恒简以知阻。①

许多人都指出乾卦象征太阳（白天）、男性，具有运动、生长、活力、刚强等性质或功能；坤卦象征月亮（夜晚）、女性，具有抚育、接受、柔顺、安宁等性质或功能。《易传》强调的是两者的不可分离，并确定"阳"是主导，"阴"是基础。在主导和基础中更强调前者。乾卦被《易传》认为是首卦。"大哉乾元，万物资始，乃统天。"②"大哉乾乎，刚健中正，纯粹精也。"③《易》一再这么赞叹"乾"，从而在乾坤阴阳这对矛盾构成中，乾、阳便成为推动矛盾发展的动力方面。这也就与《老子》相区别开来了。《老子》只是散漫和并列地揭示了矛盾及其转化，看不出这种转化是如何可能的，即不明确或缺乏转化的具体动力，从而显表为既存现象的静态呈现。《易传》则注意了矛盾中的"刚柔相摩、八卦相荡"④的动态过程，从而也就具有演进发展的序列结构（如《序卦》），有建造一个系统图式的观念⑤。"阳刚"作为动力的主导地位十分突出，与《老子》那种冷静的人生智慧颇为不同。这里，也确有现实基础的差异，与《老子》对当时正在急剧动荡、变化、变革中的社会持否定态度不同，荀、易都毋宁是为这个新时代作辩护和论证的。《易传》

---

① 《易·系辞下》。
② 《易·乾·彖》。
③ 《易·乾·文言》。
④ 《易·系辞上》。
⑤ 后世以至今日，一些研究者还总想把《易》弄成一个完备的系统（天文系统、数的系统……）。

说,"天地革而四时成,汤武革命顺乎天而应乎人,革之时义大矣哉";①"神农氏没,黄帝尧舜氏作,通其变,使民不倦,神而化之,使民宜之。易穷则变,变到通,通则久,是以自天佑之,吉无不利"②等等,都反映出这一点。时代在进化,变动是好的。比起《老子》来,它有着更多的对未来的历史主义的乐观眺望。而这一点也正是周易的重要精神。后代的改革者们,直到清末的谭嗣同,也仍然需要周易这种理论来鼓励自己进行的事业。

与荀子一样,《易传》也尊礼、定分、主治、明罚,如"物畜然后有礼,故受之以履"③,"履,君子以辨上下,定民志"④,等等,这些也大不同于《老子》反"礼"的立场和态度。

但尽管如此,《易传》与《老子》又仍然有许多共同的基本特征。

第一,两者都是实用理性的辩证法,都直接应用于现实生活、政治斗争和伦常制度,而不是概念的辩证法和纯理论的思辨抽象。它们都有具体经验的要求。例如《易传》说,"往者屈也,来者信也,屈信相感而利生焉。尺蠖之屈,以求信也;龙蛇之蛰,以存身也。精义入神,以致用也。"⑤一切往来、屈伸等都是与有利于人、于"致用"相关的。不脱开人事经验而思索矛盾与变化。这与老子是相同的。

第二,都重视和追求事物的均衡、和谐和稳定。《老子》是以守柔、贵雌、主静来达到这一目标,《易传》则以主动、行

---

① 《易·革·彖》。
② 《易·系辞下》。
③ 《易·序卦》。
④ 《易·履·彖》。
⑤ 《易·系辞下》。

健、重刚来达到同一目标。但《易传》仍强调"阳刚"必须与"阴柔"适当配合,"刚""柔"必须相济。刚、阳不能过分,否则就要失败、垮台、死亡。"亢龙有悔,盈不可久也。"①"刚中而柔外,说以利贞,是以顺乎天而应乎人";"乾道变化,各正性命,保合太和,乃利贞"②。"保合太和"也就是求得和谐、均衡和稳定。乾(阳、刚)虽至健但要知险,坤(阴、柔)虽至顺但要知阻。《易传》中相当具体地反复强调了各种困苦艰难的情势、局面、境况,再三叮咛要谦虚谨慎才能存其位。"天地之大德曰生,圣人之大宝曰位,何以守位曰仁,何以聚人曰财,理财正辞、禁民为非曰义"③。应该说,与荀子一样,这正是从新的统治角度概括了自孔子以来的儒学。

总起来看,荀子沿着孔学传统已经吸收了道、墨、法的许多东西,走向广大的外在世界,从天地自然到人间制度;《易传》就将这一外在倾向予以高度哲学化。随后,以董仲舒为代表的儒家,便沿着这一思想发展的逻辑线索,由《易传》的世界观发展而构造成更为复杂细密的宇宙论。

三 天、道、人

熊十力说"《中庸》本演易之书"④。冯友兰也把"易庸"连在一起讲,说"《中庸》的主要意思与易传的主要意思,有许

---

① 《易·乾·彖》。
② 同上。
③ 《易·系辞下》。
④ 《原儒》下卷,第1页。

多相同之处。……他们的中间,有密切的关系。"①但实际上,《易》(均指《易传》)、《庸》很有不同。《易》是世界观,《庸》则将它转为内在论。《易》是由天而人,对外在世界即宇宙、历史、生活作了多方面的论证。《庸》却完全以人的意识修养为中心,主要是对内在人性心灵的形而上的发掘。所以,虽同属儒学正宗,二者在思想倾向上并不一致。也正因为《中庸》主要是内的追求意识,所以从信奉佛教的梁武帝到大讲人性的宋明理学,一直到今日的所谓"现代新儒家",都十分重视它。

如果可以说,《易传》接着荀子,吸收了《老子》"道"的思想,从外在历史眼界建立起天人相通的世界观,那么,也可以说,《中庸》承续孟子②,也吸取了"道"的思想,从内在心性探讨建立了同样的世界观。它的基本特征是将儒学出发点立足地的"修身"赋以世界观的形上基石,提出了"天命之谓性,率性之谓道,修道之谓教"③的总纲领。从而把"人性"提到"天命"高度,进一步把"天"("命")与"人"("性")联结起来,发展了孟子理论。它强调了人性由天赋予,所以普遍必然地是先验的善,人必须努力实现自己的善性("尽性"、"成己"),这也就是"道"。发愤修养以自觉意识它,便是"教"。

《中庸》撇开了宽广的历史进程,显得拘谨而局促,但它在理论建构的精深紧凑上,却又超过了《易传》。它与《易传》的共同处在于对道家世界观的吸取改造。儒道两家的差异在一定意义和范围内,表现在"天""道"这两个范畴的高低上。在道

---

① 《新原道》,第61页,商务印书馆,1945年。
② 本文采《中庸》非子思作,应后于孟子的一般观点。
③ 《中庸·第1章》。

家,"道"是最高功能和实体,"天法道"(《老子》),"道"高于"天";儒家则相反,"天"高于"道","道之大原出于天,天不变道亦不变"(董仲舒)。儒家之所以能如此,正是通过《易传》、《中庸》而确定的①。"道"是无心的,无往而不在;"天"是有心的("生生"、"诚"、"仁"……),与人亲近而相通。正是《易传》赋予"天"以与人相通的生命、情感;《中庸》则更使"人性"成为"天命",遵循这个"天命"便是"道"。而它们基本共性又都是"不息"。《易传》讲"天行健,君子以自强不息";《中庸》讲"故至诚无息"②;都把儒学重"学"、重"教"、重人为、重修养的内容赋予了自然的"道"和主宰的"天"。《中庸》大讲"博学之,审问之,慎思之,明辨之,笃行之"③。"人一能之己百之,人十能之己千之,果能此道矣,虽愚必明,虽柔必强"④,具体地突出了人为修养的主动性。

可见,在这里,"道"不再是与人无干、而成为与人息息相关不可分割的东西。《中庸》强调"道也者,不可须臾离也,可离非道也"⑤。这就把老子韩非那种君临万物、冷漠无情的客观规律性的"道",化而为与人的每一刻的存在、作为、修养、意识相贯通交融而合一的"道"。"天道""人道"从而就是一个"道"。这本是儒家传统思想,但《中庸》把它提到了形而上学的高度;正因为此,在这个"天道""人道"相合一,亦即客观世

---

① 二程朱熹而后,"天"与"理"合一,成为最高范畴,它表现为"道"(与"器"对待而言),"道"更无自然实体意了。
② 《中庸·第26章》。
③ 《中庸·第20章》。
④ 同上。
⑤ 《中庸·第1章》。

界的规律性与主体存在的目的性相合一的"道"中，人于是就可以"参天地""赞化育"，达到所谓"中和"最高境界了。

《中庸》里说，"喜怒哀乐之未发谓之中，发而皆中节谓之和。中也者，天下之大本也，和也者，天下之达道也。致中和，天地位焉，万物育焉。"①如果比较一下荀子"曷谓中？礼义是也"②，便见出两者颇不相同。它与《易传》也很不同，《中庸》讲的这种"天人合一"主要和首先是一种通由个体修养而达到的主观精神境界的高扬，与外部物质世界的运动变化关系不大。主观意识的追求在这里是第一性的和本原的。

《中庸》的核心观念是"诚"。孟子讲"诚"："反身而诚，乐莫大焉"③。荀子也有大段讲"诚"的话："君子养心莫善于诚。……天地为大矣，不诚则不能化万物；圣人为知矣，不诚则不能化万民；父子为亲矣，不诚则疏；君上为尊矣，不诚则卑。夫诚者，君子之所守也，而政事之本也。"④孟从内在心理讲，荀从外在政事讲。《中庸》中，荀、孟两者有所合一，却以孟为根本。

究竟什么是"诚"？

《中庸》说，"诚者，天之道也；诚之者，人之道也。"⑤。"诚"被首先规定为"天"的根本性质，这一方面可以说是《易传》将自然予以道德化、人情化的沿承；但另方面却又是它的倒转，即由超越而走入内在。从而这里思辨的实际逻辑过程是：先

---

① 《中庸·第1章》。
② 《荀子·儒效》。
③ 《孟子·尽心上》。
④ 《荀子·不苟》。
⑤ 《中庸·第20章》。

将宇宙本体("天")品德化("诚"),亦即给予宇宙以道德本体义,然后又把它作为人性自觉的来源和本质("自诚明谓之性"①),人必须努力修养以达到它("自明诚谓之教"②)。这样,主观的道德修养("人")与这个客观品德化的宇宙本体("天"),普遍的外在运动("诚者")与独自的内在修养("诚之者"),先验本体与情感心理,就不但变成了一个东西,而且主体内在的道德修养还成为具有决定性的关键环节。从而君臣、父子、夫妇、兄弟、朋友的外在社会伦常秩序("五达道")反过来必须依赖于内在的"知、仁、勇"("三达德")的主观意识修养才能建立和存在。这里,由"修身"("知斯三者,则知所以修身"③)而"治国""平天下"的道路便完全失去荀子、《易传》那里的现实形态和性质,而逐渐成为某种"虽圣人亦所不知""所不能"的神秘过程和境界。《中庸》盛赞鬼神,大讲祯兆,说"至诚如神"④、"至诚之道,可以前知"⑤以及所谓"君子戒慎乎其所不睹,恐惧乎其所不闻,莫见乎隐,莫显乎微,故君子慎其独也"⑥等等,这种纯从内在心性求天人相通,就必然会带上准宗教气息。这些都是孔、孟、荀、易所未曾有,而为后世理学所发扬的。所以它与强调对待外部世界的荀学以及《易传》虽同属儒门,同讲"天人",倾向却大有歧异。不过《中庸》毕竟还不是后世的理学,因为它只是企图将心理原则、个体修养与治平

---

① 《中庸·第21章》。
② 《中庸·第21章》。
③ 《中庸·第20章》。
④ 《中庸·第24章》。
⑤ 同上。
⑥ 《中庸·第1章》。

统一起来而构成世界观,尽管这种世界观已不同于《易传》的世界观,而是某种内在论,却还没有达到后世理学心性伦理的本体论,虽然已经作了它的先驱。

但秦汉专制帝国所需要的"治国平天下"的哲学,却并不是这种强调主观意识修养的世界观,而毋宁是以论证外在世界(包括自然和社会)为主的宇宙系统论。所以不是孟子、《中庸》而毋宁是荀子、《易传》为这种宇宙系统论铺平了道路。这就是我在《秦汉思想简议》中所要讲的问题了。

(原载《文史哲》1985 年第 1 期)

秦汉思想简议

处在先秦和魏晋两大哲学高峰之间、以董仲舒为重要代表的秦汉思想，在海内外均遭贬低或漠视，或被斥为唯心主义、形而上学，或被视为"儒学一大没落"。本文认为恰好相反，以阴阳五行来建构系统论宇宙图式为其特色的秦汉思想，是中国哲学发展的重要新阶段。正如秦汉在事功、疆域和物质文明上为统一国家和中华民族奠定了稳固基础一样，秦汉思想在构成中国的文化心理结构方面起了几乎同样的作用。

一 道、法、阴阳、儒家的合流

秦汉思想的形成与大一统帝国要求新的上层建筑相关。所谓"新"是意味着，正式地摆脱极为久远的氏族传统结构和意识形态，由分散的、独立或半独立的原氏族部落基础上的邦国（春秋时期），逐步合并成为真正地域性的、以中央集权为标志的统一的专制大帝国（由战国"七雄"到秦汉）。绚烂多彩五花八门的各种思潮、学说、流派，正是在这个急剧动荡的过渡时期中产生和发展。自战国后期起，它们在长久相互抵制、颉颃和论辩中，出现了相互吸收、融合的新趋势。从荀子到《吕氏春秋》，再到《淮南鸿烈》和《春秋繁露》，这种情况非常明显。旁及《文子》、《鹖冠子》、陆贾、贾谊以及地下发现的《经法》等等，无不在各种不同的程度或不同角度上表现出这一综合趋向。从而它们不再是纯粹的某家某学，而是或未经消化的几家杂凑，或是以某家为主而吸收他家。但并非所有先秦各家都同样积极地参与了或被平等地吸收、保留在这个综合潮流中。相反，有的在先秦非常显赫的思想、学说、派别，可以逐渐衰颓以至消失。有些则始终非常活跃、绵延而强大。先秦的名、墨两家属于前者。儒、道、法、阴阳则属于后者，它们是秦汉时期建构新型意识形态的四大思潮，也可以说儒、道法、阴阳三家①其间复杂错综和长期演化的历史过程，是一个饶有兴味的思想史课题，却非本文所能论及。

　　这里所能指出的只是，在这个过程中，尽管有许多曲折，儒家思想日益融合其他三家，占据主干地位，却逐渐明显和确定。

　　在荀子和《易传》中，已可看到对法家和阴阳观念的吸收。与孔、孟相比，荀、易面向了更为广阔的外部世界，提出了天、地、人如何相统一之类的世界观问题，这已经很不同于往昔。可见儒家思想本身不但在不断变化、发展中，而且在这过程中，尽管孟、荀都声色俱厉地斥异端、非诸子，却仍然有尽量吸取他家的情况。这本是任何学说能真正保存和健康发展的普遍规律。到《吕氏春秋》，这种情况出现了一个转折关键。

　　《吕氏春秋》自觉地企图综合百家，以求思想上的一统天下：

---

①　汉初盛极的"黄老之学"即道法家，参看《孙老韩合说》。

> 听群众人议以治国，国危无日矣。何以知其然也？老聃贵柔，孔子贵仁，墨翟贵廉，关尹贵清……有金鼓，所以一耳也。必同法令，所以一心也。智者不得巧，愚者不得拙，所以一众也。勇者不得先，惧者不得后，所以一力也。故一则治，异则乱。一则安，异则危。①
>
> 天下必有天子，所以一之也，天子必执一，所以搏之也。一则治，两则乱。②

这是明白地要求结束先秦百家群议，取得思想的统一。思想统一的必要性则是出于统一的施政要求。那么，如何统一？

> 盖闻古之清世，是法天地。凡十二纪者，所以纪治乱存亡也，所以知寿夭吉凶也。上揆之天，下验之地，中审之人，若此则是非可不可，无所遁矣。③

《易传》里已经有由天而人（如《说卦》和"乾坤定矣……贵贱位矣"等等），即通过宇宙、自然来相互对应地论证人事的观念，这里则把这种对应观念具体化和系统化。它在开始安排一种成龙配套的从自然到社会的完整系统，把人事、政治具体地纳入这个总的宇宙图式里，即所谓"上揆之天，下验之地，中审之人"。这正是《吕氏春秋》所作出的重要新贡献，主要表现为十二纪月令的思想模型。

---

① 《吕氏春秋·不二》。
② 《吕氏春秋·执一》。
③ 《吕氏春秋·序意》。

秦汉思想简议 141

汉高诱推崇《吕氏春秋》，说它"大出诸子之右"。"此书所尚，以道德为标的，以无为为纲纪，以仁义为品式，以公方为验格。"①各家痕迹显然并存，从而被视为杂家。但问题在这个所谓"杂凑"里，几家的关系究竟如何呢？其中最值得注意的是，写作《吕氏春秋》的现实基础，应该是在秦国已取得巨大成就（也包括吕本人的事功）的法家传统的长久实践；但这个治国大方略中却保留着那么多的儒家思想。用阴阳家的宇宙图式来作为这个方略的构架骨骼，道理比较外在而好懂，因为阴阳家与政治的关系十分直接，邹衍早就以"五行相胜"说明王朝的更替。但为什么要用儒家来作为实体主干，则不易了然。所以很值得把《吕氏春秋》里的儒家思想与原始儒学作些比较。例如，《吕氏春秋》说"凡为天下治国家，必务本而后末。……务本莫贵于孝"。②这与《论语》强调的"君子务本……孝悌也者，其为仁之本欤"之类的话很相似。但《吕览》强调"孝"是从人君统治的角度着眼的："人主孝，则名章荣，下服听，天下誉。人臣孝，则事君忠，处官廉，临难死。士民孝，则耕耘疾，守战固，不罢北。……夫执一术而百善至，百邪去，天下从者，其惟孝也？"③"先王之教，莫荣于孝，莫显于忠。忠孝，人君人亲之所甚欲也。显荣，人子人臣所甚愿也。"④从表面看，它与原始儒学相似，实则大有区别。这区别就在于，一个是从氏族贵族的个体成员和巩固宗法纽带立论，一个是从统一帝国和专制君主的统治秩

---

① 《吕氏春秋序》，陈奇猷《吕氏春秋校释》，学林出版社，1984年。
② 《吕氏春秋·孝行》。
③ 同上。
④ 《吕氏春秋·劝学》。

序着眼。前者具有伦理感情，后者纯属功利需要。前者建立在氏族成员的血缘观念和心理基础之上，是原始儒家。后者是要求服务于皇家统治的政治目的，渗透着法家精神。这个貌同而实异，正好标志着新社会条件下新的统治阶级对原始儒家思想所作的具体改造和利用。此外，如易"礼"为"理"①，肯定用兵，强调"胜理以治国则法立，法立则天下服矣"②，以及《审分览》诸篇明确的法家术势理论和"主静""无为"的君人南面术（道法家）等等，则更显然。即使对农家的吸取，也不脱从人君统治的功利需要（法家）出发：

  古先圣王之所以导其民者，先务于农。民农非徒为地利也，贵其志也。民农则朴，朴则易用，则边境安，主位尊。民农则重，重则少私义，少私义则公法立，力专一。③

  一些论文认为《吕氏春秋》属于"新"儒家。如何"新"？似乎讲得不透。我以为，它的新，就在这里。即在法家实际政治的长久实践的经验基础上，在新的社会基础和政治结构（中央集权的统一专制帝国）的需要和要求上，对儒家血缘氏族体制和观念的保留和改造。
  问题是：既然当时在法家思想指导下的实践不断取得成功，为什么不在思想理论上继续应用和发展法家？这问题当然很复

---

① 这似乎是遵循了荀子—韩非的路线。但它指出"礼"是"履孝道"，这倒是对古代史实的准确解释，即前所指出古代所谓"礼治"源出于氏族血缘的"孝悌"秩序。
② 《吕氏春秋·适音》。
③ 《吕氏春秋·上农》。

杂。一方面固然可以说是吕不韦这批思想家们的高明之处，他们看得比较深远，知道尽管法家耕战政策是成功的，但严刑峻法、专讲术势的高压诡诈手段，未必能长久奏效；另一方面，也是主要的并且是非常有趣的方面，则是这样一个现象：新近出土的云梦秦简《为吏之道》中竟然也有"宽裕忠信，和平毋怨"、"慈下勿凌"、"恭敬多让，宽以治之"、"有严不治"等词语。这似乎表明，当年秦国的实际政治并不完全像韩非的理论和秦始皇的实践那样极端。无怪乎《吕氏春秋》说，"用民有纪有纲……为民纪纲者何也？欲也，恶也。何欲？何恶？欲荣利，恶辱害。……不得其道而徒多其威，威愈多，民愈不用。……故威不可无有而不足专恃。譬之若盐之于味，凡盐之用，有所托也，不适则败托而不可食。威亦然，必有所托然后可行。恶乎托？托于爱利。爱利之心谕，威乃可行。威太甚，则爱利之心息。"[①]这指明严刑峻法都只能是手段，而不是根本（"纪纲"），所以多次严厉地批评了法家，而主张"威"必须有所"托"。但《吕氏春秋》说"托"于"爱利"，把"用民"的"纪纲"说成是"欲（荣利）"和"恶（辱害）"，却又并非儒家精神。可见，这个所谓"新"儒家的根基，无论从实践上或理论上，都已大不同于原始儒家，它是在讲求功利效用的法家政治实践的基础上，尽量吸收改造各家学说后的一种新创造。儒家之所以在这个新创造中占了优势和主导，是因为比较其他各家，儒家与中国古老传统有更深的现实联系，它不是一时崛起的纯理论主张或虚玄空想，而是以具有极为久远的氏族血缘的宗法制度为其深厚根基，从而能在以家庭小生产农业为经济本位的社会中，始终保持现实的力量和传统的有效

---

① 《吕氏春秋·用民》。

性。即使进入专制帝国时期，也仍然需要它来维系社会。儒家一贯强调"孝悌"是立国之本，强调作为社会等级的伦常秩序的重要性，总是非常现实地有用和有效的。这就不奇怪包括崇尚道家的司马谈在评论儒家时要说："序君臣父子之礼，列夫妇长幼之别，不可易也"①，即儒家讲究的伦常规范、社会秩序是不可变易的。《云梦秦简》也认为"为人君则怀，为人臣则忠，为人父则慈，为人子则孝"，"君怀臣忠，父慈子孝，政之本也"。足见，儒家成为各思潮、学派合流中的主导，有其实在的社会历史的基础。《吕氏春秋》有意识地搞这个合流统一，是为一个雄心勃勃、代周而兴、建立统一和稳定的中国新王朝作理论建树，它之采儒家学说为主干，并非个人志趣的偶然。

  这个王朝在秦始皇除去吕氏偏任法家之后很快统一了中国，然而又很快地灭亡了。这个空前巨大的兴亡教训，不断地为中国历代而首先为汉代的人们所思考。思想家们作出了结论。贾谊的著名结论便是"仁义不施而攻守之势异也"②。也就是说，进攻用法家也许还可以，但要"守"住天下，却必须"施仁义"，即回到儒家。但在大动乱之后，汉初统治者必然也必须采取休养生息的"无为"政策，这使当时整个思想界都罩上了一层道家的色调。陆贾讲了许多"仁义""教化"甚至"制礼作乐"等明明是儒家的东西，却把这一切撮合到道家的"无为"理论上，"……席仁而坐，仗义而强，虚无寂寞，通动无量"③，并讲了好些宇宙、自然、人类社会发生演变的图景。贾谊也将儒家的具体政治

---

① 《史记·太史公自序》。
② 贾谊：《过秦论》。
③ 陆贾：《新语·道基》。

主张从属于所谓"德有六理":"德、道、性、神、明、命",以此为骨架,泛论宇宙万物,"六理、六美,德之所以生阴阳、天地、人与万物也"①。这似乎也可以看做是企图建构某种宇宙论的模式。《文子》向被看做伪书,其实它以道家统摄儒法,由自然而推论人事,尊老子复强调仁义,都鲜明地呈现出汉初时期思想杂凑而合流的总特色,非后世所易伪造②。这里重要的是,道家的自然——政治理论即所谓"无为",这时得到了一种具有新实际含义的解说,既不再是老庄的倒退幻想,也不只是道法家的权术理论,而是已经落实在当时实际政治经济措施上的思想。从而道家的宇宙观在这里便有了某种现实的政治经济作为基础,在这基础上进一步要求在哲学上把"人"(政治、社会)与"天"(自然、宇宙)联结和沟通起来,为建构统一帝国的上层建筑提供理论体系,它便大不同于先秦的原始道家了。

终于,《淮南鸿烈》提出了这种新体系。如果说《吕氏春秋》是建构这种体系的第一步,那么从逻辑上讲,《淮南鸿烈》是第二个里程碑。

《淮南》囊括天上人间,泛论万物,包罗万象,"故著书二十篇,则天地之理究矣,人间之事接矣,帝王之道备矣。其言有小有巨,有微有粗"。③它详尽地描绘了宇宙时空的起始和演化,详尽地叙说了现实事物的形态和变异,详尽地展示了客观世界的多样性、复杂性和变易性。其中阴阳五行作为骨架的功能也更为精

---

① 贾谊:《新书·道德说》。
② 其实,如《邓析子》、《鹖冠子》等均有以道统儒、法而合流交融的性质,也不可一概视作伪书。
③ 《淮南鸿烈·要略训》。

细和内在。所有这些，都远远超过了《吕氏春秋》。然而，最有意思的仍然是，在这个符合当时时代要求、以道家面貌出现的新体系中，尽管斥仁义、骂儒家，却又仍然渗透有儒家的特征。例如"无为"这个道家最根本的观念，在这里有时竟被解释为要顺应客观法则去积极活动以取得事功。从而它所反对的"有为"就并非原来道家所反对的，而只是指人不应违背客观自然规律而行事：

> 夫地势水东流，人必事焉，然后水潦得谷行。禾稼春生，人必加功焉，欲五谷得遂长。听其自流，待其自生，则鲧禹之功不立，而后稷之智不用。若吾所谓无为者，私志不得入公道，嗜欲不得枉正术，循理而举事，因资而立功。……若夫以火熯井，以淮灌山，此用己而背自然，故谓之有为。①

主张有所作为，反对"自流""自生"，这难道不正是对原始道家思想的严重违背和根本改动么？这难道不与《易传》提倡的"顺天而动"，在精神实质上更接近么？原因很简单：无论是耕田，或者是行政，总必须有所活动，有所作为。老庄那种完全放任以回到原始社会的真正无为，实际上根本不可能存在。社会的生存、人类的存在还得靠儒家、农家以至法家的积极入世态度，只是这种态度不得违反客观法则。所以只要道家真正落实到现实

---

① 《淮南鸿烈·修务训》。

政治、经济上，出现这种改变便不可避免①。而如何把遵循客观自然法则（道家、阴阳家所注重）与发挥主观能动力量（儒家、法家所注重）结合起来，倒正是汉代思想所要处理的一个要害问题。于是，在当时情况下，讲天文历数规律的阴阳家和强调遵循自然法则的道家，成为建构人事政治体系的外在骨架，就是很自然的事情。但如果不执著于那外在弥漫着的道家衣束，仍然可以发现其内在精神却是重人为、重积极入世的儒学。这就是《淮南鸿烈》所透露的重要消息，尽管它还不能贯串全书。

另一重要消息也与此相关，它强调了"天人感应"：

圣人者，怀天心，声然能动化天下者也。故精诚感于内，形气动于天，则景星见，黄龙下，祥凤至。……天之与人，有以相通也。……万物有以相连，精祲有以相荡也。②

这在今天看来，当然极其荒谬，但如果结合《淮南》一书中所保存和记载的大量有关自然的素朴的科学知识，当时这种企图沟通天人，认为各种社会、自然事物之间有某种不能观察和认识其因果（"不见其所由"，"不可以智巧为"）的客观规律（"神明之事"③）在，却是一种重要观念。其中确有大量主观臆解，同

---

① 所以很有趣的是，连董仲舒也讲"无为"："故为人主者，以无为为道……立无为之位而乘备见之官，……故莫见其为之而功成矣，此人主所以法天之行也"（《春秋繁露·离合根》），"故为人君者，……志如死灰，形如委蛇，安精养神，寂寞无为"（《春秋繁露·立元神》）等等，可清晰看出儒对道法家的融化。
② 《淮南鸿烈·泰族训》。
③ 同上。

时却又以当时人们对自然界的经验知识的总结作为基础。例如：

> 天之且风，草木未动，而鸟已翔矣。其且雨也，阴曀未集，而鱼已唸矣。以阴阳之气相动也。故寒暑燥湿，以类相从……。①
>
> 土地各以其类生，是以山气多男，泽气多女，漳气多暗，风气多聋。……皆象其气，皆应其类。②

前者是某种经验观察，后者是主观臆断，前者具有一定的科学倾向，后者则可以走向意志论、目的论的神秘宗教。但两者经常混在一起，不易区分。后世犹如此，何况两千年前？如果不计细节，总起来看，在当时历史条件下，企图把天文、地理、气象、季候、草木鸟兽、人事制度、法令政治以及形体精神等万事万物，都纳入一个统一的、相互联系和彼此影响并遵循普遍规律的"类"别的宇宙图式中，从总体角度来加以认识和把握，这应该说是理论思维的一种进步。尽管主观上作者们可能有对中央政权的不满和反感，但客观上却仍然反映着汉代数十年间生产大发展、国力日雄厚、对自然的广泛征服。《淮南鸿烈》以其宏伟的世界图景、丰富的经验知识和阔大气派，使这个宇宙论的系统建构达到了成熟的境地。

董仲舒只是在基本精神上完成这个建构而已。与《吕览》、《淮南》不同，董仲舒不能以侯王之尊来收揽作家，编纂系统。他的《春秋繁露》，从外貌看，也不像构造体系的完整著作。他

---

① 《淮南鸿烈·泰族训》。
② 《淮南鸿烈·地形训》。

是以当时著称的公羊学来论议具体政事，企图从春秋的各种事例中推论出某种普遍适用的政法规范。他的特点是，在精神实质上承继了前述《吕氏春秋》开拓的方向，竭力把人事政治与天道运行附会而强力地组合在一起。其中特别是把阴阳家作骨骼的体系构架分外地凸现出来，以阴阳五行（"天"）与王道政治（"人"）互相一致而彼此影响即"天人感应"作为理论轴心，一切环绕它而展开：

> 夫王者不可以不知天。……天意难见也，其道难理。是故明阳阴出入实虚之处，所以观天之志。辨五行之本末顺逆大小广狭，所以观天道也。……为人主者，予夺生杀，各当其义，若四时。列官置吏，必以其能，若五行。好仁恶戾，任德远刑，若阳阴。此之谓能配天。①

在董仲舒那里，人格的天（天志、天意）是依赖自然的天（阴阳、四时、五行）来呈现自己的。前者（人格的天）从宗教来，后者从科学（如天文学）来。前者具有神秘的主宰性、意志性、目的性，后者则是机械性或半机械性的。前者赖后者而呈现，意味着人对"天志""天意"的服从，即对阴阳、四时、五行的机械秩序的顺应。"天"的意志力量和主宰作用在这里是与客观现实规律（阴阳、四时、五行）相合一。而作为生物体存在的人的形体与作为社会物存在的尊卑等级和伦常制度，都只是"天"即阴阳五行在世间的推演。这样，关键点就在于如何认识和处理人事、政治、制度与阴阳、四时、五行相类比而存在、相

---

① 《春秋繁露·天地阴阳》。

关联而影响，使彼此构成一个和谐、稳定、平衡、统一的有机体组织，以得到绵延和巩固。

董仲舒的贡献就在于，他最明确地把儒家的基本理论（孔孟讲的仁义等等①）与战国以来风行不衰的阴阳家的五行宇宙论，具体地配置安排起来，从而使儒家的伦常政治纲领有了一个系统论的宇宙图式作为基石，使《易传》、《中庸》以来儒家所向往的"人与天地参"的世界观得到了具体的落实，完成了自《吕氏春秋·十二纪》起始的、以儒为主、融合各家以建构体系的时代要求。

二　天人宇宙论图式

下面具体地看看董仲舒的天人理论。

董抬出"天"来作为宇宙人间最高主宰，"百神之大君也"②。但在董的体系中，"天"又并未停留在单一的人格神的意义上，它更多是一种与其他许多因素相联系相配合的结构体。

这些因素就是天、地、人、阴、阳、五行共十项：

天有十端，十端而止已。天为一端，地为一端，阴为一

---

① 庞朴："文献表明，配五常仁义礼智信于水火木金土五行的把戏，不仅在《管子》的《四时》与《五行》篇（作为战国时代作品看）中不曾见，在《吕览·十二纪》与《礼记·月令》中不曾见，连刘安的《淮南子·时则训》中也不曾见。就是说，在这以前，还不曾有这种思想。直到《春秋繁露》里，我们才看到董仲舒在前人的已经足够庞大的五行大系之上，更增加了这个新项目，拿仁智信义礼配木火土金水。这是董仲舒的发明。"（《帛书五行篇研究》，第82页，齐鲁书社，1980年）
② 《春秋繁露·郊语》。

端,阳为一端,火为一端,金为一端,木为一端,水为一端,土为一端,人为一端,凡十端而毕,天之数也。①

十大因素相组合而成四时、五行:

> 天地之气,合而为一,分为阴阳,判为四时,列为五行。②

可见,"天"一方面固然是主宰,是"大君",但同时既是因素(十中之一),又是结构整体自身。最后一点实际上处在更重要的地位,这正是董的"天志"不同于先秦墨家仅是人格神的"天志"③的地方。

> 天有五行,一曰木,二曰火,三曰土,四曰金,五曰水。木,五行之始也;水,五行之终也;土,五行之中也。此其天次之序也。④

这里要紧的是"天次之序"。因为"天"是通过五行次序来显示它的性格和功能的。董认为有两种基本次序和两种基本功能。一是"比相生":

---

① 《春秋繁露·官制象天》。
② 《春秋繁露·五行相生》。
③ 如《墨子·天志中》:"天子为善,天能赏之;天子为暴,天能罚之。""天之爱民之厚者有矣,曰以磨为日月星辰,以昭道之,制为四时春秋冬夏,以纪纲之;雷降雪霜雨露,以长遂五谷麻丝,使民得财利之……"
④ 《春秋繁露·五行之义》。

> 天有五行，木火土金水是也。木生火，火生土，土生金，金生水。水为冬，金为秋，土为季夏，火为夏，木为春。春主生，夏主长，季夏主养，秋主收，冬主藏。藏，冬之所成也。是故父之所生，其子长之；父之所长，其子养之；父之所养，其子成之。①

另种次序和功能则是"间相胜"：

> ……夫木者，农也。农者，民也。不顺如叛，则命司徒诛其率正矣，故曰金胜木。金者，司徒。司徒弱，不能使士众，则司马诛之，故曰火胜金。夫土者，君之官也，君大奢侈，过度失礼，民叛矣，其民叛，其君穷矣，故曰木胜土。②

董的五行宇宙论是完全从政治伦常和社会制度着眼的，五行相生，比作父子③。子必须继承、保存和发扬父业，正如寒暑相继一样；同时五行又是官制，它们可以相互约束克制，这叫"相胜"。"相生""相胜"就构成了一个自然的反馈系统，而这也就是"天道"。"五行之随，各如其序。五行之官，各致其能。……是故木主生而金主杀，火主暑而水主寒，使人必以其序，官人必

---

① 《春秋繁露·五行对》。
② 《春秋繁露·五行相胜》。
③ 董的这一套也可说直接继承思孟学派"案往旧造说谓之五行"而来。如章太炎所说，相传为子思作的《礼记·表记》中"水火土比父母于子，犹董生以五行比臣子事君父"（《太炎文录·子思孟轲五行说》）。

以其能，天人之数也。"①不但"五行"，"四时"亦然。君主行政必须符合四时季候，董讲四时比五行实际讲得更多。

> 王者配天，谓其道。天有四时，王有四政，四政若四时，通类也，天人所同有也。庆为春，赏为夏，罚为秋，刑为冬。庆赏罚刑之不可不具也，如春夏秋冬之不可不备也。②

天的四时如同人或君主的喜（春）乐（夏）怒（秋）哀（冬）。"惟人道可以参天，天常以爱利为意，以养长为事，春秋冬夏皆其用也。王者亦常以爱利天下为意，以安乐一世为事，好恶喜怒而备用也。然而主好恶喜怒乃天下之春夏秋冬也……人主以好恶喜怒变习俗，而天以暖清寒暑化草木。"③"人有喜怒哀乐犹天之有春秋冬夏也……皆天然之气也，其宜直行而无郁，一也。"④

总之，确认人事政治与自然规律有类别的同形和序列的同构，从而它们之间才可以互相影响，彼此配合。这也就是把天时、物候、人体、政制、赏罚统统分门别类地列入这样一种异事而同形、异质而同构的五行图表中，组成一个相生相克的宇宙——人事的结构系统，以作为帝国行政的依据。就是说，君主必须顺着五行特性而施政，例如春天务农，"木者春，生之性，农之

---

① 《春秋繁露·五行之义》。
② 《春秋繁露·四时之副》。
③ 《春秋繁露·王道通三》。
④ 《春秋繁露·天地之行》。

木，劝农事，无夺民时"①，秋冬肃杀则"警百官，诛不法"②，这样不但人间太平，而且风调雨顺。如果逆五行特性，乱搞一气，春行秋令，冬行夏政，则不但天下多事，人民疾病怨愤，而且因为破坏了宇宙秩序，自然界就会出现灾祸变异，王朝也就危险以至完蛋。可见，董仲舒把五行运转的机械论与天作主宰的意志论目的论混杂糅合在一起，"天"的双重性质（神学人格性和自然物质性）在这系统中展开机械论与目的论的合一：目的论中有机械论，机械论中有目的论。董仲舒及其信徒们惯用某些自然现象如日蚀、地震、水灾、火灾、动植物的反常变异（如"木有变，春凋秋荣"）来作为上天对人君的警告，这也几乎成了后世的常规。

　　董仲舒搞这一套，主要是为了以这种宇宙论系统确定君主的专制权力和社会的统治秩序。"……惟天子受命于天，天下受命于天子。"③"王道之三纲，可求于天。"④绝对君权和三纲秩序本是秦代就有的法家理论⑤，董从宇宙论的高度确认了它。并把无处不在的阴阳双方普遍赋予善恶的价值内涵，所谓"卑阴高阳"，"贵阳而贱阴"，"恶之属尽为阴，善之属尽为阳"，"阳行于顺，阴行于逆"，"善皆归于君，恶皆归于臣"⑥等等。目的都在从理论上确证当时专制君主的绝对权威和君臣父子的严格的统治

---

① 《春秋繁露·五行顺逆》。
② 同上。
③ 《春秋繁露·为人者天》。
④ 《春秋繁露·基义》。
⑤ 《韩非子·忠孝》："臣事君，子事父，妻事夫，三者顺则天下治，三者逆则天下乱，此天下之常道也。……人主虽不肖，臣不敢侵也。"
⑥ 《春秋繁露·阳尊阴卑》。

秦汉思想简议　155

秩序。这是一方面。董的理论还有另外一面,这就是董在肯定这个统治的同时,又把这一秩序安排规范在谁也不能超越的五行图式的普遍模型中。董仲舒把自然事物伦理化,把自然的天赋予了人格(意志、命令和感情),是神学唯心主义。但这个神学唯心主义的基本精神却又恰恰是为了强调社会秩序(亦即王朝统治)与自然规律相联系而作为和谐稳定的整体存在的重要性,它把任何个别的因素即使是最尊高的因素(天王、父母)也置于这个整体之下:

> 故变天地之位,正阴阳之序,直行其道而不忘其难,义之至也。是故胁严社而不为不敬灵,出天王而不为不尊上,辞父命而不为不承亲,绝母属而不为不孝慈,义矣夫。①

这样,便使每一个单项,无论是君是臣是刑是德,都有一个确定的位置而被制约于整体结构。天子作为专制君主,其施政行令也同样受到这整体结构的限制和约束,不能像在韩非、李斯等法家理论中那样,因握有绝对权力便可以为所欲为和无所不为。皇帝虽高踞于万民之上,却又仍然受制于系统之中。

这个制约主要表现为反对任刑滥杀。董之所以一再强调"德"是"阳","刑"是"阴","天"是"好仁恶杀"的,之所以一再说"天,仁也"②,"煖暑居百而清寒居一,德教之与刑罚,犹此也。故圣人多其爱而少其严,厚其德而简其刑,以此配

---

① 《春秋繁露·精华》。
② 《春秋繁露·王道通三》。

天"①,"为政而任刑,谓之逆天,非王道也"②,"王者承天意以从事,故任德教而不任刑"③等等,都是为了把汉代思想家们所总结出来的秦亡经验,把儒家一贯讲的"仁义",提升和放大到宇宙论的层次上来制约绝对君权。《春秋繁露》中确有好些尊民词句,表面上似乎接近原始儒学④,但实质并不相同;因为它们是建立在尊君为绝对权威实际是接受法家思想的基础上的。如董自己所说:"故屈民而伸君,屈君而伸天,春秋之大义也"⑤,这才是董的特征。君是民的绝对统治者,民只有通过"天"才能制约君,而这个"天"主要是五行结构的宇宙模式。可见,这里最重要的是这个结构自身,是保持这个结构整体的秩序和生命。对董来说,天人之间的彼此交通感应、协和统一以取得整个结构的均衡、稳定和持久,这就是"道";既是"天道",也是"人道";既是自然事物的运行法规,也是人间世事的统治秩序。"天不变道亦不变","正其道不谋其利,修其理不急其功"⑥,都是在这个意义上讲的。即是说,重要的是整体的"道"、"理",而不是局部的细节的"利"、"功"。这一方面固然不同于法家功利理论,同时也不同于原始儒家的"何必曰利"。因为这里已不是从主体道德论伦理出发,而是从客体宇宙论系统立论。

那么,董仲舒用宇宙论系统来论证的这个统治秩序和社会机

---

① 《春秋繁露·基义》。
② 《春秋繁露·阳尊阴卑》。
③ 《汉书·董仲舒传》。
④ 如:"天之生民非为王也,而天立王以为民也。故其德足以安乐民者,天予之。其恶足以残害民者,天夺之"(《尧舜不擅移汤武不专杀》)等等。
⑤ 《春秋繁露·玉杯》。
⑥ 董的这句原话比最早见于《汉书》董传并流传广久的"正其谊不谋其利,明其道不计其功"要高明一些。

体是一些什么具体内容呢？在社会方面，这个系统强调"孝悌"、"衣食"。"天生之以孝悌，地养之以衣食。"①"夫孝，天之经，地之义。"②以"孝"为"天地之经"、"人伦之本"，如前节所述，是当时家庭农业小生产经济的社会结构的要求，要巩固这个社会经济结构，自然强调这些。正如元代王祯所说，"孝悌力田，古人曷为而并言也？孝悌为立身之本，力田为养生之本，二者可以相资而不可以相离"。③

在政治体制方面，除了前面讲的树立绝对君权外，这个系统中很重要的一环是董仲舒对建构一套文官体制的积极提议和参与：

> 董仲舒对策曰：养士之大者，莫大乎太学。太学者，贤士之所关也，教化之本原也。愿陛下兴太学，置明师，以善天下之士。武帝立学校之官，皆自仲舒发之。④

> 董仲舒曰，臣愚以为使诸列侯、郡守、二千石各择其吏民之贤者，岁贡各二人。……故州郡举茂才孝廉，皆自仲舒发之。⑤

《春秋繁露》则强调，"王者制官，三公九卿、二十七大夫、八十一元士，凡百二十人，而列臣备矣。吾闻圣主所取仪，金天

---

① 《春秋繁露·立元神》。
② 《春秋繁露·五行对》。
③ 王祯：《农书·孝悌力田篇第三》。
④ 《西汉会要·学校上·太学》。
⑤ 《西汉会要·选举下·举廉》。

之大经，三起而成，四转而终，官制亦然者，此其仪欤？"①《史记》说：汉武帝时，"……一岁辄一课，能通一艺以上，补文学掌故阙，其高第可以为郎中者，太常籍奏即有秀才异等，辄以名闻。其不事学若下材及不能通一艺者，辄罢之。……自此以来，则公卿、大夫、士吏彬彬多文学之士矣"②，进"教化"，立官制，重文士，轻武夫③，建构一个由"孝悌"、读书出身和经由推荐、考核而构成的文官制度，作为专制皇权的行政支柱。这个有董仲舒参与、确立于汉代的政治—教育（"士—官僚"）系统是中国历史上的一件大事，也是了解自秦汉以来中国历史的重大关键之一。

与原始儒学建立在氏族国家血缘贵族（个体）基础上讲的"修齐治平"的政教已有不同，这里需要的是从统一大帝国着眼的整套官僚体系。前者（原始儒学）的政治理想和统治体制是建筑在血缘伦理和原氏族首领的严格的个体道德表率上；后者则把政治伦理统治建筑在宇宙自然秩序的比附上：政治的治乱兴衰不再仅仅依靠于作为首领的"圣人"，而且更依靠于遵循客观的"天道"，而这"天道"也就包含建立这整套的官僚行政体制，所谓"官制象天"是也。这种官制表面上类似近代官僚系统，它具有职能分化，各有定规，执行权威，不讲情面等非人格的机器特征和理性模式。它也有某种意义上的分权（例如从汉到清，行政与监察〔御史、清议〕的相互牵制等）。它不讲"父为子隐"，而

---

① 《春秋繁露·官制象天》。
② 《史记·儒林列传》。
③ 《春秋繁露·服制象》："夫执介胄而后能拒敌者，故非圣人之所贵也……故文德为贵，而威武为下。此天下之所以永全也。"重文轻武几乎成了心理传统，西方贵族以决斗为荣，在中国可被嘲为"匹夫之勇"。

主张"大义灭亲"……，这也可说是法家传统的存续和发展①。但实际上，由于中国古代这套官僚系统从根本上仍然服从于和从属于血缘宗法的社会、经济结构，官僚体制与社会人情的关系学纠缠混合在一起，后者在冲淡、延缓它的作用和职能上便起了极大的弹性作用。各种亲族关系的网状联系，使官僚政治实质上从属和依存于这种遍及整个社会的人情关系结构中。除宗族、地域外，"门生""故旧"盛极一时，也说明在这种关系学基础上的政治上的人身依附极为突出和严重。这使得"有治人无治法"的儒家传统仍然延续下来，从而在实质上仍不同于具有近代效能的资本主义的官僚机器。董仲舒协助汉武帝建立起来并在理论上予以论证的，便是这种中国早熟型的"士—官僚"的文官政教体系。它不同于西方近代，也不同于西方中世纪。它使上下之间即民（农）、士（文官）、皇帝之间有确定的统治规范和信息通道，并把春秋以来由于氏族余制的彻底崩溃、解除公社约束而"横议""乱法"的个体游士，又重新纳入组织中，从制度上重新落实了儒家"学而优则仕"的理想，这就从多方面大有利于维护统一帝国的稳定（包括后代帝王公开说的"使天下英雄尽入彀中"等）。这正是他的系统论宇宙图式在结构⇌功能方面的重要内容。这个系统一被破损或动摇，则社会便成了缺乏自组合能力的"一盘散沙"。总之，还是如那个王祯所说，"圣人树其法度，制其品节，使天下之人，莫不衣其衣而食其食，亲其亲而长其长。然而教之者，莫先于士。养之者，莫重于农。士之本在学，农之本在耕。天下无不事之农……汉力田之科是已。……天下亦少不

---

① 《史记·太史公自序》："法家不别亲疏，不殊贵贱，一断于法，则亲亲尊尊之恩绝矣。……若尊主卑臣，明分职不得相逾越，虽百家弗能改也。"

耕之学……汉孝悌之科是已。"①一个士，一个农；一个学，一个耕；这是从古代董仲舒到近代曾国藩所刻意讲求的儒家"齐家治国"的大方略。时代不同使曾国藩的"耕读为本"成为反历史的潮流②，而二千年前董仲舒的主张，却是为冉冉上升的新社会和新王朝制定统治秩序的先进理论。

剖开来看，这个所谓新理论又没有多少新因素，它几乎全部都抄自前人。"尊主卑臣"是韩非的。"天人感应"，《淮南》早有……。所以，这个"新"，只在于他把所有这些构成了一个系统。如果说，《吕氏春秋》是用儒家精神变换了法家，《淮南鸿烈》是儒家精神渗进了道家；那么董的特点就在于，相当自觉地用儒家精神改造了利用了阴阳家的宇宙系统。所以《汉书》说董"始推阴阳，为儒者宗"③，"……潜心大业，令后事有所统一，为群儒首"。④

那么，董是怎样改造阴阳家的呢？

司马谈评价阴阳家说："夫阴阳、四时、八位、十二度、二十四节，各有教令，顺之者昌，逆之者不死则亡，未必然也。故曰使人拘而多畏。夫春生夏长，秋收冬藏，此天道之大经也，弗顺则无以为天下纲纪。故曰，四时之大顺，不可失也。"⑤

这就是说，阴阳家讲的天时地利的规律，人（统治者）应该注意遵循。但缺点在于，似乎一切都事先规定好了，人在它们面前无可作为，只能诚惶诚恐，消极顺应，所以，"拘而多畏"。

---

① 王祯：《农书·孝悌力田篇第三》。
② 参看拙作《中国近代思想史论》，第481—483页，人民出版社，1979年。
③ 《汉书·五行志》。
④ 《汉书·董仲舒传》。
⑤ 《史记·太史公自序》。

董仲舒则在三个方面突破和改造了阴阳家这一缺点。第一，用儒家仁义学说和积极作为的观念改变了阴阳家使人处于过分拘谨服从的被动状况。在董的阴阳五行的宇宙系统里，尽管强调客观结构的法则，却仍然充满着人的主动精神。它竭力突出人的崇高地位，宣扬只有人，而不是任何其他事物，才能"与天地参"，认为"天地之性人为贵"①，"……人之超然万物之上，而最为天下贵也。人，下长万物，上参天地"②，"三者（指天地人）相为手足，合以成体，不可一无也"③。即是说，在这个宇宙中，没有人是不行的，人的力量在这个宇宙系统中有极大的作用和意义。因为"天"只给予事物以可能性，要变为现实性，必仍待人的努力。

董仲舒著名的人性论便是如此："善如米，性如禾，而禾未可谓之米也。性虽出善，而性未可谓之善也。米与善，人之继天而成于外也，非在天所为之内也。"④而且，人还能够因有所预见和积极努力而扭转和改变既定的不利局势。例如，"齐桓忧其忧而立功名，推而散之，凡人有忧而不知忧者凶，有忧而深忧之者吉"⑤，吉凶并不完全被动地决定于客观，"治乱废兴在于己"。董之强调"天人感应"，正是为了宣扬"人"能影响"天"，"人事"能影响"天意"；采取的是神秘的甚至神学的形式，其内核却恰恰在于对人和人主行政力量的能动性的重视。所以，有意思的是，在这个似乎既定的客观图式里，却仍然比别的学说中充

---

① 《汉书·董仲舒传》。
② 《春秋繁露·天地阴阳》。
③ 《春秋繁露·立元神》。
④ 《春秋繁露·实性》。
⑤ 《春秋繁露·玉英》。

满更多的对于人的能动性的强调。"天长之而人伤之者,其长损;天短之而人养之者,其短益。夫损益者皆人,人其天之继欤?出其质而人弗继,岂独立哉?"①因此,人才能"与天地参"②。

第二,是对灵活性的重视。这就是儒家传统所讲而为董所大谈的"经"与"权"。"春秋固有常义又有应变。"③"春秋有经礼,有变礼。"④"权虽反经,亦必在可以然之域。不在可以然之域,故虽死之,终弗为也。"⑤既必须有确定的原则性("经"),又必须有原则允许下("可以然之域")的灵活性。何以如此?这是因为董所着重的是整体系统结构的稳定和持久,而不在于任何局部和细节的不变。董不反对变革,主张"更化"政制。他所追求的是整体结构的动态平衡,而不是一切现象的僵死固定。在动态中来保持平衡、秩序和稳定,这正是儒家中庸思想的进一步发展:矛盾双方在运动中取得均衡调节,整体也就得到了和谐稳定。"使富者足以示贵,而不至于骄;贫者足以养生,而不至于忧。以此为度,而均调之,是以财不匮,而上下相安,故易治也。"⑥所以,董的五行功能的相生相胜图式虽有一定规范次序,具体运用和说明却又相当灵活和宽容,这不但因为凡具有反馈功能作为自我调节的有机系统的图式本就有一定的灵活性和适

---

① 《春秋繁露·循天之道》。
② 应该指出的是,这种能动性的强调并非偶然,它是那整个时代力量的反映。汉代兴起后,生产力蓬勃发展,科学也日益发达,对自然的征服广度和深度是空前的。汉代帝国的这种事功力量表现在宏伟气魄的汉代文艺中,也表现在汉代哲学中。参阅拙著《美的历程·楚汉浪漫主义》。
③ 《春秋繁露·精华》。
④ 《春秋繁露·玉英》。
⑤ 同上。
⑥ 《春秋繁露·度制》。

应性；而且在古代科学文化水平的幼稚阶段上，更容易使人作出相当自由以至主观任意的解释。董仲舒本人为适应政治需要就作了不少这种任意的解释。

第三，也是最重要的，董的宇宙系统不同于阴阳家的"拘而多畏"的根本原因，是由于他将孔子仁学中的情感心理原则输入了这个系统，从而将自然人情化了。董一再说，"仁，天心。"①"和者，天地之所生成也。"②"察于天之意，无穷极之仁也，人之受命于天也，取仁于天而仁也。"③"天亦有喜怒之气，哀乐之心，与人相副。"④……尽管添了荒谬的人格色彩，但世界却不像阴阳家或道家的那种超乎人外、漠然寡情，而是具有了与人类似的情感色调，从而这个宇宙论系统图式也就不完全是外在于人的纯客观律令，而成为与人的内在心理有关的东西。董仲舒的"天"既有自然性，又有道德性，又有神学性，还有情感性，它们完全混杂在一起。这一方面固然具有神秘化特色，被今人批评为神学目的论，根本违反了对自然的科学认识；但把天人视同一体，不仅有物质、自然上的相连，且有精神、情感上的相通，这又仍然是继承"天地之大德曰生"、"天行健，君子以自强不息"的儒家精神，在建立积极康强的世界观人生观上有其意义，保持和发展了儒学和中国哲学的基本特色⑤。同时，由于包括命运、

---

① 《春秋繁露·俞序》。
② 《春秋繁露·循天之道》。
③ 《春秋繁露·王道通三》。
④ 《春秋繁露·阴阳义》。
⑤ 后来宋明理学在批判吸取佛家哲学后，把这一套外在宇宙论转换为内在的心性论，将道德伦理高扬为本体，仍然以充满这种情感态度为其重要特色。参看本书《宋明理学片论》。

规律等等都取决于这个图式整体，也就不另需要有超验的主宰神灵了。

三 阴阳五行的系统论

意识形态与科学真理（或学术思想）的关系是一个老而常新的问题。强调二者的同一，认为统治意识即学术真理，无疑是简单化。但强调二者的对立，认为学术思想为科学，意识形态纯虚构，二者渺不相干，也同样是简单化。事实上，二者常常相互纠杂混为一体，或虽可分离而又有渗透。具体情况多种多样，错综繁复。秦汉时期的阴阳五行思想便是如此。

以董仲舒为代表的"天人感应"的阴阳五行学说成为官方哲学后，它笼罩、统治着汉代数百年，弥漫在几乎全部意识形态领域。但这并非偶然的意志事件，而是一种时代的潮流。如前所述，无论是基本同时的《淮南鸿烈》，或较早一点的《经法》，或更后的许多文献，在论到政治以及其他时，都表现出把天人联结起来的趋势。例如，《经法》中便有这种说法："刑德皇皇，日月相望，以明其当。望失其当，环视其央。……刑德相养，逆顺若或，刑晦而德旺，刑阴而德阳，刑微而德彰。……天道环于人，反为之客"[1]，就连出土的汉镜铭文也作："圣人之作镜兮，取气于五行"，"五行德令镜之精"[2]。可见，把阴阳五行、天文历数与社会人事类比式地联结起来，远非董仲舒的个人发明，它由来既久，绵延也长。

---

[1] 《经法·十六经·姓争》，第65页，文物出版社，1976年。
[2] 《文物》1982年第3期，第67页。

阴阳五行的渊源和流变，是一个久远而复杂的问题，非本文所能评论。五行的起源看来很早，卜辞中有五方（东南西北中）观念和"五臣"字句；传说写于殷周之际的《洪范·九畴》中有五材（水火金木土）的规定。到春秋时，五味（酸苦甘辛咸）、五色（青赤黄白黑）、五声（角徵宫商羽）以及五则（天地民时神）、五星、五神等等已经普遍流行。人们已开始以五为数，把各种天文、地理、历算、气候、形体、生死、等级、官制、服饰……，种种天上人间所接触到、观察到、经验到并扩而充之到不能接触、观察、经验到的对象，以及社会、政治、生活、个体生命的理想与现实，统统纳入一个齐整的图式中。一方面这似乎是神秘主义，阴阳家们也确乎以此来神秘地预言自然的图景和王朝的变迁，例如著名的"五德终始"学说。然而另方面，如前所说，在这图式中又的确包含了当时积累起来的大量经验知识，人们很乐意把这些经验知识组织在整套的系统图式结构中，以得到一种理论上（包括从经验认识上和数学上）的理解和把握。当时可能不止这一个"以数为五"的图式，似乎还曾有过以"八"、"六"①、"四"为数的结构图式。只是它们没有得到充分发展就被"以数为五"的图式压垮了。而这，正说明当时无论在意识形态方面和经验认识方面都有建构某种系统的要求，前者是服务于新的统一政治，如上节所说；后者则似乎是思维、学术本身发展的需要：把零碎、分散的种种经验组织起来。以数字来组织整理

---

① "以五为数"似乎来自东方，可能与殷民族（如从卜辞到《洪范》中"五行"作为箕子的回答）有关。"八"和"六"似乎是西部周、秦民族的传说。秦就以"六"为图式，《史记·始皇本纪》有"数以六为纪"。直到贾谊也还是"以六为法"、"六则备矣"。"六"与"五"的相持和胜负问题，可能是饶有兴味的秦汉思想史的重要章节。

从而解释宇宙,是思想发展到一定阶段自然出现的现象(在古希腊,有毕达哥拉斯的显赫学派和理论),其中充满了神秘主义,同时也有足以珍视的科学思想。实际上这个五行宇宙图式本身就包含理性和非理性两方面的内容和向不同方向发展的可能性,即强调系统的客观运转和强调神秘的天人感应。

在五行学说的发展演变过程中,始终有这两个方面的因素在起作用,一方面是神秘的教义,另方面则是对经验知识的某种科学的组织、概括和整理。这两个方面又交互渗透着。

阴阳观念从现存文献看,最早似见于西周伯阳父所说:"夫天地之气,不失其序。若过其序,民乱之也。阳伏而不能出,阴迫而不能蒸,于是有地震。"[1]阴阳是指自然变化中的两种功能或力量。以后《老子》讲"万物负阴而抱阳",再到《易传》,则已经以阴阳作为两个最基本的观念来解说八卦从而解说万事万物。于是《庄子·天下》篇总结说:"易以道阴阳",尽管这句话大概是注文窜入,但儒家已把阴阳观念接过去了却的确是当时的历史事实。战国时,大概是阴阳家首先把五行与阴阳混合统一起来。这种混合或统一是基于二者都从某些根本功能和力量的相互作用和关系中来解说、论证宇宙——人生。重要的是,阴阳与五行的相结合,使五行的结构组织有了两种内在的普遍动力,从而使五行结构具有了确定的自我运动自我调节的功能。即是说,五行之所以能有"相生""相胜"的具体运转,是由于阴阳作为两种彼此依存、互补而又消长的功能或矛盾力量,在不断推动的缘故。阴阳推动着这个五行图式运转变换,才使这一图式不流为固定不变、难以解释的僵硬表格。董仲舒说:"金木水火,各奉其

---

[1] 《国语·周语上》。

所主,以从阴阳,相与一力而并功。其实非独阴阳也,然而阴阳因之以起,助其所主。故少阳因木而起,助春之生也;太阳因火而起,助夏之养也。少阴因金而起,助秋之成也;太阴因水而起,助冬之藏也。"①阴阳在这里不是五行之外的独立力量,而是作为五行原动力与五行"相与一力而并功"。

文化人类学的材料说明,在任何原始社会的神话里,都可以分析出其中主要结构是以正负两种因素、力量作为基本动力、方面或面貌。中国远古关于昼夜、日月、男女……等等原始对立观念,大概是在最后阶段才概括为阴阳范畴的。但阴阳始终没有取得如今天我们所说的"矛盾"那种抽象性格,阴阳始终保留着相当具体的现实经验性,并没有完全被抽象为纯粹思辨的逻辑范畴。它们仍然与特定人们的感性条件、时空、环境和生活经验直接间接相联系。例如阳与光、热、夏、白天、男性、上升、运动等等相联系,而阴与暗、冷、冬、黑夜、女性、下降、静止等等相联系。因之,阴阳作为哲学范畴,与"五行"一样,它们既不是纯抽象的思辨符号,又不是纯具体的实体(substance)或因素(elements)。它们是代表具有特定性质而相互对立又相互补充的概括的经验功能(function)和力量(forces)。随着具体不同的结构方式,这种具有概括性的现实经验性格的"阴阳"之间的对立、依存、渗透、互补和转化,也就各有具体不同的结构方式,其中"阴阳"有主导("阳")、基础("阴")等具体区别。所以,它们不是思辨理性,也不是经验感性,而是某种实用理性。这正是"阴阳"这对哲学范畴的特点,也是中国哲学和中国传统思维方式的特点。

---

① 《春秋繁露·天辨人在》。

如果再看看五行学说,这一特点也很明显。

与希腊或印度的地、水、火、风(或气)相比较,中国五行中除"木"不同于"气"或"风"外,还突出地多了"金"。这两点似乎都说明中国的五行,至少在脱开巫术礼仪的原始神灵观念后,更多是与人们生活经验相密切联系。所以《左传》说:"天生五材,民并用之,废一不可。"①《尚书大传》说:"水火者,百姓之所饮食也。金木者,百姓之所兴作也。土者,万物之所资生也,是为人用。"②作为燃料和各种工具材料、建筑材料的"木"和与冶炼相关的"金",在社会生活中当然占有重要位置。而"土"在五行之中之所以占有特殊地位,"先王以土与金木水火杂,以成万物"③,"比于五部最尊"④,则显然又与农业生产作为生活根基有关。由于更多从总结生活经验出发,而不从描述解释自然现象出发,所以与其说中国五行所注重的是五种物质因素、材料或实体,就不如说更是五种作用、功能、力量、序列和效果。当《洪范》提出五行时,其着重点正是它们的性能:"五行,一曰水,二曰火,三曰木,四曰金,五曰土。水曰润下,火曰炎上,木曰曲直,金曰从革,土爰稼穑。润下作咸,炎上作苦,曲直作酸,从革作辛,稼穑作甘。"⑤郭沫若曾解释说:"由水演出润下的道理,由火演出炎上的道理,由木生出曲直的观念,由金生出从革(大概是能展延的而且巩固的意思),由土生出稼穑。再如五味……润下作咸,是从海水得出来的观念,炎

---

① 《左传·襄公二十七年》。
② 《尚书大传》。
③ 《国语·郑语》。
④ 《太平御览·卷17·时序部二》收《乐记》佚文。
⑤ 《尚书·洪范》。

上作苦，是物焦则变苦……"①五行"相生""相胜"的序列关系看来也来源于生活经验。例如木可生火（木生火）、火后有灰烬（火生土），矿石原料来自地下（土生金），金属遇冷则有水露（金生水），水能滋长植物（水生木）以及水灭火，火冶金，金伐木，木犁破土，筑土御水等等，体现的正是在日常社会生活中它们在性质上和功能间的相互关系和联系。这种对性质、功能、序列、效用的总结，当然交织着对自然本身性能规律的了解和人事实践经验双重内容。"相生"表面似乎着重对自然发生规律的观察记录，实际上其中包含了人们对这些规律的运用，例如掘土取矿才可能有土生金的观念。"相胜"似乎着重人事、实践的经验概括，实际上也包含对这些事物本性的了解，如金、石需有硬度才能"胜木"。正是客观事物本身的性能与人们实际活动、经验相渗透合一，构成了不同于纯实体（如地水火风或原子论）或纯数学（如毕达哥拉斯学派）的中国五行说的特色。由此生发，把自然规律、性能与人事活动、经验相联系渗透，并扩而充之，终于使整个宇宙的五行结构也保持这一不离人事经验的特色，最后出现董仲舒那种"天人感应"的理论系统和观念形态，也就有某种思想必然性了。

这也就是说，这种与生活实际保持直接联系的实用理性，不向纵深的抽象、分析、推理的纯思辨方向发展，也不向观察、归纳、实验的纯经验论的方向发展，而是横向铺开，向事物之间相互关系、联系的整体把握方向开拓。即它由功能走向结构，按功能的接近或类似，把许许多多不同的事、物安排组织在一个系统

---

① 郭沫若：《中国古代社会研究》，第114页，人民出版社，1964年。

形式中，企图从实用理性的高度来概括地把握它们，从而产生了这种原始的素朴的系统论思维的某些特征。简单说来，这些特征便是：第一，不是任何个别的功能、力量、性质或因素而是整体系统结构才是决定性的主要环节。整体不等于诸功能或因素相加的总和，它大于它们及其总和，即整体具有其不能等同或还原于各功能、力量、因素的自身性质。第二，不是简单的线性因果，而是这个系统中诸功能、力量的相互作用即包括反馈作用在内，才是维持系统协调生命的关键所在。第三，因此，整体系统将不可能是静止不变的存在，而是处在运动变换着的功能、力量的动态平衡中，从而具有自调节的性质。第四，尽管有运动变换，却又周而复始，循环无端，并不越出或破坏这个既有系统的稳定和持久。第五，对这个系统的整体把握基本上处于未经分析处理（例如不能真正运用数学）的笼统直观的素朴水平。

这是不是把两千年前的五行说予以摩登化的附会解释呢？否！现代系统论的创立者们承认古代有系统论的思想，正如古代有辩证法的观念一样。它们都来自素朴的生活经验。在中国特定条件下，系统论观念如同辩证法观念一样，它们发展得特别充分[1]。同时也充满着种种笼统、直观、粗陋、荒谬和神秘的古代原始印痕。特别是像董仲舒把善恶、伦理、官制、行政、服饰等

---

[1] 成中英（Chung-Ying Cheng）也曾指出，有机整体、内在运动、和谐的辩证法、多元结构等等作为中国哲学的特征（对比西方之外在、机械论等等），但未提出系统论和中医特点等问题。见其论文"Toward Constructing a Diatectics of Harmonization: Harmony and Conflict in Chinese Philosophy", *Journal of Chinese Philosophy* 4, (1977), pp.209—245。

统统纳入这个宇宙图式中①，更是如此。尽管当时在政治上起过作用，它们完全是非科学和反科学的。它们属于意识形态的虚构方面，较快就被历史所抛弃淘汰。

阴阳五行系统论中的科学方面，由于在一定程度上反映了事物的客观状貌，并能在一定范围和一定程度上有效地应用于实际生活中，从而也就保存和延续下来，并不断得到细致化和丰富化。在这种系统论中，诸性质诸功能的序列联系和类比感应关系，较少意志论和目的论的主观臆测，更多具有机械论和决定论的倾向。这种系统论的最高成就和典型形态应该算是中医理论。

近年已有好些论著说明中医具有系统论的特性。中医的基础理论——《黄帝内经》，成书正是在秦汉时期，至少其基本思想是成熟在这个时期。这本著作至今仍然是有效地指导中医实践的根本典籍。中医及其理论历数千年而不衰，经过了漫长历史实践检验而至今有效，这恐怕也应算是世界文明史上的奇迹之一。而中医理论却与秦汉时代的宇宙论有关。"中医理论产生在很古很古的年代，包裹着种种今天看来颇为牵强附会、稀奇古怪的观点、思想和说法，例如什么'天人感应''五运六气'之类。因之，极容易被现代人们斥为迷信，视同胡说，特别是在

---

① 这个宇宙图式是以在汉代哲学中艳称的"元"的观念为基础。董仲舒："元者，万物之本。而人之元安在乎？乃在乎天地之前"（《春秋繁露·玉英》）。《黄帝内经》："所谓本也，是谓天元（别本作'六元'）"（《素问·天元纪大论》）。何休："元者气也，无形以起，有形以分，造起天地，天地之始也"（《春秋公羊解诂》）。关于董仲舒的"元"，哲学史家们颇有争论。如果参照这些并从这个宇宙论系统来看，则这个"元"主要指"气"而并非精神或神灵，似甚明显。

现代如此发达的实验科学、在显微镜、透视机的比较对照之下。然而，奇怪的是，数千年的实践经验，也包括今天极为广泛的实践经验，却又仍然不断证明着中医讲的理论。就比如说经络理论吧，不仅有其存在的根据，而且还颇为灵验，尽管至今经络的物质实体始终没有发现。而经络理论与中医的五行学说、藏象理论又是不可分地连在一起，构成整套体系的……西医的方法是从具体到抽象，中医相反，有点从抽象到具体的味道……从它那套抽象的阴阳五行的原理出发，结果却非常具体地落实到此时此地此人此病来'辨证论治'。所以春秋朝暮，方颇不同，男女长幼，治病异样。……中西医治病均有常规，中医的常规则似乎充满着更多的灵活性、变异性和多样性。……我常以为，现代医学大概需要再发展几十年之后，才可能真正科学地严密地解释和回答中医凭几千年经验所归纳和构造的这一整套体系。因为目前西医的科学水平还处在局部经验概括的理论阶段，对作为整体性的人的生物——生理机制还极不了解，也就暂时还不可能真正解答中医所提供的种种实践经验及其理论体系，尽管这个体系携带着那样明显的落后时代的深重痕迹，那样直观、荒唐、牵强、可笑。"[1]

已闻名世界的中医针灸便是建立在经络理论上的，经络当然有某种尚未被发现的物质载体或媒介，如电磁、化学等，但中医所把握的是作为信息通道的功能特征和作为自控制自调节具有反馈作用的闭合循环的结构系统。经络不过是中医理论的一个部分，其实整个中医理论都是建立在功能和结构的整体系统的把握

---

[1] 拙作刘长林《内经的哲学和中医学方法论》序，第8—9页，科学出版社，1982年。

上，要求在保持生物机体生长发展的动态平衡和自我调节的组织结构中来把握、理解和说明、治疗一切的。例如中医的脏腑理论，主要是功能整体，并非解剖学意义上的器官实体，尽管与器官实体又有联系。它重视的是这些功能之间的序列关系和结构联系，不是某些孤立器官的实体情况。而中医的这一套却正是以天人相比附的阴阳五行图式作为哲理基石：

天有日月，人有两目。地有九州，人有九窍。天有风雨，人有喜怒。天有雷电，人有音律。天有四时，人有四肢。天有五音，人有五脏。天有六律，人有六腑。地有十二经水，人有十二经脉。岁有三百六十五日，人有三百六十五节。①

可以与董仲舒对照一下：

人有三百六十五节，偶天之数也。形体骨肉，偶地之厚也。上有耳目聪明，日月之象也。体有空窍理脉，川谷之象也。心有哀乐喜怒，神气之类也。……人之身，首妢员，象天容也。发，象星辰也。耳目戾戾，象日月也。……小节三百六十六，副日数也。大节十二分，副月数也。内在五脏，副五行数也。外有四肢，副四时数也，乍视乍暝，副昼夜也。乍刚乍柔，副冬夏也。乍乐乍哀，副阴阳也。②

---

① 《黄帝内经·灵枢·邪客》。
② 《春秋繁露·人副天数》。

这两者不基本相同吗？同样的荒谬附会和绝对错误①。然而它们又有同样科学的地方：例如，"天将阴雨，人之病故为之先动，是阴相应而起也。……病者至夜而疾益甚，鸡至几明皆鸣而相薄……阴阳之气因可以类相损益也。"②这与《内经》所讲的人的生理病理相去并不遥远，都是用物质性的阴气阳气之类来解说天（昼夜）人（体质、疾病）感应的道理。又如，董仲舒与《内经》都认为异质事物因结构位置同而可以相互影响，如夏、南风、炎热、火、昼、赤（色）、苦（味），或冬、北风、寒冷、水、白（色）、甘（味）均有系列的类别联系，即质异而构同，可以相互作用。正如董仲舒的政治理论中谈了好些人体生理上的

---

① 下面是产生在两千年前而迄今在中医理论中仍保存、流行的五行分类图式。其中牵强附会的荒谬处很容易看出，但其中合理的类别同构是否隐藏着深刻的机制内容，却更值得注意深究：

五行	木	火	土	金	水
方	东	南	中	西	北
季	春	夏	长夏	秋	冬
谷	麦	菽	稷	麻	黍
气	风	暑	湿	燥	寒
时	平旦	日中	日西	日入	夜半
应	生	长	化	收	藏
味	酸	苦	甘	辛	咸
声	角	徵	宫	商	羽
色	青	赤	黄	白	黑
官	目	舌	口	鼻	耳
脏	肝	心	脾	肺	肾
腑	胆	小肠	胃	大肠	膀胱
体	筋	脉	肉	皮毛	骨
志	怒	喜	忧	悲	恐
声	呼	笑	歌	哭	呻
脉	弦	洪	濡	浮	沉
…	…	…	…	…	…

② 《春秋繁露·同类相助》。

"天人感应"一样(如《春秋繁露·循天之道》篇),《黄帝内经》的医学理论也谈了好些政治上的"天人感应",如:"东方生风,风生木,其德敷和,其化生荣,其政舒启,其令风。……西方生燥,燥生金,其德清洁,其化紧敛,其政劲切。……有德有化,有政有令,有变有灾,而物由之,而人应之也。"①等等。尽管它们各自具有不同的身份,其中意识形态和学术真理的成分大不一样,但作为当时时代的哲学世界观即这个系统论宇宙图式,却是相当一致的。汉武帝说,"盖闻'善言天者,必有征于人。善言古者,必有验于今'。"②"(黄)帝曰:善。……余闻之,善言天者,必应于人。善言古者,必验于今。善言气者,必彰于物。善言应者,因天地之化。善言化言变者,通神明之理。"③这也是基本一致的。一个从政治出发,一个从医学出发,却都要大讲天人、古今,都寻求其中相通而互感的共同律则。这就是当时的时代精神。在中国古代哲学中,"天人"与"古今"总连在一起,从《易传》、《吕览》、《淮南》以及阴阳家到董氏都如此。"天人之征,古今之道也。孔子作春秋,上揆之天道,下质诸人情,参之于古,考之于今。"④把自然哲学和历史哲学混合等同起来,是值得注意的中国哲学的重要特点。

今天尽可嘲笑、咒骂它们的荒谬绝伦。但是不是也应该注意其中的重要的基本观念——强调天与人、自然与社会以及身体与精神必须作为和谐统一的有机生命的整体存在,仍然有一定价

---

① 《黄帝内经·素问·气交变大论》。
② 《汉书·董仲舒传》。
③ 《黄帝内经·素问·气交变大论》。
④ 《汉书·董仲舒传》。

值和意义呢？如何协调人（包括个体与集体）与环境、社会、自然之间既改造又适应的合理的动态平衡关系，在今日不也仍然是一大问题么？这还不仅是环境保护、生态平衡、人体生理如何与大自然相协调之类的问题，而且还涉及如何使人的心理、精神状态与大自然相一致、合节拍之类更深刻的课题。例如现代医学的"生物钟"学说便可以与《内经》讲的四时昼夜与人气的不同状态如"子午流注"等等联系起来。现代系统论里讲的功能与结构的复杂关系，如同一结构可有不同功能，同一功能可有不同结构，也与《内经》讲的同病异治、异病同治等等有可相联系的地方。当然应注意古代与近代科学水平的本质差异。但总起来，这是如何能使人的存在与自然存在相统一相一致的巨大问题。所有这些虽远非这种原始系统论思想和古老粗陋的图式所能解释，但在那样遥远的时代，就建构起这样一种潜藏着重大问题的宇宙论，却不能不说是一种突出成就。

四　五行图式的历史影响

如前所说，这个系统论宇宙图式的建成非朝夕之功。而当它已经构成并取得了在社会意识和学术思想中的支配地位后，其强大久远的影响，也不是朝夕间所能消失的。相反，它在中国成了一种极为顽固的传统观念和思维习惯。

最直接的恶劣影响便是产生了西汉末年大流行、东汉正式官方化、并的确搞得乌烟瘴气、被哲学史家们归罪于董仲舒开其端的所谓谶纬神学。说是"神学"，有点抬高了，因为它只是一种非常简单幼稚的迷信观念，主要用作一时的政治宣扬和神秘信仰，很难够得上什么学说理论。在日常社会生活中，实际上也并不占有什么重要位置，东汉以后就逐渐消歇。它并不能代表上述系统论宇宙图式的真正影响。真正更为实在和更为长久的影响，是五行图式在中国社会思想和观念形态许多领域的多方面渗透。这造成了许多貌似科学实际荒谬的伪理论，它们历数千年而不衰，在公私生活中起作用，成了行为中和思想中的不自觉的模式、习惯。甚至在今日，时时还沉渣泛起。不是至今还有人相信死人所葬地理位置能够影响活人命运，不是还有人相信占卜推算吗？……所有这些的理论依据和思维模式，便都与这个系统论宇宙图式的五行、阴阳、"天人感应"等等有关。它们貌似"客观"和科学，有经验，有理论，并且有沿袭数千年的信仰传统。它们甚至可以振振有词地说：中医的阴阳五行不是灵验么？那么，风水八字的阴阳五行为什么不可以灵验呢？……

这还不过是些外在现象，也许更重要的是这种五行图式宇宙论给人们心理结构上带来的问题。例如满足于这种封闭性的实用理性的系统，既不走向真正的科学的经验观察、实验验证，又不走向超越经验的理论思辨和抽象思维。中国的思维传统和各种科学（甚至包括数学）长久满足和停步于经验论的理性水平①。这一缺陷恐怕与这种早熟型的系统论思维也有关系。因为在这种系

---

① 爱因斯坦曾有一段名言："西方科学的发展是以两个伟大成就为基础，那就是希腊哲学家发明形式逻辑体系（在欧几里德几何学中），以及通过系统的实验发现有可能找出因果关系（在文艺复兴时期）。在我看来，中国的贤哲没有走上这两步，那是用不着惊奇的。令人惊奇的倒是这些发现（在中国）全都做出来了。"（《爱因斯坦文集》第1卷，第574页，商务印书馆，1976年）这话提出了好些值得中国哲学史研究者注意的问题。我以为，中国只是在经验论的水平上而并没有在抽象思辨的水平上"做出"西方科技成就，这极大地限制了科学发展的飞跃。

统论里，似乎把所有经验都安排妥帖了，似乎一切问题都可以在这系统中求得解决，从而不要求思维离开当下经验去作超越的反思或思辨的抽象以更深地探求事物的本质。所以，不是中国人缺乏抽象思辨的能力和兴趣，先秦的名家、墨辩证实了相反的情况；而是思维被这种经验系统束缚住、规范住了，成了一种既定的传统习惯和心理模式；同时，也是由于注重系统整体，便自觉不自觉地相对轻视、忽略对众多事物和经验作个别的单独的深入观察和考查，具体事物的分析、剖解、实验被忽视了。就是中医，也由于满足于这个行之有效的经验系统，从而不再重视人体解剖，而长久发展缓慢，很少有重大的突破和更新。应该说，这些都是这种直观的、原始的、早熟型的（因之实际上是不成熟的）宇宙论系统图式所带来的传统思维结构上的弱点与缺陷。

不仅如此，它可能还带来整个精神面貌和民族性格上的问题。这种宇宙图式具有封闭性、循环性和秩序性的特征。封闭性能给人们心理、性格以自我满足感。它可以表现为虚骄自大，固执保守，认为本系统内应有尽有，完整无缺，不必外求。循环论则否定真正的进化，从而向前只不过是复古，历史的演变不过是天道的循环，"天下合久必分，分久必合"。秩序性更带来所谓安分守己，听天由命，认为任何努力无不受既定秩序图式（天道）的限制和制约，自认已被规范在某种既定位置上和处在这个不能逃脱的图式网络中，"思不出位"，逆来顺受，培养奴性，不敢说"不"；个体价值完全从属于这个作为外在权威的超个性的普遍秩序，锁禁在这个封闭的组织网罗中。于是，君怀臣忠，父慈子孝，夫唱妇随，成了人们安心奉行的长久而普遍的宇宙法规。宋儒后来倡导的那一套"天理"论之所以能长期控制人们的心灵，恐怕也与早在秦汉时代便在人们生活中开始渗透并成为传统的这种宇宙图式观有关。周而复始很少变动的农业小生产，自给自足的封闭的自然经济，久远强固的宗法血缘的规范，则是维持这套宇宙观强大的现实基础。

然而，事情又总是复杂的。这种封闭、循环、讲求秩序的宇宙论系统图式又可以给人们心理以某些积极的东西。它一方面有排斥外物的封闭性，另方面又可以有吸收消化外物以成长自己的宽容性和灵活性。例如，它仍然允许外来宗教在不危及儒学基本政教结构的情况下并存和发展，随人们自由信仰。长久的中国历史上除三武灭佛有其政治经济原因并只占有极为短暂的时期外，从来没有发生过残酷的宗教战争、宗教酷刑。这是因为这个图式本身仍然要求一定的运动、变换、更新，以适应环境、调节自身，才能维持本系统的生存，即所谓"穷则变，变则通，通则久"。从汉唐历史看，中国并不拒绝而是乐于吸取和消化外来事物，只要它们不在根本原则上与本系统相冲突。又如，一方面是相信命定、否认进化的循环论，另方面，它又可以成为富有韧性、坚持奋斗的信念基础，中国人很少真正彻底的悲观主义，他们总愿意乐观地眺望未来，即使是处在极为困难的环境里，他们也相信终究有一天会"否极泰来"、"时来运转"，因为这是符合"天道"或"天意"（客观运转规律）的。"天道"或"天意"既是一种循环无端的客观运转①，从而也就不大相信能随意主宰的人格神（宗教）。再如，上述秩序性使人保守怯懦，不敢冒险，另方面又教育人们做事

---

① 这又与在中国上古已相当发达的天文学、占星术有关，它们在形成阴阳五行学说中起了很重要的基干作用，所谓"究天人之际"即来源于此。

做人要照顾整体和把握全局，不走极端，以便取得整体的均衡，保持生活、身体、人际关系的和谐与稳定；从而个体也就可以在这系统中获得归属感，不致感到孤独、凄凉、荒谬、无依无着而需要皈依上帝……。长处与弱点，优点与缺陷，本就这样不可分割地牵连糅合在一起。我曾说过，"像《内经》这部书所表现的中国哲学的特征就极为鲜明：阴阳互补、五行反馈、动态平衡、中庸和谐、整体把握……这样一些思维方法、观念、习惯乃至爱好，不是至今在中国人的实际生活中仍然起作用么？"①应该对它们作出进一步的具体的历史分析。当然，对今天的中国人来说，更重要的是去认识从而去冲决、打破这种封闭的传统、习惯和观念，不要去强调保持和"发扬"而陷入折中主义和阿Q悲剧的尴尬境地。

本文开头曾说，秦汉时期不但在物质文明（从生产到科技）以及疆土领域上为中国后代打下了坚实的基础，而且在精神文明方面（包括文艺、思想、风俗、习惯等等领域）也如此。正是在汉代，最终形成了中国独特的文化—心理结构。这个文化—心理结构虽然应溯源于远古，却成熟于汉代。孔子继承远古所提出的仁学结构②，主要便是通过汉代一系列的行政规定如尊儒学、倡孝道、重宗法，同时也通过以董仲舒儒学为代表的"天人感应"的宇宙图式，才真正具体地落实下来。尽管董仲舒的儒学和五行图式与孔子学说已有很大的不同，但孔子提出的原始儒学的基本精神——血缘基础、心理原则、治平理想、实用理性、中

---

① 拙作刘长林《内经的哲学和中医学方法论》序，科学出版社，1982年。
② 参看《孔子再评价》。

庸观念等等①，却都是通过这个阴阳五行的系统图式而保存和扩大了。并且因为有了这样一个具有信仰以至宗教功用的宇宙图式作为理论基石而更为加强。儒学至此进入一个新阶段，它不但总结了过去，吸收、包容了法、道、阴阳各家，而且由于日渐渗透深入到整个社会生活中，开始在民族心理、性格上打上了难以磨灭的印痕，并从此不易被外来势力所动摇。

所以，为什么魏晋以后，佛教东来，那么大的势力，帝王顶礼，万众信从，却仍然未能从根本上改变中国的政治、文化和思想面貌？为什么以后许多其他宗教教派，包括凝聚力极强的犹太教和伊斯兰教也如此？为什么所有这些教派的信徒们反而很大一部分被汉文化所同化？为什么中国不像西方中世纪或伊斯兰教国家有政教矛盾或政屈从于教？佛教在南北朝时曾至少两次被宣布为国教，为什么在中国历史上却没发生统治的作用和影响？

我认为，这恐怕与秦汉时代已经确立了的这套官僚政治体制以及与之相适应的这套宇宙论系统图式的意识形态不无关系。如前已说，在这个系统图式里，任何事物，上至皇帝，下至庶民，也包括神灵世界，都大体已被规定在确定位置上，与其他事物都有大体确定的关系、联系和限定，彼此都受一定的约束牵制，而最终被制约于这个系统本身。这个系统本身具有最高的权威性和可信仰性，它是"天道"、"天意"、"天"。据此，天子"受命"

---

① 只有原始儒学中强调的个体人格的独立性自主性，如孟子讲的"说大人则藐之"的精神，则大为褪色。这当然主要是社会原因，氏族时代已经过去，而屈从于既定图式则是思想原因。不过在汉代，士人用灾异警告皇帝甚至要求"禅让"，盐铁会议上"文学贤良"与御史大夫的激烈争论，以及强调节操、名誉和汉末太学生运动，都还可依稀看到原始儒学精神的人格要求尚未完全丧失，与后世仍有不同。

于"天",皇权已经神授,皇帝循"天道"行事,拥有世上的绝对权威,因而在理论上、信仰上和实际上都不需要也不可能让任何其他的宗教人格神再来占据首要位置,从而发生政教矛盾或政屈从于教。宗教团体也是这样,它没法直接插进那个已成系统的文官制度中去。相反,宗教要维持下去,还得适应和投合中国原来这套已成系统的意识形态和政教结构。所以在不断论辩之后,沙门终于得拜天子,也出现了《报父母恩重经》等等,佛教教义和宗教力量终于屈从于传统儒学。加上中国实用理性所包容的怀疑论精神,使中国知识分子可以不断地从思想上批评和对抗那种种狂热的非理性的宗教膜拜,而最终由宋明理学把汉代这种外在权威的宇宙法规转化为道德自觉的心性理论,由宇宙图式的客观性变为伦理本体的主体性后,便取得了对佛教的理论胜利。宋明理学如同秦汉宇宙图式一样,它本身虽然不是宗教,却包容有宗教性的内容,具有某种宗教性的性能作用,所以也不需要另外的宗教了。孔子说,"鸟兽不可与同群,吾非斯人之徒与而谁与?"①董仲舒说:"春秋之所治,人与我也……,以仁安人,以义正我。"②这些都指明:人之不同于动物在于能为同类作自觉贡献,在于对自己尽道德责任(义),对别人同情、爱护(仁);因此,个体存在的意义既不在于自身,也不在于与神交通;既不在肉体或精神的享乐,也不在来世或超度,而即在此现世人生中,在普通生活中,在"伦常日用"中,在"人—我"关系中。这个"人—我"关系不是近代资本主义中的原子式的个人,在中

---

① 《论语·微子》。
② 《春秋繁露·仁义法》。有意思的是,在董仲舒这里可说是"仁外义内",与孟子和宋明理学颇不相同,这正好表现了宇宙系统论与心性伦理学的差异。

国古代，它被看做一个有严密亲疏从而爱有差等的组织系统，把这个组织系统完整化并提到"天人感应"的宇宙论高度，这就是以董仲舒为代表的秦汉思想的主干特色（说"主干"是因为还有如王充等别的一些思想和思潮）。以前的孔子仁学主要是氏族贵族"以身作则"的道德论，到汉代就成了"天人感应"的帝国秩序的宇宙论了。它在意识形态和科学文化两个方面都上升了一级，也为下一步魏晋本体论和宋明心性论作了理论上的足够储备。对于包括董仲舒哲学在内的秦汉思想，从这样一个角度去观察了解，也许更能明白它的历史的意义所在。

（原载《中国社会科学》1984年第2期）

庄玄禅宗漫述

《史记》老庄申韩同传。把老子韩非放在一起还好说,因为它们都是社会政治哲学①,并在讲阴谋权术上有承接处。把庄子②搁在中间,则似乎总有点别扭。庄与老有接近连续关系,但基本特征并不相同。老子是积极问世的政治哲学;庄子则是要求超脱的形而上学。与老子以及其他哲人不同,庄子很少真正讲"治国平天下"的方略道理,他讲的主要是齐物我、同生死、超利害,养身长生的另外一套。

但《史记》把庄子放在老、韩一起,又有其充分理由。《庄子》中有许多关于社会政治的愤激之言。在这方面,庄与老确又是一脉相承的:毁仁义,抨儒墨,主张"绝圣弃知",返乎原始,"要本归于老子之言"。因之,在以政治哲学为头等主题,真正思辨和情感的形而上学尚未流行的秦汉时代,司马迁把庄子与老、韩放在一起,并只举《庄子》外杂篇如《渔父》、《盗跖》、

---

① 参看《孙老韩合说》。
② 本文所讲庄子是就《庄子》全书作为一个学派而言,不谈其中的差异、矛盾(如对孔子的态度)、先后以及儒、法思想渗入诸问题。

《胠箧》作为代表而不及庄之为庄的内篇，也就是完全可以理解的了。

但是，后世士大夫知识分子却多半喜欢它的内篇①。《庄子》内篇中的思想对后来中国佛教禅宗的产生有关系，它在中国文艺发展上更产生了重要的影响，今日国外也有学人比庄子于存在主义②。所有这些都说明，庄之为庄确有其与其他哲学相区别的深刻特色，不同于儒、墨、老、韩的社会政治哲学，不同于秦汉的宇宙论哲学。以庄、禅为代表，追求理想人格和人生境界的本体论哲学，构成了中国思想发展中的另一个重要方面。

一　庄子的哲学是美学

然而，任何人都并不能完全超越或脱离时代，《庄子》内篇与外篇之所以基本上能构成一个整体，《庄子》中的那些"洸洋自恣以适己"似乎远离现实的思想言辞，那些似乎超时代的纯哲理的人生思辨和处世智慧，又仍然是生长在庄子以及后学所属的那个时空环境中和现实土壤上的。

那是一个天崩地坼、"美好"的旧社会彻底瓦解，残酷的新制度已经来临的时代。就是说，保存着氏族传统的经济政治体制的早期宗法社会已经崩溃，物质文明在迅速发展，历史在大踏步地前进，生产、消费在大规模地扩大，财富、享受、欲望在不断积累和增加，赤裸裸的剥削、掠夺、压迫日益剧烈。"无耻者

---

① 王夫之《庄子解》："内篇虽与老子相近而别为一宗，以脱卸其矫微权诈之失。外篇则但为老子作训诂，而不能探化理于玄微。"
② 如福永光司《庄子：古代中国的存在主义》。

富,多信者显"①,贪婪无耻,狡黠自私,阴险毒辣……,文明进步所带来的罪恶和苦难怵目惊心,从未曾有。人在日益被"物"所统治,被自己所造成的财富、权势、野心、贪欲所统治,它们已经成为巨大的异己力量,主宰、支配、控制着人们的身心。

于是,庄子发出了强烈的抗议!他抗议"人为物役",他要求"不物于物",要求恢复和回到人的"本性"。这很可能是世界思想史上最早的反异化的呼声,它产生在文明的发轫期。今日为哲学史家所批评的庄子那些落后、反动、倒退的社会政治思想,其实质都在此处。

> 昔者黄帝始以仁义撄人之心,尧舜于是乎股无胈,胫无毛,以养天下之形。愁其五藏以为仁义,矜其血气以规法度,然犹有不胜也。尧于是放讙兜于崇山,投三苗于三峗,流共工于幽都,此不胜天下也。夫施及三王而天下大骇矣。下有桀、跖,上有曾、史,而儒、墨毕起。于是乎喜怒相疑,愚知相欺,善否相非,诞信相讥,而天下衰矣……②

不但"仁义"要不得,而且技术的进步也是要不得的:

> 夫弓弩毕弋机变之知多,则鸟乱于上矣;钩饵网罟罾笱之知多,则鱼乱于水矣;削格罗落罝罘之知多,则兽乱于

---

① 《庄子·盗跖》,用陈鼓应《庄子今注今译》本,中华书局,1983年。下同。
② 《庄子·在宥》。

泽矣……①

　　子贡曰，有械于此，一日浸百畦，用力甚寡而见功多……为圃者忿然作色而笑曰，吾闻之吾师，有机械者必有机事，有机事者必有机心。机心存于胸中则纯白不备。……吾非不知，羞而不为也。②

　　那么，怎么办？答案是回到最原始的远古社会里去：

　　当是时也，山无蹊隧，泽无舟梁……同与禽兽居，族与万物并……民居不知所为，行不知所之，含哺而熙，鼓腹而游③。卧则居居，起则于于，民知其母，不知其父，与麋鹿共处，耕而食，织而衣，无有相害之心，此至德之隆也④。

　　这自然是对原始生活的极端美化的空想。历史上好些批判近代文明的浪漫派思想家们，从卢梭到现代浪漫派都喜欢美化和夸张自然（无论是生理的自然，还是生活的自然），认为"回到自然"才是恢复或解放"人性"。比起他们来，庄子应该算是最早也最彻底的一位。因为他要求否定和舍弃一切文明和文化，回到原始状态，无知无识，浑浑噩噩，无意识，无目的，"居不知所为，行不知所之"，"生而不知其所以生"，像动物一样。庄子认为，只有那样，才能得到真正的幸福。

---

① 《庄子·胠箧》。
② 《庄子·天地》。
③ 《庄子·马蹄》。
④ 《庄子·盗跖》。

但历史并不随这种理论而转移。从整体来说，历史并不回到过去，物质文明不是消灭而是愈来愈发达，技术对生活的干预和在生活中的地位，也如此。尽管这种进步的确付出了沉重的代价，但历史本来就是在这种文明与道德、进步与剥削、物质与精神、欢乐与苦难的二律背反和严重冲突中进行，具有悲剧的矛盾性；这是发展的现实和不可阻挡的必然。正像当年马克思、恩格斯深刻论述过的资本主义在历史上的进程那样。因之，庄子（以及后世一些批判文明的进步思想家们）的意义，并不在于这种"回到自然去"的非现实的空喊和正面主张，而在于它们揭露了阶级社会的黑暗，描述了现实的苦难，倾诉了人间的不平，展示了强者的卑劣。庄子许多否定性的言词论断，例如著名的"彼窃钩者诛，窃国者为诸侯，诸侯之门而仁义存焉"①之类的警句，不是异常深刻尖锐，至今也保持其批判的生命力而发人深省么？

庄子在这种文明批判中更为重要的独特处，例如与老子大不相同的地方，在于他第一次突出了个体存在。他基本上是从人的个体的角度来执行这种批判的。关心的不是伦理、政治问题，而是<u>个体存在</u>的<u>身</u>（生命）<u>心</u>（精神）问题，才是庄子思想的实质。

> 故尝试论之，自三代以下者，天下莫不以物易其性矣。小人则以身殉利，士则以身殉名，大夫则以身殉家，圣人则以身殉天下。故此数子者，事业不同，名声异号，其于伤性，以身为殉，一也。……伯夷死名于首阳之下，盗跖死利

---

① 《庄子·胠箧》。

于东陵之上,二人者,所死不同,其于残生伤性均也。①

今世俗之君子,多危身弃生以殉物,岂不悲哉②。

一受其成形,不化以待尽。与物相刃相靡,其行进如驰而莫之能止,不亦悲乎!终身役役而不见其成功,苶然疲役而不知其所归,可不哀邪!人谓之不死,奚益?其形化,其心与之然,可不谓大哀乎?人之生也,固若是芒乎?③

庄子深深悲叹人生一世劳碌奔波,心为形役,空无意义,有生如此,等于死亡。尽管从大夫到小人,从盗贼到圣贤,他们各为不同的外物所役使,或为名,或为利,或为家族,或为国事,而奋斗,而牺牲;但他们作为残害自己个体的身体生命,作为损害自己个体的自然"本性",则完全相同,是同样可悲的,都是"人(个体的身心)为物(社会化的各种存在)役"的结果。

有些学者曾认为庄周就是杨朱。因为他们都贵生,强调要珍视生命存在。人不要为种种"身外物"(不管是名利财产还是仁义道德)所役使,那些东西都没有用处,没有价值,没有意义,只有人活着,才是真实的,"故曰,道之真以治身"④。庄子那个"吾将处于材与不材之间"的有名故事,以及《养生主》中所说,"为善无近名,为恶无近刑……可以保身,可以全生"等等,都表现了庄子"保身全生"即保全生命的根本主张。

① 《庄子·骈拇》。
② 《庄子·让王》。
③ 《庄子·齐物论》。
④ 《庄子·让王》。

这固然是"今世殊死者相枕也，桁扬者相推也，刑戮者相望也"①，"方今之时，仅免刑焉"②的动乱社会的现实恐惧的反映；但从理论说，意识到人作为血肉之躯的存在与作为某一群体（家、国……）的社会存在以及作为某种目的（名、利……）的手段存在之间的矛盾与冲突，却是古代思想史上一个重要的发现。这里也就生发出什么才是人的"真实"存在，什么才算是人的"本性"的问题，也生发出人如何才能不被外在环境、条件、制度、观念等等所决定、所控制、所支配、所影响即人的"自由"问题。庄子从个体角度最早接触了这个巨大问题，这就是他的哲学主题所在。

当然，庄子既不可能理解也不可能准确地提出这个问题。人类文明史的进程中必然存在异化，想要一跃而跳过某一整个历史时期，要求"回复"或"恢复"人的自然"本性"，从而回到"自由"的远古时期去，像庄子那样，实际是要求立即消灭一切文明以及人类生产和生活，过动物般的浑浑噩噩无知无识的生活，却是现实地不可能的，这只是开历史的倒车而已。因为所谓人的"本性"、"独立"、"自由"和所谓人的"真实存在"，都只能是历史具体的。自然性并不就是"人的本性"，动物性的个体自然存在也并不自由。动物性的自然生存并非人的自由理想。同时，个体的人作为自然躯体也总是要死的，保身并不能永生。

---

① 《庄子·在宥》。
② 《庄子·人间世》。保全生命也是儒家一贯思想，"邦有道，危言危行；邦无道，危行言逊"（《论语》），"国有道，其言足以兴；国无道，其默足以容"（《中庸》）。

这一点庄子自然知道①。从而，如何超脱苦难世界和越过生死大关这个问题，正由于并不可能在物质世界中现实地实现，于是最终就落脚在某种精神——人格理想的追求上了。个体存在的形（身）神（心）问题最终归结为人格独立和精神自由，这构成庄子哲学的核心。

庄子为塑造这个理想人格而竭力张大其词，极尽夸张描绘之能事。从《逍遥游》中的那许多飘飘然的美丽的形象故事，到所谓"至人""真人""神人"的高级称谓的提出，表明这才是庄子所要追求的东西。庄子对这个理想人格的追求，是通过对"道"的论证来展开和达到的。这就是他的本体论的哲学。

"道"在庄子哲学中是一个异常复杂的概念。哲学史家们关于它有许多争论。有的解释"道"是精神，有的却认为是物质，有人又判断它为上帝。有的说"道"是客观的，有的说"道"是主观的……。总之它的特征似乎是无所不在而又万古长存。它先于天地，早于万物，高于一切，包括高于鬼神、上帝、自然、文明，它是感官所不能感知，思辨所不能认识，语言所不能表达，而又能为人们所领会所通晓。它无意志，无愿欲，无人格，无所作为，而又无所不为。庄子说：

> 夫道，有情有信，无为无形，可传而不可受，可得而不可见；自本自根，未有天地，自古以固存；神鬼神帝，生天生地；在太极之上而不为高，在六极之下而不为深，先天地

---

① 关于庄子有否神仙家思想问题，本文暂不涉及。亦可参阅 Herrlee G. Creel, *What is Taoism*, Creel 过分强调成仙（生死）与哲学沉思的矛盾，而未注意它们正好在庄子所追求的人格问题上统一了起来。

生而不为久，长于上古而不为老。①

所谓道，恶乎在？庄子曰：无所不在……道不可闻，闻而非也；道不可见，见而非也；道不可言，言而非也！知形形之不形乎！道不当名。……道无问，问无应。②

这是一个充满了神秘感的无限实体。那么这个实体的特征是什么呢？

老子曾说，"道法自然"；"失道而后德，失德而后仁"；"为道者日损，损之又损，以至于无为。"等等……在这里，老庄的"道"又确乎是一致的。就是说，"道"的特征在于自自然然，毫不作为。所以，它在一切之上又在一切之中。这正是人所应该崇拜学习的：

吾师乎！吾师乎！齑万物而不为义，泽及万世而不为仁，长于上古而不为老，覆载天地、刻雕众形而不为巧，此所游已！③ 夫天籁者，吹万不同，而使其自已也。咸其自取，怒者其谁邪？④

一切事物都是有生死始终的，都局限在一定具体的时空范围内。只有这个"道"是超越这一切的。它无始终，无生死，无喜怒，无爱恶。它表现为万物的自生自化，它自身也就在这万物之

---

① 《庄子·大宗师》。
② 《庄子·知北游》。
③ 《庄子·大宗师》。
④ 《庄子·齐物论》。

中。"天不得不高，地不得不广，日月不得不行，万物不得不昌，此其道与。"①所以它是一切，而一切也即是这个"一"。

值得指出的是，这个充满了泛神论色彩的本体论在庄子哲学中并非真正的宇宙论。庄子的兴趣并不在于去探究或论证宇宙的本体是什么，是有是无，是精神是物质；也不在于去探究论证自然是如何生成和演化……。这些问题在庄子看来毫无意义。他之所以讲"道"，讲"天"，讲"无为"、"自然"等等，如同他讲那么多"谬悠之说，荒唐之言，无端崖之辞"②，讲那么多的寓言故事一样，都只是为了要突出地树立一种理想人格的标本。所以他讲的"道"并不是自然本体，而是人的本体。他把人作为本体提到宇宙高度来论说。也就是说，它提出的是人的本体存在与宇宙自然存在的同一性。

在庄子看来，这个人的本体存在，由于摆脱了一切"物役"从而获得了绝对自由，所以它是无限的。他"物物而不为物所物"，他能作逍遥游，"背负青天，而莫之夭阏者"。他"无所待"，不受任何现实关系的规定、束缚、限制，从而"大泽焚而不能热，河汉冱而不能寒，疾雷破山而不能伤，飘风振海而不能惊。若然者，乘云气，骑日月，而游乎四海之外，死生无变于己，而况利害之端乎"！③连生死都对他无影响，更何况利害？更何况种种世俗"尘垢"？而这就是"至人"、"真人"、"神人"、"大宗师"——一句话，即庄子的理想人格。所以，我倒同意一本不被人注意的哲学史中表达的这种传统论断："庄子真实学问

---

① 《庄子·知北游》。
② 《庄子·天下》。
③ 《庄子·齐物论》。

在大宗师一篇。所谓大宗师,何也?曰道也。明道也,真人也,大宗师也,名虽有三,而所指则一也。特以其本体言之,则谓之道。以其在人言之,则谓之真人,谓之大宗师耳。庄子惟得乎此,故能齐生死,一寿夭,而万物无足以撄其心者。……皆当生死之际而安时处顺,哀乐不入。……今人谈庄子,不与此等处求之……抑所谓弃照乘之珠而宝空楼者,非欤?"①

本体论如此,认识论亦然,也是为了论证这个独立自足、绝对自由的无限人格本体的。庄子的相对主义、虚无主义、不可知论,都是为了指明一切具体事物的存在、变化,包括所谓有无、大小、是非等等,都是有限的、局部的、不确定和无意义的,不必去深究探讨,否则将只是可笑的徒劳。因为"天地与我并生,万物与我为一",本是一个混沌、完全、齐备的整体("道""一""全"),如果硬要分出有无、是非、大小等等来认识,弄出种种区别,就会失去了那真实的本体存在。"故分也者,有不分也;辩也者,有不辩也";"夫大道不称,大辩不言,大仁不仁……"②,各种知识都是局部、相对、有限而不真实的。真实的"知",正是"知止其所不知"。它是不能用语言、概念、判断、逻辑而只能用直接的体验才可以把握和达到。"夫知者不言,言者不知,故圣人行不言之教"③;"孰知不言之辩,不道之道?若有能知,此之谓天府。注焉而不满,酌焉而不竭,而不知其所由来,此之谓葆光"④。总之,无论本体论或认识论,庄子

---

① 钟泰:《中国哲学史》,第43页,商务印书馆,1929年。
② 《庄子·齐物论》。
③ 《庄子·知北游》。
④ 《庄子·齐物论》。

都要求人应该仿效自然事物,既无知识又无愿欲,任凭那无意识无目的而又合规律的客观过程自然运行,庄子认为只有这样才合乎"道"。"古之真人,不知说生,不知恶死;其出不䜣,其入不距;翛然而往,翛然而来而已矣……是之谓不以心损道,不以人助天,是之谓真人"①。"何谓天?何谓人?北海若曰:牛马四足,是谓天;落马首,穿牛鼻,是谓人。故曰,无以人灭天"②。一切人为,一切人的有意识有目的活动、认识、思虑、打算,都只是对"道"的损伤。"道"是"天",是"一",是"全",是"混沌"整体;"人(为)"是"偏",是"亏",是"分",是"日凿一窍,七日而混沌死"。

那么,怎样才能现实地达到这个与"道"同体的理想人格呢?既然"道"是"无为",是顺应自然,那么人就应该"安时而顺处",对一切都无所谓:"呼我牛也而谓之牛,呼我马也而谓之马"③,"不乐寿,不哀夭;不荣通,不丑穷"④,"知其不可奈何而安之若命,德之至也"⑤,"生死存亡,穷达贫富,贤与不肖毁誉,饥渴寒暑,是事之变,命之行也"⑥,这也就是听天由命,毫不作为。可见,既然不主张通过活动去改变生死、存亡、贫富、毁誉等等现实的限制和束缚,那么人的所谓"绝对自由"、"独立自足",便都不存在于现实生活和社会行为的有意识的选择和主动活动中;从而这种所谓"自由""自足"和"超

---

① 《庄子·大宗师》。
② 《庄子·秋水》。
③ 《庄子·天道》。
④ 《庄子·天地》。
⑤ 《庄子·人间世》。
⑥ 《庄子·德充符》。

越"世俗尘垢,实质上不过是一种心理的追求和精神的幻象而已。庄子是通过"心斋""坐忘"等等来泯物我、同死生、超利害、一寿夭,而并不是通过主动选择和现实行动来取得个体独立的。著名的庄周蝴蝶寓言和同样著名的庄子妻死鼓盆而歌的故事,都在点明,所谓梦、醒和死、生,是可以从精神上予以超越的。把梦醒生死加以确定、区别和规范,是执著于不真实的现象的片面,被不真实的外在的有限事物所束缚、所局限住了,心灵没有得到解放。只有从心理上完全泯灭它们,视同一体,"恶识所以然,恶识所以不然","不知周之梦为蝴蝶欤?蝴蝶之梦为周欤?"①这才与整个自然、整个宇宙合而为一,"未始有物,与道同一",这才能体验到真正的生命秩序。这才是"安时而处顺,哀乐不能入"。这才是能"入水不濡,入火不热"、"御六气之变以游无穷"的"至人"、"真人"、"神人"。而这,也就是庄子哲学的最后制高点。

庄子以这种精神状态作为理想人格的本质特征,并以神秘的"心斋"、"坐忘"、"形如槁木,心如死灰"、"嗒焉似丧其耦"以及种种丑陋形貌来描述其外在状态,目的都在强调要把一切为仁为义为善为美为名为利等等所奴役、所支配、所束缚的"假我"、"非我"统统舍弃掉。只有"吾丧我",才能达到或取得真吾(我)。这种"真我"才是如宇宙那样自自然然地让合规律性与合目的性融为一体,主观即客观,规律即目的,人即自然。这也就是"道"。所以,庄子所追求的最高理想并不是某种人格神;它所描述和追求的只是具有这种心理—精神的理想人格。庄子哲学并不以宗教神灵为依归,而毋宁以某种审美态度为指

---

① 《庄子·齐物论》。

向。就实质说，庄子哲学即美学①。他要求对整体人生采取审美观照态度：不计利害、是非、功过，忘乎物我、主客、人己，从而让自我与整个宇宙合为一体。所谓"天地有大美而不言"②，所谓"无不忘也，无不有也，澹然无极而众美从之"③，都是讲的这个道理。所以，从所谓宇宙观、认识论去说明理解庄子，不如从美学上才能真正把握住庄子哲学的整体实质。

正因为是美学而非宗教，所以庄子并不要去解决个体对死亡的恐惧与哀伤，也并不追求以痛苦地折磨现世身心生存来换取灵魂的解救与精神的超越。庄子并不像西方的基督教或近代的陀思妥耶夫斯基（Dostoevsky）或基尔凯戈尔（Kierkegaard），他也不像佛教那样否定和厌弃人生，要求消灭情欲。相反，庄子是重生的，他不否定感性。这不仅表现在前述的"保生全身"、"不夭斤斧"和"安时处顺"等方面，而且也表现在庄子对死亡并不采取宗教性的解脱而毋宁是审美性的超越上。他把死不看做拯救而当做解放，从而似乎是具有感性现实性的自由、快乐。"死，无君于上，无臣于下；亦无四时之事，从然以天地为春秋，虽南面王乐，不能过也"④。这虽然是寓言，但强调的仍然是"乐"。这种"乐"虽已不是世俗的各种感性快乐，但又并没有完全脱离感性的"乐"。故意舍弃和否定感性快乐以寻找超验，强调通过痛苦（感性快乐的反面）才能获得"神宠"达到"至乐"，这是一种有为，是恰恰和庄子哲学相矛盾的。庄子追求、塑造和树立的

---

① 参看李泽厚、刘纲纪《中国美学史》第1卷。该处讲庄子较详，本文从简。
② 《庄子·知北游》。
③ 《庄子·刻意》。
④ 《庄子·至乐》。

是一种自自然然的一死生、泯物我、超利害、同是非的对人生的审美态度,认为这就是"至乐"本身,尽管"形如槁木,心如死灰"。

所以,表面来看,庄、老并称,似乎都寡恩薄情;其实庄、老于此有很大区别。老子讲权术,重理智,确乎不动情感;"天地不仁,以万物为刍狗;圣人不仁,以百姓为刍狗。"庄子则道是无情却有情,外表上讲了许多超脱、冷酷的话,实际里却深深地透露出对人生、生命、感性的眷恋和爱护。这正是庄子的特色之一;他似乎看透了人生和生死,但终于并没有舍弃和否定它。"与物为春"①,"万物复情"②,"喜怒通四时,与物有宜而莫知其极"③,"与天和者,谓之天乐"④……谈"春"、说"情"、重"和",都意味着并不把自然、世界、人生、生活看做完全虚妄和荒谬。相反,仍然执著于它们的存在,只是要求一种"我与万物合而为一"的人格观念。庄子对大自然的极力铺陈描述,他那许多瑰丽奇异的寓言故事,甚至他那洸洋自恣的文体,也表现出这一点。比较起来,在根本气质上,庄子哲学与儒家的"人与天地参"的精神仍然接近,而离佛家、宗教以及现代存在主义反而更为遥远。

所以,以庄子为代表的道家,实际上是对儒家的补充,补充了儒家当时还没有充分发展的人格——心灵哲学,从而也在后世帮助儒家抵抗和吸收消化了例如佛教等外来的事物和理论,构成

---

① 《庄子·德充符》。
② 《庄子·天地》。
③ 《庄子·大宗师》。
④ 《庄子·天道》。

中国传统的文化—心理结构中的一个很重要的方面。当然，庄子哲学认为人的有意识有目的的生存活动竟完全可以如同大自然那样无意识无目地自然运行，这是完全空想的；从而它所提出的绝对自由的理想人格，如前所述，便只能是一种虚构。因为个体的人的真正身心自由来自人类集体在实际上支配事物的必然性并使自然人化的结果。庄子所采取的所谓"超越"，恰好是对物的必然性（包括所产生的各种"物役"现象的历史必然性）的逃避，这实际不可能成功。

二　人格本体论

虽然就整体说，庄子哲学在以征服外在环境、以社会生产发展和世俗生活丰满为特色的秦汉时期，看不到多少重要影响，似乎被沉埋起来，直到魏晋时期才被重新发现；但有一点仍值得注意，即自先秦到魏晋、在两汉也始终未断的养生学说与庄子的关系。王夫之《庄子解》注解《养生主》中"缘督以为经"说，"身前之中脉曰任。身后之中脉曰督。……缘督者，以清微纤妙之气，循虚而行，止于所不可行而行自顺"等，这就是从医学角度来解释的。"任""督"二脉的运行理论是讲究养生保身的中医气功的要领，直到今天仍然如此。庄子在《养生主》等许多篇章中所讲到的许多养生道术，以及所谓"心斋"、"坐忘"、"至人之呼吸以踵"之类，恐怕与气功中的集中意念以调节呼吸等等有关。从马王堆出土的导引图等等可以推知，这一套在汉代社会中也是相当流行的。

绵延到六朝，如《抱朴子》，外篇讲儒家治国平天下的一套，内篇却大讲修炼、长生、登仙。这时的庄子哲学大概已经与秦汉以来的神仙家、民间道教系统混杂在一起了。对长生、成仙等等的肯定和追求，一方面固然是对庄子哲学的庸俗化①，因为庄子哲学的精神并不在此。但同时又可以说是庄子讲的"养身全生"思想在医学、生理学上的发展和"落实"。

这种养生理论与例如内经——汉代思想不同处在于：后者以一套整体宇宙论系统为背景和基础，前者却主要以单个人体为对象和目标；后者的精神和主干是儒家，前者是道家——庄子。但是，由于同作为中国的医学生理学，又仍有其共同思想基础，它们二者很快就融合在一起了。这种合流也有它的渊源。早在先秦，孟子的"我善养吾浩然之气"等等，与庄子就可以有相通之处。只是儒家与五行说相联系终于在汉代构造成庞大宇宙论体系，庄子则始终以个体身心为中心，认为只要个体完善了，自由了，天人关系和人际关系自然没问题。儒家是从人际关系中来确定个体的价值，庄学则从摆脱人际关系中来寻求个体的价值。

所以庄子在魏晋之际突然大流行，是很自然的事。当时，旧的规范制度和社会秩序已经崩溃，战乱频仍，人命如草，"正是对外在权威的怀疑和否定，才有内在人格的觉醒和追求。也就是说，以前所宣传和相信的那套伦理道德，鬼神迷信，谶纬宿命，烦琐经术等等规范、标准、价值，都是虚假的或值得怀疑，它们并不可信或并无价值，只有人必然要死才是真的，只有短促的人生中总充满那么多的生离死别、哀伤不幸才是真的。"②于是要

---

① 这只是就理论层次说的。《抱朴子》中如"得仙道者，多贫贱之士，怙势位之人"，"夫有道者，视爵位如汤镬，见印绶如缞绖，视金玉如粪土，睹华堂如牢狱……"（《抱朴子·论仙》），则仍然是继承庄子，与郭象不同，见后。
② 参阅拙作《美的历程》第五章第一节。

求彻底摆脱外在的标准、规范和束缚,以获取把握所谓真正的自我,便成了魏晋以来的一种自觉意识。桓温问殷浩,"卿何如我?殷云,我与我周旋久,宁作我"①。对自我第一的肯定,对外在标准(包括权势名利)的卑视,不管实际是否做到,在当时哲学上却非常重要。人(我)的自觉成为魏晋思想的独特精神,而对人格作本体建构,正是魏晋玄学的主要成就。

在这意义上,玄学便是庄学。诚然,何(晏)王(弼)在建立"以无为本"的本体理论时,主要取源于老而不及庄。并且仍然以儒学为宗,孔仍在老之上。真正从理论上和行动上反儒崇庄的,应推嵇(康)阮(籍)。正是他们使庄学在中国意识形态上留下了不可磨灭的印痕。不但所谓竹林传说对当时及后代起了很大影响,而且他们的确比较忠实地继承和现实地表现了庄学。当然,就是他们,对儒学态度也非常矛盾复杂:尽管"非汤武而薄周孔"(嵇),"汝君子之处寰区之内,亦何异夫虱之处裈中乎"(阮),有如鲁迅所言,"因为他们生于乱世,不得已,才有这样的行为,并非他们的本态"②。但有一点却又是他们的本态,即对庄子所描述的思想人格的向慕。他们把这种人格看做是最高标准,是与一切世俗常人迥相区别的"大人":"夫大人者,乃与造物同体,天地并生,逍遥浮世,与道俱成,变化散聚,不常其形。"③

这里重要的是,他们一方面服药行散以求长生,追求形(身体)的成仙,而同时又重视养形必须养神,更求神(心灵)的超

---

① 《世说新语·品藻第九》。
② 《而已集·魏晋风度及药与酒的关系》。
③ 《阮籍集·大人先生传》。

脱。"养生在于养神者见于嵇康,则超形质而重精神"①。形神问题之所以自这时起占据哲学("形神之辨")和艺术("以形写神")的中心,是与此有关的。在庄子那里,本已有"神以守形"、养神以全生保身的理论,加上从《人物志》以来用观察神形以品议人物的社会风尚和政治标准,使得对个体人格(包括形神两个方面,而以后者为主)的追求和标榜,成为哲学论议的主题。为司马迁所推重的庄学的政治批判方面也在这个时期相配合地得到了继承和发展,例如嵇、阮的"无君臣"的观念以及鲍敬言的无君论等等。尽管比起形神问题,它们处于次要地位。

如果从理论倾向和哲学深度讲,则应该把嵇、阮的庄学与何、王的老学联结起来。何、王的老学已经不同于老子原本,他们所主张的"以无为本",是要求从种种具体的、繁杂的、现实的从而是有限的、局部的"末"事中超脱出来,以达到和把握那整体的、无限的、抽象的本体。这个真实本体是任何语言、概念、形象、思虑所不可穷尽的。人们只是借这些东西以体验和把握它,既把握了它,则这些东西便可以舍弃和忘掉;并且只有舍弃和忘掉,才可能真正最终达到那个本体。因为有言则有分,"有分则失其极矣","予欲无言,盖欲明本。举本统末,以示物于极者也。……是以修本废言,则天而行化。"②"道者,无之称也,无不通也,无不由也。况之曰道,寂然无体,不可为象。是道不可体,故但志慕而已。"③王弼等人是从儒家治理天下的角

---

① 汤用彤:《魏晋玄学和文学理论》,《中国哲学史研究》1981年第1期,第38页。
② 《王弼集校释》,第633页,中华书局,1980年。
③ 同上书,第624页。

度来谈论这个本体的,他们认为这个本体之所以重要正是因为它是统治的理论:"夫众不能治众,治众者,至寡者也。夫动不能制动,制天下之动者,贞夫一者也。"①这也就是说,不应再以汉代那种繁复运转的宇宙论系统图式,而应以这个可以包容一切、"无为而无不为"的"道""一"来作为统治天下的理论基础。

但重要的是,这个"无"的本体,与其说是宇宙的本体,又不如说是人格的本体。与庄子哲学一样,玄学实际上是用人格的本体来概括、统领宇宙的。魏晋玄学的关键和兴趣并不在于去重新探索宇宙的本源秩序、自然的客观规则,而在于如何从变动纷乱的人世、自然中去抓住根本和要害,这个根本和要害归根结底是要树立一个最高统治者的"本体"形象。所以尽管玄学讲了许多有无、本末、言意、形神……,但问题的核心仍然是如何才能成为统治万方的"圣人"。而王弼之所以高于何晏,也在于:"何晏以为圣人无喜怒哀乐……弼与不同,以为圣人茂于人者,神明也;同于人者,五情也。神明茂,故能体冲和以通无;五情同,故不能无哀乐以应物。然则圣人之情,应物而无累于物者也。"②这不正是庄子的"应物无方"的政治运用么?可见,王弼之区分"本"与"末"、"一"与"多"、"静"与"动",强调把纷繁多样、运动变化的现象世界与虚静而一的本体世界划分开来,目的并非解说或针对宇宙、自然,而主要是在探索和树立某种作为能主宰、支配、统治万事万物的社会政治上的理想人格("圣人")。这种人格("性"、本体)由于具有潜在的无限可能性,

---

① 《王弼集校释》,中华书局,1980年,第591页。
② 同上书,第640页。

从而就可以展开、呈现为多样的现实性。他就能"应万物而不为物所累",可以日理万机而仍恰然自适,他无为而无不为。因为"外在的任何功业、事物都是有限和能穷尽的,只有内在精神本体才是原始、根本、无限和不可穷尽,有了后者(母)就可以有前者(子)"①。这也就是所谓只有"圣人"才能"体无"的真实含意。"无为"本是道家早有的"君人南面之术"②,王弼把这一政治理论提到了哲学本体论的高度上。所以说,魏晋玄学中的"无"的主题恰恰是人的探索。可见,王、何的老学与嵇、阮的庄学,尽管并不相同,一是社会政治的统治理想,一是个体形神的超脱理想,但在建立理想人格这一根本主题上却又是相同的。它们构成了同一思潮。

人格主题是"无"的哲学本质。其中一个值得注意之点是,无论嵇、阮或王弼,那个所谓"大人先生"或"体无"的"圣人"似乎寂然不动、冷漠之极,却又仍然充满感情。王弼承认"五情应物"并不妨碍其为"圣人";并且大概还只有能以"五情应物"而不累己,才能算是真正的"圣人"。而嵇、阮之重情,人所公认。有意思的是,重情恰好是与这种外表"寡情"的思辨哲学携手同行的共同思潮。《世说新语》有许多这类记载:"王子敬云,从山阴道上行,山川自相映发,使人应接不暇。若秋冬之际,尤难为怀","情之所钟,正在我辈","树犹如此,人何以堪"等等,等等。它们都相当明显地反映出"尚情"和情感问题在这一时期的突出。这不但使从《文赋》到《诗品》的文艺理论提出了"诗缘情"的新美学观念,而且也渗透在哲学思辨中了。

---

① 参看《美的历程》第5章第1节。
② 参看《孙老韩合说》。

这显然与当时社会的动乱苦难、外在束缚的减少有关。所以，如果不计细节，从总体来看，魏晋思潮及玄学的精神实质是庄而非老，因为它所追求和企图树立的是一种富有情感而独立自足、绝对自由而无限超越的人格本体。

玄学另一阶段也是另一方面，便是向秀、郭象的《庄子注》。他们之不同于何王、嵇阮，前人论之已详。其特征是扭转嵇、阮那种在政治思想、社会观念和人格理想上全面地以庄排儒的倾向。郭象自己说得明白，他之全面地重新解释庄子，目标就在"明内圣外王之道"①，要把内圣（理想人格）与外王（社会政治的统治秩序）统一起来，所以郭在政治上强调有君虽有害，却比无君好；在社会秩序上，郭肯定"尊卑有别"，"故知君臣上下手足内外乃天理自然"；这就是说，传统儒家的伦常规范即是庄子的自然之道。在理想人格上，他所解释的《逍遥游》，更具典型意义。他认为庄子讲的大鹏与小鸟的寓言，并不在把高举远慕遨游九天作为理想人格；恰好相反，他认为庄子要讲的是大鹏与小鸟飞虽不同，有远有近，有大有小，但都同样可以是逍遥，并无优劣可分："夫小大虽殊，而放于自得之场，则物任其性，事称其能，各当其分，逍遥一也。岂容胜负于期间哉。"②这种解释与庄子哲学中本有的"顺时而应世"、"曳尾于泥中"、"处材不材之间"联结起来，于是所谓理想人格便只是服从世俗，顺应环境，"游外者依内，离人者同俗"，"圣人未尝独异于世，必与时消息，故在皇为皇，在王为王，岂有背俗而用我哉"③。郭象

---

① 《庄子·序》。
② 《庄子·逍遥游注》。
③ 《庄子·天地注》。

认为穿牛鼻络马首而为人用，也仍然是天性自然："人之生也，可不服牛乘马乎？服牛乘马，可不穿落之乎？牛马不辞穿落者，天命之固当也。苟当乎天命，则虽寄之人事，而本在乎天也。"①这很明显是与庄子原意唱反调了②。庄子要超脱人事，复归自然；郭象却要肯定人事，认为人事本身就是自然。"所谓无为之业非拱默而已；所谓尘垢之外，非伏于山林也"③，"臣能亲事，主能用臣；斧能刻木，而工能用斧；各当其能，则天理自然，非有为也。……故各司其任，则上下咸得，而无为之理至矣"④，肯定现存社会、伦理、政治、人际秩序都是合理的，应该去顺应"合俗"。只有这样，才是真逍遥，因为这样才真是做到了"应物而不累于物"。对统治者的"圣人"来说，固然是"终日挥形而神气无变，俯仰万机而淡然自若"⑤。对老百姓来说，则是"理有至分，物有定极，各足称事，其济一也。若乃……营生于至当之外，事不任力，动不称情……不能无困矣"⑥。总之，"无为"即等于"顺有"；"乘天地之正"者，即是"顺万物之性"。而所谓"顺有"、"顺万物之性"，说穿了，也就是"顺"社会统治秩序所规定的"万物之性"，所以这是极为片面地发展了庄学中最庸俗虚伪的一面，完全失去了庄学中抨击现实揭露黑暗的批判精神，失去了像嵇康阮籍那种反抗性的进步意义。郭象同时抹杀了

---

① 《庄子·秋水注》。
② 汉代道家也曾以儒家有为来解释"无为"，但实质意义大不相同。详《秦汉思想简议》。
③ 《庄子·大宗师注》。
④ 《庄子·天道注》。
⑤ 《庄子·大宗师注》。
⑥ 《庄子·逍遥游注》。

王弼根据易、老提出的"无"的本体，否认去寻求本质现象区分的意义，一切都成为无本根无规律的偶然自生，这就在根本上不需要再去描绘、寻找、建树什么理想人格，而成为纯粹的混世主义、滑头哲学了。郭注长期被看做庄子本意，人们经常通过郭注而读庄，于是庄子哲学似乎也就成了影响极坏的陈垢秕糠。郭注虽在纯粹思辨方面确有成就，例如突出了偶然性范畴等等，但它对庄子的曲解却是其一个重要方面。

三 瞬刻永恒的最高境界

世所公认，禅是中国的产物①。佛教传入中国经历了许多变迁后，终于出现了以六祖慧能创始的南宗顿教，以后日益发展丰富②，成为具有鲜明特色的中国佛学禅宗。

这里当然不能叙介禅宗思想的由来始末以及"四料理"、"四宾主"、"五位君臣"、"夺境"、"夺人"等等细部，也不拟涉及禅宗与现实社会的功过得失。许多论著都谈过这些问题。有的肯定它在佛学范围内有冲破繁琐教义解放人心的进步作用，有的则痛斥他们是骗子、强盗，"从谂擅利口，天然工心计，禅门大师大抵属于这两类人"③。我以为，这两者都有相当根据，本文不拟重复。

这里所想粗略讨论的只是，从纯粹思想角度看，禅作为中国

---

① D.T.Suzuki（铃木大拙）、Jung、Erich Fromm 等。
② 《坛经》敦煌本与流行本相比，与其去责备后者之背离原作，似不如肯定后者正是某种发展。如"本来无一物，何处惹尘埃"显然比"佛性常清静，何处惹尘埃"要更为彻底和明畅。
③ 范文澜：《唐代佛教》，第80页，人民出版社，1979年。

产物，有些什么基本特征。

慧能是不识文字却能"悟道"的开山典范。他的主要教义之一便是"不立文字"，即不在思辨推理中去作"知解宗徒"。因为在他看来，任何语言、文字，只是人为的枷锁，它不仅是有限的、片面的、僵死的、外在的东西，不能使人去真正把握那真实的本体，而且正是由于执著于这种思辨、认识、语言，反而束缚了、阻碍了人们去把握。从上节庄子和玄学中，不难看到，这种思想中国早已有之，但禅宗把它进一步发展了。因为无论是庄子或玄学，还总是通过语言概念的思辨、讨论和推理来表达和论述的。尽管庄子有时用的是比喻、寓言，玄学用的是精巧的抽象，它们仍不脱语言、文字、概念、思维。禅宗后来要求连这些也彻底抛开，干脆用种种形象直觉的方式来表达和传递那些被认为本不可以表达和传递的东西。这种表达和传递既然不是任何约定的语言、符号，结果就变成一种特殊的主观示意了，它以十分突出的方式表现在所谓"公案"中。

    ……谒石头，乃问不与万法为侣者，是什么人？头以手掩其口，豁然有省。①

    问僧甚处来？僧曰近离浙中。师曰船来陆来？曰二途俱不涉。师曰争得到这里？曰有什么隔碍。师便打。②

    上堂僧问灵山，拈花意旨如何？师云：一言才出，驷马难追；进云：迦叶微笑意旨如何？师云：口是祸门。③

---

① 《指月录卷9·庞公》。
② 《五灯会元卷7·天皇·雪峰义存禅师》。
③ 《古尊宿语录》卷40。

"手掩口"者，不可言说也。"师便打"者，不可道破也。因一落言筌，便成谬误；若经道破，已非真实；是以"口是祸门"，驷不及舌。可见禅宗讲求的"悟"并非理智认识，又不是不认识，而只是一种不可言说的领悟、感受。所以禅宗公案充满了那么多的拳打脚踢。但是，传教又总不能完全逃避言语文字，否则毕竟很难交通传递，禅宗作为教派也不能存在和延续。"不立文字"却仍然需要依靠文字（语言），于是在"立"了许多文字、讲了许多"道理"之后，便特别需要用种种方式来不断指出它的本身不在文字，不断地揭示、提醒、指出人为的语言文字并不是真实本身，不能用它们去真正言说、思议和接近那真实的本体。这也就是在讲经布道之外，还有许多"公案"的来由。"公案"之于禅，最具典型性。

  乃白祖云：某甲有个会处。祖云：作么生？师云：说似一物即不中……①
  问如何是第一义？师曰：我向尔道是第二义。②
  ……藏门送之。问曰：上座寻常说三界唯心，万法唯识。乃指庭下片石曰：且道此石在心内在心外？师曰：在心内。藏曰：行脚人着什么来由，安片石在心头。③

"第一义"是不可言说的，所以"说似一物即不中"，"我向尔道"的已是"第二义"。如果执著于"三界唯心"等理论思

---

① 《五灯会元卷3·南岳怀让禅师》。
② 《五灯会元卷10·法眼·清凉文益禅师》。
③ 《五灯会元卷10·法眼·清凉文益禅师》。

辨，也等于心中安装了块石头，心中装块石头是沉重而很不舒服的（这公案还可有另解）。粘着于物，拘泥于即使是正确的语言文字和理论思辨，也同样如此。它们恰恰违反了真空自性。

　　乌龙长老访冯济川说话次，云：昔有官人问泗州大圣师何姓？圣曰姓何。官云住何国？圣曰住何国。此意如何？龙云：大圣本不姓何，亦不是何国人，乃随缘化度耳。冯笑曰：大圣决定姓何，住何国。如是往返数次，遂致书于师，乞断此公案。师云：有六十棒。将三十棒打大圣，不合道姓何；三十棒打济川，不合道大圣决定姓何……①

　　任何一种解说，任何一种肯定或否定，即使如何空灵巧妙，例如问何姓答姓何，问住何国答重复之等等，也都不过是强作聪明，冒充解语，都是该打的。总之，应该破除对任何语言、思辨、概念、推理的执著。而这也就是慧能临终传授宗旨的"秘诀"："若有人问汝义，问有将无对，问无将有对，问凡以圣对，问圣以凡对。二道相因，生中道义。"②
　　有无、圣凡等等都只是用概念语言所分割的有限性，它们远非真实，所以要故意用概念语言的尖锐矛盾和直接冲突来打破这种执著。问无偏说有，问有偏说无。只有打破和超越任何区分和限定（不管是人为的概念、抽象的思辨，或者是道德的善恶、心理的爱憎、本体的空有……），才能真正体会和领悟到那个所谓真实的绝对本体。它在任何语言、思维之前、之上、之外，所以

---

① 《宗门武库》。
② 《坛经·付嘱品第十》。

是不可称道、不可言说、不可思议的。束缚在言语、概念、逻辑、思辨和理论里，如同束缚于有限的现实事物中一样，便根本不可能"悟道"。

> 师问仰山：涅槃经四十卷多少是佛说？多少是魔说？仰曰：总是魔说。①
>
> 只如今作佛见作佛解，但有所见所求所著，尽名戏论之类，亦名粗言，亦名死语。②

连佛家经典和各种佛学理论也都只是"魔说"、"戏论之类"、"粗言"、"死语"，就更不必说其他语言、思辨了。

可见，禅宗的这一套比玄学中的"言不尽意""得意忘言"又大大推进了一步。它不只是"忘言"或"言不尽意"，而是干脆指出那个本体常常只有通过与语言、思辨的冲突或隔绝才能领会或把握。惠明向六祖求法，"慧能云：汝既为法而来，可屏息诸缘，勿生一念，吾为汝说。明良久，慧能云：不思善，不思恶，正与么时，那个是明上座本来面目？惠明言下大悟……曰：惠明虽在黄梅，实未省本来面目。今蒙指示，如人饮水，冷暖自知。"③所谓"本来面目"或亦作"还父母未生时面目"，也就是要割断一切意识、一切观念、一切因果观念等等，"勿生一念"，好像没有落到这个因果现象之中来似的。只有这样，才可能真正领悟到与"无"同体的那个超善恶、是非、因果的本体世界。这

---

① 《五灯会元卷9·沩仰·沩山灵佑禅师》。
② 《古尊宿语录》卷2。
③ 《坛经·行由品第一》。

不是思辨所可达到，而只是一种神秘的感受或领悟，所以说是"如人饮水，冷暖自知"，它是不可言说，不可传达给别人的。禅宗一再强调的，大体都是这个意思①。"师坐次，僧问：兀兀地思量什么？师曰：思量个不思量底。曰：不思量底如何思量？师曰：非思量。"②

如上所说，不可言说毕竟又要言说，不可表达却还要表达；既不能落入平常的思辨、理性和语言，又得传达、表示某种意蕴。这就不但把日常语言的多义性、不确定性、含混性作了充分的展开和运用；而且也使得禅宗的语言和传道非常主观任意，完全不符合日常的逻辑和一般的规范。例如，"什么是祖师西来意"，这是问"究竟什么是禅"这个根本问题的。而禅师们的回答却是"庭前柏树子"（赵州）、"西来无意"（大梅）、"一个棺材，两个死汉"（马祖）等等。又如，问"如何是佛"？禅师们的著名回答是"干屎橛"（云门）、"麻三斤"（洞山）等等。这种似乎已成为公式的"一棒打回去"的回答法都是为了表达"你问得不对"，即问题本身就提错了。之所以要真动手打或用无意义的语言打回去，如所谓"德山棒，临济喝"等等，都是为了使你大吃一惊，从而得到启发或省悟。禅宗公案中所以把许多奇谈怪答、奇行怪态作为悟道的钥匙、传道的榜样，津津乐道不已，原

---

① 维特根斯坦（Wittgenstein）对这个不可言说的本体问题也深感兴趣。他多次说语言是我们世界的界限，"确有不能讲述的东西，这是自己表明出来的，这就是神秘的东西"；"对于不可言说者，就应该沉默"；"我的命题可以这样来说明：理解我的人当它通过这些命题根据这些命题越过时（他可以说是在他爬上梯子后把梯子抛掉），终于知道这些命题是没有意义的"（《逻辑哲学论》）。
② 《指月录卷9·药山》。

因就在这里。

"不立文字"的另层含义在于，文字（语言、概念和思辨）都是公共交通的传达工具，有群体所共同遵守的普遍规则，禅宗认为要真正到达或把握本体，依靠这种共同的东西是不可能的，只有凭个体自己的亲身感受、领悟、体会才有可能。因为"悟道"既不是知识或认识，而是个体对人生谜、生死关的参悟，当然就不是通过普遍的律则和共同的规范所能传授，而只有靠个体去亲身体验才能获得，正是必须在个体独特体验中去领悟到一即一切、一切即一的佛性整体。这种感悟，既然不依靠语言文字或思辨，它便完全可以也必须在日常生活活动中，在普通的行为、实践中，通过具有个体独特性的直觉方式去获得。

从而，结论便是："悟道"不应该也不可能借重或依靠任何外在的权威、偶像。禅宗强调自解、自立、独往无前，以至到破除迷信，呵佛骂祖。"……于慧林寺遇天大寒，师取木佛烧火"①。"这里无佛无祖，达摩是老臊胡，释迦老子是干屎橛，文殊普贤是担屎汉……"②。连佛菩萨都只是"干屎橛"之类，可以拿来取暖，并无用处，就更不必说别的了。"……回曰：外面黑，潭点纸烛度与师。师拟接，潭复吹灭。师于此大悟，便礼拜。"③这是为了表明，不应借靠外在的光明，而应循由自己的本性去征服黑暗，找到路途。

既然不需要日常的思维逻辑，又不要遵循共同的规范，禅宗的"悟道"便经常成为一种完全独特的个体感受和直观体会，亦

---

① 《五灯会元卷5·青原·天然禅师》。
② 《五灯会元卷7·天皇·德山宣鉴禅师》。
③ 同上。

即个体感性经验的某种神秘飞跃。因之，在任何场合、任何情况、任何条件下，都可以"悟道"，它具有极大的随意性和偶然性。例如：

(智闲)一日芟除草木，偶抛瓦砾，击竹作声，忽然省悟。①

那个因回答说野鸭子飞过去了而被老师扭痛了鼻子从而悟道的公案故事，那个大拇指被砍从而悟道的公案故事，以及禅宗各种所谓"截断法"、"一字法"等等，都表明了这一点。尽管禅宗也强调这种种偶发方式本身并不就是禅，而只是禅的表现方式；执著于它们，把它们当做公式，固定下来，摹拟仿效，就又等于有语言方法、有逻辑形式，那又大错特错了。禅宗当然也讲修炼，也讲净心宁意，并且认为这个过程有时还得相当长的时间，所谓"云覆千山不露顶，雨滴阶前渐渐深"等等。但所有这些又只是为了创造顿悟的机缘。基本精神仍在强调"悟道"并无特定的形式规范，不是终日坐禅所能达到。"生来坐不卧，死去卧不坐；一具臭骨头，何为立功课。"②"慧能没伎俩，不断百思想；对境心数起，菩提作么长。"③"僧问如何修道？师云，道不属修，若言修得，修成还坏"④，"问如何是戒定慧？师曰，贫道这里无此闲家具"⑤等等说法，都是指明悟道、得禅不在于勉强身

---

① 《五灯会元卷9·沩仰·香岩智闲禅师》。
② 《坛经·顿渐品第八》。
③ 《坛经·机缘品第七》。
④ 《指月录卷5·马祖》。
⑤ 《指月录卷9·药山》。

("臭骨头","长坐不卧")心("能过百思想,对境心不起")去刻意修道寻求("住心观净"),而应该在与普通人并无差异(也卧、也坐、也思想)的日常生活中,在一定积累后,随着某种机缘,一点即破;经由这种独特途径,去到达那真实本体。

　　……问:和尚修道,还用功否?师曰:用功。曰:如何用功?师曰:饥来吃饭,困来即眠。曰:一切人总如是,同师用功否?师曰:不同。曰:何故不同?师曰:他吃饭时不肯吃饭,百种须索。睡时不肯睡,千般计较。①
　　僧问师学人乍入丛林,乞师指示。师云,吃粥也未?云吃粥了也。洗钵盂去。其僧因此大悟。②

　　早上要吃粥,吃完了要洗碗;饿了吃饭,困了睡觉;这都是日常自然的事情,撇开这些自然事情而硬去思虑,去强求"悟道",那就根本不可能"悟道"。"悟道"只能在日常生活中自然地获得。这就是禅宗大讲的所谓"平常心是道","一切声色事物,过而不留,通而不滞,随缘自在,到处理成。""春有百花秋有月,夏有凉风冬有雪。若无闲事挂心头,便是人间好时节。"③"……问可松:弥勒菩萨为什么不修禅定?不断烦恼?答道:真心本净,故不修禅定;妄想本空,故不断烦恼。又问大润,答曰:禅心已空,不须修;断尽烦恼,不须更断。又问海禅师,答:本无禅定烦恼。"三答中当然最后者最高。因为它指出

---

① 《景德传灯录》卷6。
② 《指月录卷11·赵州》。
③ 《无门关》。

本来无所谓修炼、烦恼，刻意追求清静、剔除妄想等等，本身便意味着去肯定、执著于清静、烦恼，便恰好是"无念"的反面了。"……请师指示个行路？师云：杀人放火。"①即是说，禅果并不是修什么行所能得到的。

"曾作偈示众曰，方水潭中鳖鼻蛇，拟心相向便揄揶，何人拔得蛇头出？……上曰：如何只有三句？师曰：意有所待。后大隋元靖长老举前三句了，乃著语云：方水潭中鳖鼻蛇。"②拔出蛇头，仍是蛇头，可见费心思考，追寻所谓佛性的根底，是没有意义，不会有得的。只有在既非刻意追求，又非不追求；既非有意识，又非无意识；既非泯灭念虑，又非念念不忘；即所谓"在不住中又常住"和无所谓"住不住"中以获得这个"好时节"或"忽然省悟"。这才是所谓真悟道。

如上所说，禅宗的"悟道"不是思辨的推理认识，而是个体的直觉体验。它不离现实生活，可以在日常经验中通过飞跃获"悟"，所以它是在感性自身中获得超越，既超越又不离感性。一方面它不同于一般的感性，因为它已是一种获得精神超越的感性。另方面，它又不同于一般的精神超越，因为这种超越常常要求舍弃、脱离感性。禅宗不要求某种特定的幽静环境（如山林）或特定的仪式规矩去坐禅修炼，就是认为任何执著于外在事物去追求精神超越，反而不可能超越，远不如在任何感性世界、任何感性经验中"无所住心"——这即是超越。

那么，进一步的根本问题便是，禅宗这种既达到超越又不离感性的"顿悟"究竟是什么呢？这个"好时节"、"本无烦恼"、

---

① 《古尊宿语录》卷9。
② 《续传灯录》卷28，转引自冯友兰《新原道》，第95页，商务印书馆，1945年。

庄玄禅宗漫述　217

"忽然省悟"又到底是什么呢？我以为，它最突出和集中的具体表现，是对时间的某种神秘的领悟，即所谓"永恒在瞬刻"或"瞬刻即可永恒"这一直觉感受。这可能是禅宗的哲学秘密之一（关于禅与无意识诸问题，另文再讲）。

禅宗讲的是"顿"悟。它所触及的正是时间的短暂瞬刻与世界、宇宙、人生的永恒之间的关系问题。这问题不是逻辑性的，而是直觉感受和体验领悟性的。即是说，在某种特定条件、情况、境地下，你突然感觉到在这一瞬刻间似乎超越了一切时空、因果，过去、未来、现在似乎融在一起，不可分辨，也不去分辨，不再知道自己身心在何处（时空）和何所由来（因果）。所谓"不是心，不是佛，不是物"①是也。这当然也就超越了一切物我人己界限，与对象世界（例如与自然界）完全合为一体，凝成为永恒的存在，于是这就达到了也变成了所谓真正的"本体"自身了。本来，什么是我？如果除去一切时空、因果（"生我者父母"以及我为何在此时此地等等）之外，也就不存在了，在瞬刻的永恒感中，便可以直接领悟到这一点。在禅宗看来，这就是真我，亦即真佛性。超越者与此在（Dasein）在这里得到了统一。可见，这并不是"我"在理智上、意念上、情感上相信佛、属于佛、屈从于佛；相反，而是在此瞬刻永恒中，我即佛，佛即我，我与佛是一体。禅宗常说有三种境界，第一境是"落叶满空山，何处寻行迹"，这是描写寻找禅的本体而不得的情况。第二境是"空山无人，水流花开"，这是描写已经破法执我执，似已悟道而实尚未的阶段。第三境是"万古长空，一朝风月"，这就是描写在瞬刻中得到了永恒，刹那间已成终古。在时间是瞬刻永

---

① 《五灯会元·南岳·南泉普愿禅师》。并见多处。

恒,在空间则是万物一体,这也就是禅的最高境地了。这里,要注意的是,瞬刻即永恒,却又必须有此"瞬刻"(时间),否则也就无永恒。可见这永恒既超越时空却又必须在某一感性时间之中。既然必须有具体的感性时间,也就必须有具体的感性空间,所以也就仍然不脱离这个现实的感性世界,"不落因果"又"不昧因果",这也就是超越不离感性。重要的乃是,经此一"悟"之后,原来的对象世界就似乎大不一样了。尽管山还是山,水还是水,吃饭还是吃饭,睡觉还是睡觉,外在事物并无任何改变,也不需要任何改变;但是经此"瞬刻永恒"的感受经验之后,其意义和性质却似乎有了根本不同。它们不再被当做要执著的实在,也不再当做要追求的虚空;它们既非实有,也非空无;因为本无所谓空、有。有与空、实体与虚妄、存在与消亡……,都只是未经超越的执著。说它是虚无即等于肯定超虚无的实在。神秀的"时时勤拂拭,不使落尘埃"之所以谬误,正在于执著于某种理想的"菩提树、明镜台",即把佛性当做实在去追求,从而无法获得那个"我与佛同体"的神秘感受。在我即佛佛即我的真正超越里,这一切(有无、色空、虚实、生死、忧喜、爱憎、善恶、是非、荣枯、贫富、贵贱等等)混然失去区分,而这也就是那个不可言说的"存在"①。"未有无心境,尝无无境心;境忘心自灭,心灭境无侵"。消除了一切欲求、愿望、思虑、意识,"无念""无心","心""境"也就两忘。既已超时空、因果,也就超

---

① W.Barrett:"海德格尔的一个朋友告诉我,有天他去看海德格尔,海正在读铃木大拙的书。海说,如果我理解正确的话,这正是我在我所有著作中所要讲的"(Zen Buddhism《铃木大拙选集导言》,第11页,纽约,1956年)。这当然过分夸张了,禅宗那种东方式的古典宁静与海的现代式的行动激动迥然不同。

越一切有无分别，于是也就获得了从一切世事和所有束缚中解放出来的自由感。从而，既不用计较世俗事务，也不必故意枯坐修行；饿即吃，困即眠；一切皆空，又无所谓空；自自然然地仍然过着原来过的生活，实际上却已"入圣超凡"。因为你已经参透禅关——通过自己的独特途径，亲身获得了"瞬刻即可永恒"="我即佛"的这种神秘感受了。

这种"瞬刻永恒"的另一感受特色是某种精神的愉快或欢乐。在各种宗教经验中，都有某种精神的愉悦、欢乐或满足感。它接近道德的愉快，但由于感到自己与神同体或被神"引接"，因而，它又是超过道德愉快感而更强烈并且似乎更清澈纯净的愉快。这是需要心理学来具体分析研究的。否定或忽视这一点，就难以解释某些狂热的宗教徒领死如怡、强烈要求献身的那种欢乐，也难以理解某些虔诚的宗教徒那种宁静淡泊的内心愉悦。它是道德的，但又是超乎道德的另一种心境、体验和感受。宗教被利用为社会、政治的鸦片烟，一部分正是通过创造这种情感体验而成功的。

禅宗宣讲的"悟"，也是如此。它有长久追寻和执著之后突然扔下的解脱快感。不同的是，禅宗渲染的宗教神秘感受，更少具有刺激性的狂热，更少激动昂扬的欢乐，而毋宁更为平宁安静。它不是追求在急剧的情感冲突中、在严重的罪感痛苦中获得解脱和超升，而毋宁更着重在平静如常的一般世俗生活中，特别是在与大自然的交往欣赏中，获得这种感受。比起那强烈刺激的痛苦与欢乐的交响诗来，它更能似乎长久地保持某种诗意的温柔、牧歌的韵味。而它所达到最高境界的愉悦也是一种似乎包括愉悦本身在内都消失融化了的那种异常淡远的心境。这是因为既已与佛融为一体，"我"已消失在宇宙本身的秩序生命中，自然也就不再存在包括愉快在内的任何"我"的情感了。

禅宗非常喜欢讲大自然，喜欢与大自然打交道。它所追求的那种淡远心境和瞬刻永恒，经常假借大自然来使人感受或领悟。其实，如果剔去那种种附加的宗教的神秘内容，这种感受或领悟接近于一种审美愉快。审美愉快有许多层次和种类。其中有"悦志悦神"一大类。禅宗宣扬的神秘感受，脱掉那些包裹着的神学衣束，也就接近于悦神类的审美经验了。不仅主客观浑然一致，超功利，无思虑；而且似乎有某种对整个世界与自身相合一的感受。特别是在欣赏大自然风景时，不仅感到大自然与自己合为一体，而且还似乎感到整个宇宙的某种合目的性的存在。这是一种非常复杂的高级审美感受。好些自然科学家也曾提及这种体验，即在研究自然时，有时可以产生一种对宇宙合目的性存在的奇异感受，即似乎感到冥冥之中有某种与规律性相同一的目的或事物。一些人把它说成了自由的想象，一些人由之而相信上帝，实质上也即是这种值得深入研究的审美感受。

无怪乎，禅宗文献中保存的很多有关悟道的传说和诗作常与自然有关。从最早的"教外别传"的臆造传说开始：

世尊在灵山会上，拈花示众，是时众皆默然。唯迦叶尊者破颜微笑。世尊曰：吾有正法眼藏，涅槃妙心，实相无相，微妙法门，不立文字，教外别传，付嘱摩诃迦叶。①

拈花微笑，道体心传，这是一张多么美丽的图画。此外，如

---

① 《五灯会元卷1·佛祖》。

"青青翠竹，总是法身，郁郁黄花，无非般若"①，"问如何是天柱家风？师曰：时有白云来闭户，更无风月四山流"②，"问如何是佛法大意？师曰：春来草自青"③，"问：语默涉离微，如何通不犯（即问：沉默与言语涉及意念出入如何能不滞碍）？师曰：常忆江南三月里，鹧鸪啼处百花香"④等等，都是通过诗的审美情味来指向禅的神学领悟。

然而好些禅诗偈颂由于着意要用某种类比来表说意蕴，常常陷入概念化，实际就变成了论理诗、宣传诗、说教诗，不但恰好违反了禅宗本旨，而且也缺乏审美趣味。所以我认为，许多禅诗实际比不上具有禅味的诗更真正接近于禅。例如王维的某些诗比好些禅诗便更有禅味。甚至像陶诗"采菊东篱下，悠然见南山"，杜诗"水流心不竞，云在意俱迟"等等，尽管与禅无关，但由于它们通过审美形式，把某种宁静淡远的情感、意绪、心境引向去融合、触及或领悟宇宙目的、时间意义、永恒之谜……，从而几乎直接接近了（虽未必能等同于）禅所追求的意蕴和"道体"，而并不神秘。这似乎可以证明禅的所谓神秘悟道，其实质即是某种审美感受。我们今天应该揭去禅的宗教包裹，还"瞬刻永恒""万物一体"以本来面目⑤。

禅之所以多半在大自然的观赏中来获得对所谓宇宙目的性从而似乎是对神的了悟，也正在于自然界事物本身是无目的性的。

---

① 《大珠禅师语录·卷下》。
② 《景德传灯录·传第4》。
③ 《五灯会元卷15·云门·文偃禅师》。
④ 《五灯会元卷11·临济·风穴延沼禅师》。
⑤ 心理学家马斯洛（A.H.Moslow）曾提出非宗教性的"高峰体验"（peak experience)，但他最后把这些高级的超生物性的东西归根在生物性的本能了。

花开水流,鸟飞叶落,它们本身都是无意识、无目的、无思虑、无计划的。也就是说,是"无心"的。但就在这"无心"中,在这无目的性中,却似乎可以窥见那个使这一切所以然的"大心"、大目的性——而这就是"神"。并且只有在这"无心"、无目的性中,才可能感受到它。一切有心、有目的、有意识、有计划的事物、作为、思念,比起它来就毫不足道,只妨碍它的展露。不是说经说得顽石也点头;而是在未说之前,顽石即已点头了。就是说,并不待人为,自然已是佛性。颇负国际盛誉的铃木大拙在对比禅与基督教之后,强调它们的一致性,认为二者都以达到"枯木死灰"的心理境地为目标[1]。本文以为,值得注意的倒是,禅在作为宗教经验的同时,又仍然保持了一种对生活、生命、生意,总之感性世界的肯定兴趣,这一点与庄子相同:即使"形如槁木,心如死灰",却又仍然具有生意,这恐怕就与其他宗教包括佛教其他教派在内并不完全一样了。在禅宗公案中,所用以比喻、暗示、寓意的种种自然事物及其情感内蕴,就并非都是枯冷、衰颓、寂灭的东西;相反,经常倒是花开草长,鸢飞鱼跃——活泼而富有生命的对象。它所诉诸人们感受的似乎是:你看那大自然!生命之树常青啊,你不要去干扰破坏它!充满禅意的著名日本俳句:"晨光啊!牵牛花把井边小桶缠住了。我借水。"也如此。

由于不在世俗感性之外、之上去追求超越,而且不承认有这种超越,强调超越即在此感性之中,或仅强调某种感性的净化,因之与好些宗教追求完全舍弃感性以求精神净化便有所不同,如

---

[1] 参阅 D. T. Suzuki:"The Zen Doctrine of No-Mind",见 W. Barrett 编 *Zen Buddhism*《铃木大拙选集》,第199页。

前所述，它在客观上仍包含有对感性世界的肯定和自然生命的欢欣，而这也正是审美感受不同于宗教经验之所在。这是相当奇怪的：否定生命厌弃世界的佛教最终变成了这种具有生意的禅果，并且通过诗歌、绘画等艺术王国给中国士大夫知识分子们增添了安慰、寄托和力量。而这，不正是中国化吗？

人们常把庄与禅密切联系起来，认为禅即庄①。确乎两者有许多相通、相似以至相同处，如破对待、空物我、泯主客、齐死生、反认知、重解悟、亲自然、寻超脱等等，特别是在艺术领域中，庄禅更常常浑然一体，难以区分。

尽管同比异，联系比差异重要；但二者又仍然有差别，这差别倒正好展示出中国思想善于在吸取和同化外来思想中，获得丰富与发展。这些差异是，第一，庄子的破对待、齐死生等等，主要仍是相对主义的理性论证和思辨探讨。禅则完全强调通过直观领悟。禅竭力避开任何抽象性的论证，更不谈抽象的本体、道体，它只讲眼前的生活、境遇、风景、花、鸟、山、云……，这是一种非分析又非综合、非片断又非系统的飞跃性的直觉灵感。第二，庄所树立夸扬的是某种理想人格，即能做"逍遥游"的"圣人""真人""神人"，禅所强调的却是某种具有神秘经验性质的心灵体验。庄子和魏晋玄学在实质上仍非常执著于生死。禅则以渗透生死关自许，对生死无所住心。所以前者（庄）重生，也不认世界为虚幻，只认为不要为种种有限的具体现实事物所束缚，必须超越它们；因之要求把个体提到宇宙并生的人格高度。它在审美表现上，经常以气势胜，以拙大胜。后者（禅）视世界、物我均虚幻，包括整个宇宙以及这种"真人""至人"等理

---

① 如徐复观《中国艺术精神》（台湾学生书店，1979 年）中即有此倾向。

想人格也如同"干屎橛"一样，毫无价值，真实的存在只在于心灵的觉感中。它不重生亦不轻生，世界的任何事物对它既有意义也无意义，过而不留，都可以无所谓。所以根本不必要去强求什么超越，因为所谓超越本身也是荒谬的、无意义的。从而，它追求的便不是什么理想人格，而只是某种彻悟心境，某种人生境界、心灵境界。庄子那里虽也已有了这种"无所谓"的人生态度；但禅由于有前述的瞬刻永恒感作为"悟解"的基础，便使这种人生态度、心灵境界，这种与宇宙合一的精神体验比庄子更深刻也更突出。在审美表现上，禅以韵味胜、精巧胜。

庄禅的相通处是主要的，这表现了中国思想在吸取了外来许多东西之后，不但没有失去而且还进一步丰富发展了自己原有特色。在这意义上，禅宗与儒家精神也大有关系。并且，随着历史推移，禅最终又回到和消失溶解在儒道之中，禅的产生和归宿都依据于儒、道。这大概也就是中国禅与日本禅（由中国传去却突出地发展了，不再回归到儒、道）的不同之处吧?!

铃木曾认为，禅之所以只能产生在中国，原因之一是因为中国传统重实践活动，不像印度古代只认精神高贵，不屑劳动操作，僧人必须由人供养；中国禅宗则强调自食其力，"担水砍柴"，"一日不作，一日不食"（百丈），从事农业生产，过普通的劳动生活。这点当然值得注意。但如果从思想上看，更根本的仍然是中国儒家传统精神的渗入①。"天行健""生生之谓易"与禅的生意就可以有沟通之处。"群籁虽参差，适我莫非新"，王羲之

---

① 建立起"规矩""纪纲"以保障禅林，从组织上渗入了儒家思想，如著名的"百丈清规"。如《禅林宝训笔记》中所记"丛林兴衰，在于礼法"，"纲纪不振，丛林不兴"等等。

的这句诗在禅宗之前，然而它可以用来说禅，也可以用以说庄和易。庄、禅、易彼此可以相通而一致①。当然，话不能说过头，禅毕竟是一种宗教经验，它除了具有空幻感受外，总带有空幻、神秘的成分，这是与易和庄不相同的。易是雄健刚强的运行不息，庄是大自然宏伟本身，都不需空幻、神秘。但这里讲的主要是它们的共同处，而共同处是主要的。总结起来，如果用一句话说，这就是：无论易、庄、禅（或儒、道、禅），中国哲学的趋向和顶峰不是宗教，而是美学。中国哲学思想的道路不是由认识、道德到宗教，而是由它们到审美。"中国哲学所追求的人生最高境界，是审美的而非宗教的。……孔子最高理想是'吾与点也'，所以他说'逝者如斯夫，不舍昼夜'，对时间、人生、生命、存在有很大的执著和肯定，不在来世或天堂去追求不朽，不朽（永恒）即在此变易不居的人世中。慷慨成仁易，从容就义难。如果说前者是怀有某种激情的宗教式的殉难，固然也极不易；那么后者那样审美式的视死如归，按中国标准，就是更高一层的境界了"②。这种审美境界和审美式的人生态度区别于认识和思辨理性，也区别于事功、道德和实践理性，又不同于脱离感性世界的"绝对精神"（宗教）。它即世间而超世间，超感性却不离感性；它到达的制高点是乐观积极并不神秘而与大自然相合一的愉快。这便是孔学、庄子与禅宗相互交通之处。

*　　*　　*

① 可见由禅宗而宋儒，有其内在的思想发展线索，宋儒把禅宗宗教神秘领悟的审美感改造为道德伦理性的审美态度。参阅《宋明理学片论》。
② 参看拙作《中国美学及其他》，《美学述林》第1期，第27页，武汉大学出版社，1983年。

由上可见，本文之所以把庄、玄、禅并在一起作一种极为粗糙的轮廓述评，是由于认为它们三者的某些共同点构成了整个中国传统思想一个有深远影响的方面。那么，它们到底给予了后代什么？在中国民族的文化—心理结构上，它们占处怎样的地位？

三十多年来，它们一直是激烈批判的对象。一连串的恶谥不断加在它们身上。庄子是"阿Q精神"、"滑头主义"、"混世哲学"、"宿命主义"、"悲观主义"、"虚无主义"。玄学是"享乐纵欲腐化生活的遮羞布"，"卑鄙而又虚伪"。禅宗更是"廉价的天堂门票的兜售者"和粗暴独断的主观唯心论、神秘主义、直觉主义等等。

应该说，这些批判都有相当的道理，特别是从它们的阶级基础和社会作用说，这是不容忽视的消极方面。鲁迅写《起死》的专题小说激烈抨击了庄子，甚至在《阿Q正传》中，鲁迅也没忘记去讽刺那"人生天地间大约本来有时也未免要杀头的"这种庄子式的"泰然"、"超脱"。关于这个方面，因为已经有了不少论著，我于此既无异议，又无新意，不必重复多谈。剩下的问题就是，庄、玄、禅是否只有被抨击、打倒、舍弃的消极方面？它在中国历史上是否仅仅起了这方面的作用？也有人认为不是，并引列宁的话说，它们是哲学史上不结果实的花朵，意思是说其中还有可以吸取的东西。但是，这些东西到底是什么？却没有人作进一步的具体说明。

与讲修、齐、治、平的儒家不同，庄、禅基本上不是社会政治哲学，它们是某种人格—心灵哲学。从而它们带给人们的虚无、消极、被动、苟安等等麻醉欺骗作用，是直接诉之于心理结构和个体行为方式本身。而这，又主要通过士大夫知识分子的思想、行为和心理状态而弥漫和影响整个社会。下层劳动农民大抵与庄、禅并无多少真正的缘分。尽管禅在开宗时曾以能在下层传教而有名，但它远不像日本的禅宗通过茶道、花道等形式深入到一般社会生活之中。庄禅基本上只是作为士大夫知识分子的生活、意识的某个方面、某种情趣而存留发展着，所以它们对中国民族的文化——心理结构的坏的和好的作用和影响都远不及儒家，而只是作为儒家的某种对立的补充，通过知识层而在文化领域内（例如文学艺术领域）留下较突出的印痕。如果从这个领域和角度看，这种印痕却并不都是消极的。的确有消极的一面，例如它使士大夫麻醉在逃避现实的"超脱"中而失去奋争的勇气和意态，这确乎至今对知识分子也还有坏的影响。不过另一方面，由于对人生采取超脱的审美态度，由于对恶劣环境和政治采取不合作的傲世态度，由于重视直观、感受、亲身体悟等等，它们又常常使艺术大放光彩，使艺术家创作出许多或奇拙或优美或气势磅礴或意韵深永而名垂千古的作品来。至于禅之所以为现代西方某些学者所注意和研究，则在于它在帮助人们反对高度异化的现代资本主义社会生活（如机械化、抽象化、标准化等等），摆脱人成为资本、商品的奴隶以及科技工艺的知性奴隶和消费色情等感性奴隶，使个体自我获得启悟、不被淹没等方面，能有一定启发的缘故。

　　庄玄禅正是在这个一定意义上可以陶冶、培育和丰富人的精神世界和心灵境界。它可以教人们去忘怀得失，摆脱利害，超越种种庸俗无聊的现实计较和生活束缚，或高举远慕，或怡然自适，与活泼流动盎然生意的大自然打成一片，从中获得生活的力量和生命的意趣。它可以替代宗教来作为心灵创伤、生活苦难的某种慰安和抚慰。这也就是中国历代士大夫知识分子在巨大失败或不幸之后并不真正毁灭自己或走进宗教，而更多是保全生命、坚持节操却隐逸遁世以山水自娱、洁身自好的道理。

另一今天更应注意的是以庄禅为范例的直观思维方式。庄子是哲学，但它较少运用逻辑论证或形式推理以获取固定的结论。相反，它常用多层形象的类比和寓意，只指示某种真理的方向。禅宗就更是这样了。与讲究分析、注重普遍、偏于抽象的思维方式不同，中国思维更着重于在特殊、具体的直观领悟中去把握真理。庄子与惠施的濠上辩论，前述禅宗的种种机锋，都显示它们讲求的是创造的直观，亦即在感受中领悟到某种宇宙的规律。这种思维认识方式具有审美的特征，它是非概念非逻辑性的启示。例如在科学研究中有时便可以突然感受或领悟到某种普遍形式的客观规律性，如某种简单明洁的自然程序性的突然呈现……，这正是我们今天在美学上要深入探究的"以美启真"的问题。一些著名的物理学家常说，美感似乎在抽象的符号中指引他们；如果要在两种理论——一种更美些，一种则更符合实验——之间进行选择的话，那么他宁愿选择前者，等等，这些说法是值得重视的。它在冲破精确而僵硬的概念抽象，提供活泼的感性启示，使科学思维艺术化，予复杂图景以简洁处理，或直观地把握住某种尚非概念语言所可传达的意蕴，等等，都是值得研究的。禅的激烈机锋在打断钻牛角的逻辑束缚，否定认识和知识的任何固定化等方面，更有启发、震醒作用，使人们在某种似乎是逻辑悖论或从一般知识或科学看来是荒谬和不可能的地方，注意有某种重要的真实性或可能性。而所有这些，又与中国从孔学开始重视心理整体（如情感原则），而不把思维仅当做推理机器的基本精神，是一脉相通的，即不只是依靠逻辑而是依靠整个心灵的各种功能去认识、发现、把握世界，其中特别重视个体性的体验与领悟（这与每个个体的先天素质、后天经验各不相同又有关系）。我以为这在今日的思维科学中有重要的借鉴意义。因为这种非分析非归纳的创造直观或形象思维正是人不同于计算机器,是人之所以能作真正科学发现的重要心理方式。

总之,无论庄、禅,都在即使厌弃否定现实世界追求虚无寂灭之中,也依然透出了对人生、生命、自然、感性的情趣和肯定,并表现出直观领悟高于推理思维的特征。也许,这就是中国传统不同于西方(无论是希伯来的割裂灵肉、希腊的对立感性与理性)的重要之处?也许,在剔除了其中的糟粕之后,这就是中华民族将以它富有生命力的健康精神和聪明敏锐的优秀头脑踏入世界文化作出自己贡献时,也应该珍惜的一份传统遗产?先别忙于肯定或否定,想想,再想想。

(原载《中国社会科学》1985年第1期,
原题《漫述庄禅》)

宋明理学片论

青年毛泽东说，"吾国宋儒之说与康德同"。这是他 1917—1918 年读新康德主义者泡尔生（Friedrich Paulson）《伦理学原理》时的批语。有一些论著将朱熹与斯宾诺莎、怀特海、黑格尔相比较，我以为，以朱熹为首要代表的宋明理学[①]（新儒学）在实质意义上更接近康德。因为它的基本特征是，将伦理提高为本体，以重建人的哲学。

三十年来许多哲学史论著喜欢把宋明理学公式化地分割为宇宙观、认识论、社会政治思想几大块论述，反而掩盖了上述基本特点。如果从宋明理学的发展行程和整体结构来看，无论是"格物致知"或"知行合一"的认识论，无论是"无极""太极""理""气"等宇宙观世界观，实际上都只是服务于建立这个伦理主体（ethical subjectivity），并把它提到"与天地参"的超道德（trans-moral）的本体地位。

[①] 黄宗羲《明儒学案·凡例》："尝谓有明文章事功皆不及前代，独于理学，前代所不及也……"可见"理学"一词可包心学、理学二者。

一　由宇宙论到伦理学

宋明理学在其整体行程中，大致可分为奠基时期、成熟时期和瓦解时期。张载、朱熹、王阳明三位著名人物恰好是三个时期的关键代表。

陈寅恪曾认为，在政治体制、生活行为以及日常观念等许多基本方面，即使释、道两教极盛，也未能取代儒家的主导地位和支配作用①，但在意识形态特别是哲学理论上，释、道（特别是释）却风靡数百年。儒学传统中没有像佛学那么细密严谨的思辨理论体系。自南朝到韩愈，儒学反佛多从社会效用、现实利害立论，进行外在批判。真能入室操戈，吸收改造释道哲理，进行内在批判的，则要等到宋明理学了。宋明理学的这种吸收、改造和批判主要表现在：它以释道的宇宙论、认识论的理论成果为领域和材料，再建孔孟传统。

"佛法以有生为空幻，故忘身以济物；道法以吾我为真实，故服饵以养生"②。释道（佛老）二教一般以个体的生死心身为论证要点，来展开理论的体系构造。佛教为宣扬教义，论证四大皆空，万般俱幻，大讲宇宙论、世界观和认识论，出现了各种精巧完整的思辨哲学，如唯识（印度）、华严和禅宗（中国）。道教比较简单，但因为要讲炼丹、长生、静坐，也必须讲宇宙理论和世界图式。释道两教的这两大特点（个体修炼和讲求宇宙论认识论）正是宋明理学借以构造其伦理哲学的基本资料。

---

① 参看《金明馆丛稿二编·冯友兰中国哲学史下册审查报告》。
② 《广弘明集卷8·道安二教论》。

周敦颐一向被尊为"宋儒之首"①，他的《太极图说》中就明显保留着道教宇宙观的模式；但重要的是，他从这种宇宙论中引出了"圣人定之以中正仁义而主静，立人极焉"的结论。他的《通书》也强调提出"诚"这个儒学范畴来作为中心概念。这些都显示他开始把儒家的现实伦常要求与道教的宇宙图式联结起来，企图为宇宙论过渡到伦理学（人世规范）搭上第一座桥梁。其中他提出"无欲""主静""思曰睿"等等，包含着认识论（"思"）方法论（"主静"）的各个因素，开始具有由本体论（自然本体）→宇宙论（世界图式）→人性论→认识论→伦理学（回到本体论）；亦即"寂然不动"（无极、本体）→"感而遂通"（阴阳五行、太极）→"思"（认识）→"纯然至善"（伦理）这样一种体系结构的内在程序。王夫之说，"宋自周子出而始发明圣道之所由，一出于太极阴阳人道生化之终始"。②这很好地点明了正是由宇宙观到伦理学这种理论的逻辑结构，才是使周敦颐被尊为宋明理学开山祖的道理所在。

邵雍比周敦颐更明白地表现为宇宙时空图式论者。同样值得注意的是，他提出"以物观物，性也；以我观物，情也。性公而明，情偏而暗"③。"夫所以谓之观物者，非以目观之也，非观之以目而观之以心也，非观之以心而观之以理也。天下之物莫不有理焉……"④这就是要求以"天下之物"所具的"理"与人的"心""性"联系统一起来，化为一体，而与"我""情""目"等

---

① 这其实是朱熹抬出来以建立"道统"的结果，并不真正符合历史和思想史的真实。关于宋代理学的形成逻辑应有新的叙述和解释，非本文所及。
② 《张子正蒙注·序论》。
③ 《观物外篇》。
④ 《观物内篇》。

感性一方相对立。这使他那数学图像的宇宙论也终于落实到伦理心性。

然而,周、邵都不过是开端发引,真正为宋明理学奠定基础的,是提出"心统性情"、"天理人欲"、"天地之性"与"气质之性"、"德性所知"与"见闻之知"和《西铭》这些宋明理学基本命题和基本原则的张载。张载《正蒙》一书尽管由弟子编定,但其以《太和篇》始以《乾称篇》终的外在序列(由"太和""参两""天道""神化"经"动物""诚明""大心"而达到《乾称〔西铭〕》),在表现宋明理学从宇宙论到伦理学的体系结构上,具有非常鲜明的代表意义。

范文澜说,"宋学以周易来代替佛教的哲学"[①]。二程说,"周茂叔谓一部法华经只消一个艮卦可了。"[②]从周、邵到张载到程、朱,之所以都抬出《周易》,正是因为,佛教既然讨论现实世界的真幻、动静、有无,人们认识的可能、必要、真妄,要与之对抗或论辩,便也得谈论这些问题,在这方面,传统儒学经典中可资凭据的,也大概只有《周易》了。充满了先秦理性精神[③]的《周易》,正好作为对抗认存在为空幻、否定感性现实世界、追求寂灭或长生的佛老理论的哲学批判武器。也正是由于需要肯定现实生活中的封建世间秩序,就必须肯定这个感性现实世界的自身,从而必须肯定和讨论这个世界的实在性及其存在的合理性、必然性。程、朱、陆、王这些唯心主义理学家,与佛教哲学确有不同,他们从不否认而是经常肯定人的感性生存、人的感性

---

① 《范文澜历史论文选集》,第325页,人民出版社,1979年。
② 《二程集·河南程氏外书》卷10,第408页,中华书局,1981年。
③ 参看拙作《美的历程》第3章。

环境和对象（亦即现实世界）的存在及其价值。而作为首先在哲学理论上公开、直接批判释老，为理学斩榛辟莽奠基开路的张载，以唯物论的气一元论的宇宙观来与释老相周旋和抗衡，就应该说是非常自然的事情。张载的唯物论是自觉地与佛老相对抗的哲学。张载以"气"为本体，解说了宇宙万物的自然形成、万千变化、动静聚散、生死存亡……，驳斥了从原始迷信（鬼神）到释道理论的各种唯心主义。"知太虚即气则无无"。"知虚空即气，则有无、隐显、神化、性命通一无二。顾聚散、出入、形不形，能推本所从来，则深于易者也"[1]。张载以充满了运动、变化、发展、对立诸辩证观念的气一元论，在宇宙观上广泛论列了一系列现象和问题，以与主张"万物幻化""有生于无"的释老唯心论相对立。它闪烁着生气勃勃的力量和颇为博大的气魄。这方面时下哲学史谈得较多，这里就不多赘。

我以为更值得注意的是，宇宙论在张载以及在整个宋明理学中，都不过是为了开个头。包括宋、明、清历代编纂的《近思录集注》、《性理大全》、《性理精义》，一开头总要大讲一通理、气、无极、太极之类的宇宙观；然而，这仍然是一种前奏。前奏是为了引出主题，主题则是重建以人的伦常秩序为本体轴心的孔孟之道。张载和整个宋明理学都用宇宙论（不管这宇宙论是唯物论的如张载还是唯心论的如二程，这一点并不十分重要）武装自己，是为了建立适合后期封建社会伦常秩序的人性论（这才是最主要的问题）。从而都是要从"天"（宇宙）而"人"（伦理），使"天""人"相接而合一。"天命之谓性，率性之谓道，修道之谓教"，"大学之道在明明德，在新（或亲）民，在止于至善"，《中

---

[1] 《正蒙·太和篇》。

庸》、《大学》之所以比《周易》更是宋明理学的根本经典，人性理论在搁置、淡漠了千年之后，之所以又重新掀起可与先秦相媲美的炽烈讨论，都说明人性是联结、沟通"天""人"的枢纽，是从宇宙论到伦理学的关键。不是宇宙观、认识论而是人性论才是宋明理学的体系核心。所以，同样讲"天人之际"，宋明理学并不同于董仲舒和汉儒。董仲舒的"天人感应"是具有反馈功能的机体系统论（详见《秦汉思想简议》），宋明理学的"天人合一"则是"心性之学"。前者是真正的宇宙论，后者并不是。在前者，伦理学从属于宇宙论，后者刚好相反，宇宙论从属伦理学。宋儒通过"心性之学"，上连天道，下接伦常，以反击释老，指出释氏追求寂灭，老氏企求长生，都违反了"人性"和"天道"。

"释氏有出家出世之说……既道出世，除是不戴皇天，不履后土始得，然却又渴饮而饥食，戴天而履地。"[1]既要追求空寂，又不能舍弃血肉之躯；既以为一切皆空，又仍须穿衣吃饭，仍要维持包括自身（身体、生命）和环境（自然、人世）在内的感性世界的物质性的存在，这不是矛盾吗？宋儒的"心性之学"实行的本是这种常识批判，但正因为宋儒把这种世俗的常识批判与宇宙论直接联系起来，这就使批判上升到超常识的"天人之际"的高度。这就是说，既然人都要吃饭穿衣、"戴天履地"，那就得在理论上也承认和肯定"天"与"人"作为感性物质存在的实在性和合理性，承认和肯定这种存在确实处在不断的运动、变化和生灭之中（宇宙论）。同时，人的穿衣吃饭"戴天履地"总具有一定的目的，遵循一定的规范和秩序，因之在理论上也就得

---

[1] 《河南程氏遗书》卷18。

努力去寻找、探求、论证这种普遍必然的规范、秩序和目的（认识论）。这即是要求在有限的、感性的、现实的（也是世俗的、常识的）伦常物理中，去寻求和论证超越这有限、感性、现象的无限、理性和本体。因为在理学家们看来，正是这种规律、秩序和目的作为本体，支配着和主宰着自然和人们的感性现实世界。这样，也就逐渐地把规律、程序、目的从物质世界中抽象出来当做主宰、支配、统治后者的东西了。这种思辨行程，在中西哲学史上并不罕见，张载及宋明理学这里的特点在于，由于他们理论的实质轴心是人性论，就把这问题更加凸现了出来：即是说，他们有意识地把特定社会的既定秩序、规范、法则（后期封建制度）当成了统治宇宙的无上法则。

"海水凝则冰，浮则沤；然冰之才，沤之性，其存其亡，海不得而与焉"，"生有先后，所以为天序，小大高下相并而相形焉，是谓天秩。天之生物也有序，物之既形也有秩，知序然后经正，知秩而后礼行"①。在这里，"秩"、"序"、"性"开始与物质（"海""生""小大高下"……）相分离，并成为更重要、更根本、更具有决定意义而必须"知"的东西。在张载那里，"气"作为物质存在范畴与其中所蕴涵着规律、秩序的另重含义，在论及自然事物上尚未明显分化，物质性与规律性浑然一体可以不分②，但一涉及人性便不同了：

"尽性，然后知生无所得则死无所丧"③，"知死之不亡者可

---

① 《正蒙·动物篇》。
② 尽管有时用"神"来指"气"的作用而有了区别，如"散殊而可象为气，清近而不可象为神"，"天之不测谓神"等等，但并未充分展开。
③ 《正蒙·诚明篇》。

以言性矣"①。在张载看来，人的生死乃"气"的聚散，人死气散。而"性"却不然，"性"虽是"人"的性，却可以超越人的生死、气的聚散而具有永恒的存在或价值。这种超越特殊的、有限的、感性现实的"性"，便是宇宙万物的普遍规律。正是从这里，张载首先提出"天地之性"与"气质之性"的区分，成为宋明理学的一个根本课题。"天地之性"是与天地同体共性的普遍必然的永恒秩序、规律，"气质之性"则是与有限、特殊的感性相关的各种欲求、功能。人性就由这两种来源、作用、性质迥然不同的"性"所组成。前者存在于后者中，却又是后者的主宰、支配、统治者。并且，只有这样，人才是真正的人，而不是动物。因为只有这样，个体才能超越自身的有限感性的物质存在而推己及人来"老吾老以及人之老，幼吾幼以及人之幼"，来"民吾同胞，物吾与也"，来与天地合德，与万物同体，而达到"不朽"的形上本体。所以说，"性者，万物之一源，非有我之得私也"。"形而后有气质之性，善反之，则天地之性存焉。故气质之性，君子有弗性者焉"②。可见，重要的是，要在感性的、经验的"气质之性"中去寻找理性的、先验的"天地之性"。因为那才是"天命"、"天理"。前者不过是与"人欲"有关的"气质"："故思知人，不可不知天，尽其性，然后能至于命。""湛一，气之本；攻取，气之欲；口腹于饮食，鼻舌于臭味，皆攻取之性也。"③张载要求"顺性命之理"即"穷天理"，而不要"灭理穷

---

① 《正蒙·太和篇》。
② 《正蒙·诚明篇》。
③ 同上。

欲"："不以嗜欲累其心，不以小害大，末丧本焉尔"①，即要求"灭人欲"。

与康德由先验知性范畴主宰经验感性材料相比较，形式结构相仿，内容实质相反。宋明理学是由先验的"天理"、"天地之性"主宰经验的"人欲"、"气质之性"以完成伦理行为。前者（康德）是外向的认识论，要求尽可能提供感性经验，以形成普遍必然性的科学知识；后者（宋明理学）是内向的伦理学，要求尽可能去掉感性欲求，以履行那"普遍必然"的伦理行为。前者的先验范畴（因果等等）来自当时数学和自然科学（牛顿物理学）；后者的先验规范（理、道等等）来自当时社会的秩序制度（传统法规）；前者把认识论和伦理学截然两分，要求互不干涉，保持了各自的独立价值；后者却将二者混在一起，于是纠缠不清，实际上认识论在宋明理学中完全屈从于伦理学。

所以，把张载说的"见闻之知"与"德性所知"当做感性认识与理性认识，不是误解，便属夸张。因为"见闻之知"固然是来自经验的感性认识，而"德性所知"却是不但"不萌于见闻"，而且常常需要摆脱"见闻"②，甚至不需要"见闻"③，它是一种非理智的"大心"。"德性所知"的"知"实际上并非对外物、对世界的理智认识，而是一种"其视天下无一物非我"④的"天人合一"的属伦理又超伦理的精神境界，而一切"见闻之知"以至"穷神知化"，都不过是为了"身而体道"，为了使作为

---

① 《正蒙·诚明篇》。
② "由象识心，徇象丧心。知象者心；存象之心，亦象而已，谓之心可乎？"（《正蒙·大心篇》）
③ "不知不识，顺帝之则，有思虑知识，则丧其天矣"（《正蒙·诚明篇》）。
④ 《正蒙·大心篇》。

主体的"人"通过伦理学（而不是认识论）与"天"同一，达到这种属伦理又超伦理超道德的本体世界。张载的《西铭》就是提出这样一种最高境界而成为理学家称道不止的根本纲领。

从历史上看，关、洛同时而并称，但从理论逻辑看，和张载比，二程不过"百尺竿头，更进一步"，在张载的基础上，把宋明理学的基础略事摆正而已。张载的学说中，关于自然"气化"的种种议论探讨还相当之驳杂繁多，从而以《西铭》为特征的伦理学本体论在一定程度上被覆盖和遮掩，二程（特别是小程）的作用和地位就在尽量去掉这重遮掩，使这个伦理本体更为清楚明确地突出起来。于是张载那些有关外在事物、客观世界和现实社会的种种科学性的极力描述、认真探讨，就被指责为"有苦心极力之象，而无宽裕温和之气"①，"有迫切气象，无宽舒之气"②了。由张载到二程，要求确定并直接追求这个伦理本体（大程要求由心灵直接、迅速去领会；小程要求通过对事物的"理"的认识积累去把握），成了理论发展中必然出现的另一个环节。所以，"吾学虽有所受，天理二字却是自家拈出来"③。"天理云者……不为尧存，不为桀亡……更怎生说得存亡加减，是它元无少欠，百理具备"④；"凡物之散，其气遂尽，无复归本原之理"⑤……，从这里再到朱熹，便"理"高于"气"，从而很自然地把张载引其端的"天理""人欲"之分、"天地之性"与"气质之性"、"德性所知"与"见闻之知"之别，以及道、气、形上、

---

① 《伊川答横渠书》，引自《宋元学案》卷18。
② 《河南程氏遗书》卷18。
③ 《宋元学案》卷24引。
④ 《河南程氏遗书》卷2上。
⑤ 同上书，卷15。

形下，作了理论上更能自圆其说、贯彻到底的系统区分。所谓永恒、无限、普遍、必然的"理"取代了物质性更多的"气"，成为不增不减无所欠缺的本体存在。"天"——"命"——"性"——"心"统统由"理"贯串起来："性即是理"；"在天为命，在义为理，在人为性，主于身为心，其实一也"①。新儒学叫"理学"，很有道理。

然而，也正是由于强调"理"贬抑"气"，"天"变成了"天理"或"理"，规律在思辨中脱离物质载体，便日益丧失其本来具有的现实的丰富性，变为抽象干枯的教条框架。在张载那里还描绘得颇为壮观的形形色色的世界图画和辩证景色，到二程这里便一齐褪色。撇开对人世、自然、事物的客观描述研究，剩下的当然只能是对那个简化、单一化了的"理"的枯燥空洞的说教论证，尽管理论的逻辑性和系统性似乎更为清晰明白。朱熹是由于吸收了张载以及周敦颐等人的思想，才使他的体系不像二程那样单薄。

认识论也如此。由于不再注意"气"的现象丰富性多样性，"穷理"便日益狭隘为对那个普遍必然的"理"的把握或领悟。"穷理、尽性、至命，只是一事"②。所有的格物、致知、穷理，所有对事事物物的理解体会，都只是为了达到对那个伦理本体的大彻大悟。而这种彻悟也就正是"行"——伦理行为。伦理本体通过"理"包笼了一切，压倒、替代和取消了人们对客观世界进行科学认识的要求、努力和意向。

一个重要的问题是，在北宋，中国科技正达到它空前的发展

---

① 《河南程氏遗书》卷18。
② 同上。

水平,对事物的认识一般都进入对规律的寻求阶段,宋人重"理",几乎是一大特色,无论对哲学、政治、诗歌、艺术以及自然事物都如此。苏轼说:"至于山石竹木,水波烟云,虽无常形,而有常理。"①足见追求"无常形"现象之后的"常理",已是当时一种共同的思潮倾向②。所以,理学家中并不缺乏科学倾向(如程颐关于气温与韭菜的著名议论,如朱熹对许多自然现象的解释等等),特别是张载的体系内容,朱熹的强调"格物致知",也如此。但是,有那么多科学材料和内容的宇宙论和科学观点没有向实证的自然科学方向开展,却反而浓缩为内向的伦理心性之学,这究竟是什么原因?宋明理学由宇宙论转向为伦理学的这种逻辑结构的现实历史依据何在?这是一个很值得研究的问题。本文没法回答这个问题。但至少从表面看,这大概与北宋中期以来相当紧张的内忧外患和政治斗争(如变法斗争的严重性、持续性、反复性)密切相关,社会课题和民生凋敝在当时思想家头脑中占据了压倒一切的首要位置。中国古代从氏族社会持续起作用的传统,是建立在血缘纽带之上的温情脉脉的原始人道遗风,它主要保存在以"仁学"为标记的孔孟之道中。不同于六朝门阀士族统治以人身依附为特征的前期封建制,从中唐起的后期封建社会,更多的人取得了某些独立的经济、社会地位,从而便一方面使这个传统可以具有较广泛的适用对象,使个体人格具有更为自觉的主体力量和价值。另方面,一个以广泛世俗地主阶级

---

① 《苏东坡集》前集卷31。
② 参阅金春峰《概论理学的思潮、人物、学派及其演变和终结》,《求索》1983年第3期。我一直以为,欧阳修是开北宋这种一代风气(文风、学风、思想之风)的首领人物,可惜研究得太少。

为基础的宝塔式的皇权政治结构，比前期封建制（有更多的外在经济、社会制约如门阀等级等），要求为整个社会和个体坚实树立起"三纲五常""明人伦之本"的统治秩序，也更为迫切和重要①。所以，在意识形态上，从韩愈的"博爱之谓仁"，"君则出令者也……民者，出粟米麻丝、作器皿、通货财以事其上者也"，到张载的"爱必兼爱，成不独成"，"封建井田而不肉刑，犹能教养而不能使"②，这两个方面的观念和理论都应运而生。宋明理学通过宇宙论认识论的哲理高度来论证的，其实也正是这两个方面。所以它一方面要求尽可能广泛地博地主阶级之爱，另方面要求尽可能严伦常等级之分，并把它们都作为内在心理法规。重血缘、崇宗法、讲情感、立主体，要求推己及人，尊老抚幼，确定名分、尊卑、等级，使人们在宗法血缘和与之相适应的伦理化的心理情感中冲淡政治、经济的不平等的苦痛，从而维护后期封建制度永世长存。

要研究宋明理学这个在历史上起了长久影响的理论形态，我以为应该首先确定它的整体特征、内在结构、发展程序、历史基础，这比用某些僵化的公式把它们宰割为块块条条，将是更有意义的事情。

二 理性本体的建立及其矛盾

如果说，张载由宇宙论始以伦理学终的理论行程只是某种半

---

① 所以值得注意的是，在汉代，"孝"被置于首位；宋明以来，"忠"（忠君）比"孝"更为突出，这正是由于适应后期封建制的缘故。
② 张载：《经学理窟·月令统》。

自觉的成果；那么，朱熹由宇宙论始的理论体系则相反，它是异常自觉地以构建伦理学为目标，并以之为轴心而转动的。张是由外而内，朱是由内而外。尽管从表面看，朱熹似乎是以"理"（"太极"）贯万物而自我实现，并且围绕着"理—气"问题，多方面和多层次地论证了一系列哲学中心范畴如形上形下、道器、动静、无极太极等等，真可说是"至广大""尽精微"，包罗万象，逻辑谨严①，因之有人比之于黑格尔。但我以为，尽管如此，也不必为这种繁博宏富的体系外观所迷惑，更重要的是要抓住要点。这个要点就是，朱熹庞大体系的根本核心在于建立这样一个观念公式：

"应当"（人世伦常）＝必然（宇宙规律）。

朱熹包罗万象的"理"世界是为这个公式而设：万事万物之所以然（"必然"）当即人们所必须（"应当"）崇奉、遵循、服从的规律、法则、秩序，即"天理"是也。尽管与万物同存，"理"在逻辑上先于、高于、超越于万事万物的现象世界，是它构成了万事万物的本体存在。"未有天地之先，毕竟是先有此理。"②"宇宙之间，一理而已，天得之而为天，地得之而为地，而凡生于天地之间者，又各得之以为性，其张之为三纲，其纪之为五常，盖此理之流行，无所适而不在。"③"性即理也，在

---

① 参阅陈荣捷《朱学论集》（台湾学生书局，1982年），其中某些论文有比较具体细致的解释。例如其中指出，朱熹不满程颐讲《易传》，认为乃虚理（即不联系具体人事），编《近思录》时本不想要卷首的"道体"，等等。我以为，这都可说明，所谓宇宙观只是表面架势，实质是在伦理学。所以与黑格尔根本不同。
② 《朱子语类》卷1。
③ 《朱子文集》卷70。

心唤做性，在事唤做理"①……。这个超越天、地、人、物、事而主宰之的"理"（"必然"）也就正是人世伦常的"应当"：两者既相等同又可以互换。"天理流行，触处皆是：暑往寒来，川流山峙，父子有亲，君臣有义之类，无非这理。"②"事事物物皆有个极，是道理之极至，蒋元进曰，如君之仁，臣之敬，便是极。曰，此是一事一物之极，总天地万物之理，便是太极。太极本无此名，只是个表德。"③可见，这个宇宙本体的"理—太极"是社会性的，是伦理学的，"只是个表德"。它对个体来说，也就是必须遵循、服从、执行的"绝对命令"：

>   命犹令也，性即理也，天以阴阳五行，化生万物，气以成形，而理亦赋焉，犹命令也。于是人物之生，因各得其所赋之理，以为健顺五常之德，所谓性也。④人物之生，同得天地之理以为性，同得天地之气以为形。甚不同者，独于人其间得形气之正而能有以全其性。⑤

"天命"（"理"）就是"性"，这是张载讲的"天地之性"，亦即"天命之性"、"义理之性"，是对个体来说的先验的必然要求和规范。人之异于物者，在于人有异于物的"形气之正"得以贯彻履行这种"义理之性"，从而"全其性"。宇宙论落实到人性论："理"世界落实到"性"、"命"。这就是说，人世的伦常道

---

① 《近思录集注》卷1。
② 《朱子语类》卷40。
③ 同上书，卷94。
④ 《四书集注·中庸注》卷1。
⑤ 《四书集注·孟子·离娄下》。

德、行为规范来自"绝对命令",来自"天理",而与功利、幸福、感性快乐无关。人见小孩坠井去救援,不是为了要功,不是为了图誉,而是必须("应当")如此去做,是超感性、超经验的先验理性的绝对命令,人不可以违反它。"绝对命令"的力量、伦常道德的崇高,也正是与个体经验的快乐、幸福、利益相对峙相冲突中才显示出来,显示它确乎是远远超越于一切经验现象世界的无比强大的理性本体。正是朱熹,把体用、中和、性情、静动、未发已发等等作了明晰的区别,具有鲜明的二元体系特色而极大地突出了理性本体的主宰、统帅、命令、决定作用。其实,整个宋明理学要讲的就是这个问题。宋明理学强调"义利之异",强调"穷天理,灭人欲",强调"饿死事小,失节事大",都是为了突出这一点。直到黄宗羲、王夫之这些十七世纪进步思想家们那里,反对"坐在利欲胶漆盆中"①,认为"君子小人之大辨,人禽之异,义利而已矣"②,等等,都仍然是上述理学基本精神的伸延。所谓"义利之分"乃"人禽之异",把人伦、理性("义"="人")与感性欲求("利"="禽")来源不同、本质歧异的这一特点讲得最突出了。

朱熹"理世界"中的所谓"理一分殊",其实质也是为了说明上述道德行为具有如法规似的普遍性,论证人们的特定现实物质内容的经验伦理行为,却具有与先验理性同体并在的性格,因而普遍适用和有效。即是说,这种适用和有效不是由经验事实来证实和保障,而是因为它们出自同一个先验理性("天理"):"万物皆有此理,理旨同出一源。但所居之位不同,则其理之用

---

① 黄宗羲引顾宪成批何心隐语,见《明儒学案》卷32。
② 王夫之:《读通鉴论卷18·宣帝》。

不一。如为君须仁，为臣须敬，为子须孝，为父须慈。物物各具此理，而物物各异其用，然莫非一理之流行也"①。"理一分殊"如"月照万川"，"如月在天，只一而已，及散在万川，则随处可见"，这与其说是在讲有关宇宙自然的共相具相，不如说是在为了证实伦理道德的普遍立法，然而也正是把这种立法高扬到本体论宇宙论的高度来论证的。

宋明理学强调在实践行动中而不是在思辨中来实现这个普遍规律（"理"）。这种实现又必须是高度自觉的，即具有自我意识的。在某种意义上，它是在追求伦理学上的"自律"，而反对"他律"。即把"绝对命令"当做自我完成的主动欲求，而不是外在的神意指令，当然更不是外在的物质功利、幸福了。朱熹要求"知"先于"行"，反对伦理行为的盲目性、自发性，都是为建立这种"自律"而要求自觉意识："义理不明如何践履"，"若讲得道理明时，自是事亲不得不孝，事兄不得不悌，交朋友不得不信"②。"不得不"是必须履行、无价钱可讲的"绝对命令"（"天理"），"讲得道理明时"是对这一"绝对命令""天理"的自觉意识。"格物"、"致知"、"穷理"，是为了达到这种意识的认识论。"格物是物物上穷其至理，致知是吾心无所不知。格物是零细说，致知是全体说"③。也正如程颐所说，之所以要求"今日格一物、明日又格一物"，是为了积累以达到"一旦豁然贯通"，即了悟到伦理本体而贯彻在自己的行为中，这也就是"自明诚"。

---

① 《朱子语类》卷18。
② 《朱子语类》卷9。
③ 《朱子语类》卷15。

也因为强调"自律",所以理学注重所谓"慎独",注重"一念之发是否率性",要求自己不受外在环境、利益、观念、因素所影响和支配。

只有做到了上述这些,才能建立起张载《西铭》中所提出的那样一个"天地之塞吾其体,天地之帅吾其性","存吾顺事,殁吾宁也",与天地合德与万物同体的伦理学的主体性,而这种主体性实际上是超越了现实道德要求,达到了存在的本体高度。所以宋明理学是一种伦理学主体性的本体论。这种本体论要求在平凡中见伟大,"极高明而道中庸",在普通日常生活实践中展现出道德律令的普遍必然和崇高地位。它比起以个人为本位,一味追求空寂或长生的释老的认识论、宇宙论来说,明显地具有高屋建瓴压倒它们的优越气势。

伦理本体、非功利的绝对命令、立法普遍性和意志自律,以朱熹为代表的理学确实在理论类型上有近乎康德处。

但是,与康德有一个根本差异。除了时代阶级背景不同(一是中世纪封建阶级,一是进入近代的资产阶级),从而有理论实质上的差异(如宋明理学缺少康德"自由""人是目的"的明确规定)外,还有一个非常有趣的不同。这个不同,冯友兰曾点出过。他说,康德只讲"义",理学还讲"仁"①。康德把理性与认识、本体与现象做了截然分割,实践理性(伦理行为)只是一种"绝对命令"和"义务",与任何现象世界的情感、观念以及因果、时空均毫不相干,这样就比较彻底地保证了它那超经验的本体地位。中国的实践理性则不然,它素来不去割断本体与现象,而是从现象中求本体,即世间而超世间,它一向强调"天人合

---

① 见冯友兰《新原人》第6章。

一,万物同体""体用一源""体用无间"。康德的"绝对命令"是不可解释、无所由来(否则即坠入因果律的现象界了)的先验的纯粹形式,理学的"天命之谓性"("理")却是与人的感性存在、心理情感息息相通的。它不止是纯形式,而有其诉诸社会心理的依据和基础。继承孔孟传统,宋明理学把"义务"、"绝对命令"明确建筑在某种具有社会情感内容的"仁"或"恻隐之心"上。如果说,康德仍然不脱开西方从古至今的原罪思想传统,认为人性恶;那么,宋明理学则承接孔孟传统,强调人性善,贯彻着"汝安则为之"(孔)、"恻隐之心,人皆有之"(孟)的心理与伦理相交融的基本原则。把本来说得极高、极大的"天命人性"、道德法则、伦常秩序,最终又归结到充满感性血肉的心理情感的依据上,这也就使其为印证伦理本体而设定的整个宇宙论、世界观,也带有人情化、生命化的意味。对"仁"、"恻隐之心"的极大肯定与对整个感性自然的生长发展的肯定,是类比地联系在一起的。因之在宋明理学中,感性的自然界与理性的伦常的本体界不但没有分割,反而彼此渗透吻合一致了。"天"和"人"在这里都不只具有理性的一面,而且具有情感的一面。程门高足谢良佐用"桃仁""杏仁"(果核喻生长意)来解释"仁",周敦颐庭前草不除以见天意,被理学家传为佳话。"万物静观皆自得,四时佳兴与人同","等闲识得春风面,万紫千红总是春"……,是理学家们的著名诗句。这些都是希求在自然世界的生意、春意中显示、体会、比拟人世的伦常法规,这也就是宋明理学的一个重大特征,也是宋明理学之所以把《周易》与《中庸》同尊共奉的缘故。同时这又是吸取了庄子、禅宗的某种成果。所以尽管理学家都声称尊奉孔孟,但实际上他们既赋予孔子"吾与点也"以新的形上解释,也超出了孟子的道德人格的主体性，而将它哲学地"圣"化了①。宋明理学家经常爱讲"孔颜乐处"，把它看做人生最高境界，其实也就是指这种不怕艰苦而充满生意，属伦理又超伦理、准审美又超审美的目的论的精神境界。康德的目的论是"自然向人生成"，在某种意义上仍可说是客观目的论，主观合目的性只是审美世界；宋明理学则以这种"天人合一，万物同体"的主观目的论来标志人所能达到超伦理的本体境界，这被看做是人的最高存在。这个本体境界，在外表形式上，确乎与物我两忘而非功利的审美快乐和美学心境是相似和接近的。

然而，也正因为如此，给理学特别是朱熹的哲学体系带来了巨大矛盾。由于本体界与现象界没有阻隔割裂，本体领域可以渗入情感（如上述的"孔颜乐处"）、经验，这样，也就使感性本身取得了重大的地位。再由于对人和世界的感性存在的承认和肯定，在人性论上也就必然承认人的感性欲求和需要。既然"天地之大德曰生"，那么顺应感性自然的生长发展的要求、意向——其中包括感性欲求的自然规律，就不仅不是恶，而且还是善；既然"理"必须依存于"气"而体现，那么天理人欲如何分界也就很难。"恶"并不能具有原罪式的本源的强固地位。"恶"只是对"善"——宇宙和群体的和谐、生意的背离或破坏而已，它与"善"不能是平等的对立地位，而只有从属的次要位置。善恶的本源性的对立既不存在，如何具体区分也就相当艰难。所以朱熹一再说，"天理人欲，几微之间"②，"若是饥而欲食，渴而欲

---

① "问浩然之气，曰：这个孟子本说得来粗……只似个粗豪之气……但非世俗所谓粗豪者耳。"（《朱子语类》卷52）
② 《朱子语类》卷13。

饮,则此欲亦岂能无?"①"虽是人欲,人欲中亦有天理","天理人欲无硬定底界"②……足见理性本体(天理)与感性现象(人欲)本应无对抗。但是,封建统治阶级的社会要求,使这些理学家们把短暂的特定社会时代的统治秩序行为规范即封建制度的法规,当做普遍必然无所不在的"天理""性命",来压迫扼杀人的感性自然欲求。禁欲主义、封建主义、等级主义,被当做宇宙的"天理"和人的"性命"。"亲亲之杀,尊贤之等,皆天理也"③,"所谓天理,复是何物?仁义礼智信岂不是天理?君臣父子兄弟夫妇朋友岂不是天理?"④这样,一方面,纯粹理论上肯定了感性自然的生存发展,并不要求本体与现象世界的分离;另方面实际又要求禁锢、压制甚至否定人的感性自然要求,伦理本体必须与现象世界划清界限。这个重大矛盾,在宋明理学的核心——人性论的"心统性情"的理论中,由潜伏而走向爆发。

也是由张载提出而朱熹集大成的"心统性情"说,把"心"分为"性"与"情"两个方面,"性,心所具之理,而天,又理之所从出也"。"性"是"天理",来自本体世界,它是所谓"未发",也称作"道心"。它的具体内容则是"仁"、"义"、"礼"、"智"、"信"等封建伦常规范,是纯粹理性。另方面是"人心",即"情",属于"已发"的现象世界,它的具体内容是"恻隐"、"善恶"、"辞让"、"是非"等观念情感、心理状态。它是有感性

---

① 《近思录集注》卷5。
② 《朱子语类》卷13。
③ 《四书集注·中庸注》。
④ 《朱子文集》卷59。

成分或与感性因素相关的。"性"与"情"的区分实际是"天命之性"与"气质之性"区分的同位推演。正如"理"不离"气"一样,"道心"不离"人心",却要管辖"人心"。"心"的这种双重性的假设,把理学体系的上述矛盾尖锐化了。

本来,在朱熹早期,"性"是"未发","心"是"已发",这样"心"与"性"便仍有割裂;"性"不能贯彻、渗透到"心",成为外在的要求、命令。所以后来朱熹认为"心"应包括"未发"、"已发"即"道心"、"人心",从而"兼体用、贯幽明、通动静",把作为"天理"的"性"一直贯穿到不能脱离血肉身躯的"心"中。于是"心"也就只好一分为二(道心与人心),从另方面也可说是合二而一了。总之,理性、感性、社会、自然、本体、现象被一股脑地浓缩和集中在这同一个"心"中:"性者心之理,情者心之动,心者充性情之主","心如水,性犹水之静,情则性之流,欲则水之波澜"。"命犹诰敕,性犹职事,情犹设施,心则其人也"①。"此心之灵,其觉于理者,道心也;其觉于欲者,人心也。……人心出于形气,道心本于性命……于人心之中,又当识道心……"②。在朱熹看来,道心人心本一心,但有天理人欲之分。若只讲道心,"将流为释老之学",因为有形体血气就有人心。人心有善恶,道心无不善,所以必须在人心中讲道心。如果饮食男女出乎"正",人心可以变道心。道心就在于制限人心,使饮食男女出乎"正"。可见,这是既求"道心"(性、未发、纯然是天理)管辖、统理、支配、主宰"人心"(情、已发、可走向人欲),又求"道心"与"人心"只是一心,

---

① 《朱子语类》卷5。
② 《朱子语类》卷62。

"道心"不能离开"人心"。一方面,"人心"与感性自然需求欲望相连,与血肉之躯的物质存在相连,这是异常危险的,弄不好便变为"过度"的"私意""私欲"而"人欲横流",成为恶。另一方面,"道心"又仍需依赖这个与物质存在相连的"人心",才可能存在和发挥作用,如果没有这个物质材料,"道心"、"性"、"命"也都落了空。"性只是理,然无那天气地质,则此理没安顿处"①,否认了"天气地质"、"人心"、"形气",也就等同于否定物质世界和感性自然的释家了。因之如何在这两方面取得均衡、稳定即中庸,就成了朱熹和理学所特别着意的地方。"人心唯危,道心唯微,唯精唯一,允执厥中",所谓十六字真诀也自然成了他们的纲领。理与欲,性与情,道心与人心,伦理与自然,既来自截然不同甚至对立的两个世界(本体世界与现象世界、理性世界与感性世界),却又要求它们一致、交融甚至同一,这的确是很艰难的。像"仁"这个理学根本范畴,既被认做是"性"、"理"、"道心",同时又被认为具有自然生长发展等感性因素或内容。包括"天"、"心"等范畴也都如此:既是理性的,又是感性的;既是超自然的,又是自然的;既是先验理性的,又是现实经验的;既是封建道德,又是宇宙秩序……。本体具有了二重性。这样一种矛盾,便蕴藏着对整个理学破坏爆裂的潜在可能。这个可能在朱熹的庞大的宇宙论、认识论的体系掩盖下还不突出,"心统性情"、"道心人心"的命题还没有占据整个体系的主导地位,矛盾被淹没在大量有关格物致知、无极太极等等议论中。但只要一到以"心"为本体的明代理学(心学)的新阶段,"心"比"理"更成为体系的中心课题后,这个矛盾便不

---

① 《朱子语类》卷4。

可避免地呈现出来和不断向前发展,最终造成理学体系在理论上的瓦解。

三 "心"的超越与感性

王阳明是继张载、朱熹之后的宋明理学全程中的关键人物;张建立(理学),朱集大成,王使之瓦解。尽管这并非个人有意如此,但历史的和理论的逻辑程序使之必然。如果说,张的哲学中心范畴("气")标志着由宇宙论转向伦理学的逻辑程序和理学起始,朱的中心范畴("理")标志着这个理学体系的全面成熟和精巧构造,那么王的中心范畴("心")则是潜藏着某种近代趋向的理学末端。他们又各自有其追随拥护者而形成理学中的三种不同倾向或派别。

哲学史家一般都把王阳明的理论追溯到程颢和陆象山,本文同意此说。大程跟他弟弟确有不同,他没去强调"道"("形而上")与"阴阳"("形而下")的严格区分,相反,他把它们看做一回事。"天只是以生为道,继此道者,即是善也",他认为水清水浊都是水,水流本身即善,即生,即性,即道。"生之谓性,性即气,气即性,生之谓性"。在他这里,"道"与"阴阳"、"理"与"气"、"性"与"生"、"天命之性"与"气质之性"……等等尚在未严密分化区划的状态中,因之感性自然的存在合理性更为鲜明,伦理的秩序、规范在大程这里也更多地不时闪烁出感性的光辉,不像他弟弟那样,一定要把一个抽象的、先验的、超感性现实的"理"、"道"、"形而上"从感性自然中分离出来以君临其上。程颢这种感性与理性合一的观念体系,比小程和朱熹在逻辑的分析水平和理论的发展层次上,处在更为简单更为初级的状态①。但另方面，它又更多地保存了未被严密逻辑规范弄得干枯抽象的感性直接性的优点和长处，从而反使它似乎更为接近理学家们所追求的"天人合一"的最高境界——那个"孔颜乐处"的目的论的精神境界。

陆象山自觉承接大程，明确反对小程和朱熹。他认为阴阳即道，主张"道""器"一体，反对把一个逻辑的"无极"加在存在的"太极"之上，从而也就反对天理人欲、道心人心的截然分划："天理人欲之言，亦自不是至论。若天是理，人是欲，则是天人不同矣。……人心为人欲，道心为天理，此说非是。心一也，人安有二心?"②与朱熹"性即理"不同，陆强调的是"心即理"，"心外无理"，"万物森然于方寸之间，满心而发，充塞宇宙，无非此理"③，"心之体甚大，若能尽我之心，便与天同"④。把"心"作为通万物同天地的本体，这个"心"本体比起那纯"理"世界当然客观上具有更多的感性血肉。"心"比"理"更多是感性自然和现实经验的，这样来谈心性，无怪朱熹要说陆是告子了。

陆象山比程颢在理论推演上也前进了一步，对程颢的直观把握方式作了自觉论证和说明：与"心即理"的宇宙观并行的是直觉认识论。既然一切认识、一切格物致知都是为了达到"豁然贯通"，了悟伦理本体，那么何不直接求诸本心，又何必费神劳思，今日一件明日一件地去格外物呢？只要去掉心中的各种弊

---

① "……明道之性论，于宋儒中最薄弱者也"（王国维：《静安文集·释性》）。
② 《陆九渊集》卷34。
③ 同上。
④ 同上书，卷35。

病，真理的光辉便会自然显露。"顺乎心之自然"，便可以自自然然地实现、履行伦常真理，而与本体合一。"道塞宇宙，非有所隐遁……在人曰仁义，故仁义者，人之本心也"①；"收拾精神，自作主宰，万物皆备于我，有何欠阙？当恻隐时自然恻隐，当羞恶时自然羞恶……"②

王阳明则进一步把陆象山的这些论点系统化、周密化、条理化，陆象山不讲"工夫"，于是"道"的"本体"便似乎不可得而求；王阳明强调"工夫"，认为"工夫"即"本体"，这就一面保持了讲求修养持敬的理学本色，同时又论证了"知行合一"的哲学理论："知"即是"行"，"行"不离"知"，"知是行之始，行是知之成"；"知"在这里就不同于朱熹"格物致知"的客观认识，而完全成为道德意识的纯粹自觉。王阳明最终把这一切集中在"致良知"这个纲领性的口号之上。

> 忠与孝之理，在君亲身上？在自己心上？若在自己心上，亦只是穷此心之理矣。③假而果在于亲之身，则亲没之后，吾心遂无孝之理欤？④ 人心是天渊，无所不赅，原是一个天，只为私欲障碍，则天之本体失了。如今念念致良知，将此障碍窒塞一齐去尽，则本体已复，便是天渊了。⑤格物如孟子大人格君心之格，是去其心之不正，以全其本体之正。⑥

---

① 《陆九渊集》，卷1，与赵监书。
② 《陆九渊集》卷35。
③ 《传习录》上。
④ 同上书，中。
⑤ 同上书，下。
⑥ 同上书，上。

作为理学，陆王与程朱同样为了建立伦理学主体性的本体论，都要"明天理去人欲"；其不同处在于，程朱以"理"为本体，更多地突出了超感性现实的先验规范，陆王以心为本体，更多地与感性血肉相连。于是前述的潜伏在朱熹和理学中的困难和矛盾，到王阳明和心学中便成为主要矛盾了。我曾认为，"王阳明哲学中，'心'被区划为'道心'（天理）'人心'（人欲）①。'道心'反对'人心'而又须依赖'人心'才能存在，这当中即已蕴藏着破裂其整个体系的必然矛盾。因为'道心'须通过'人心'的知、意、觉来体现，良知即是顺应自然。这样，知、意、觉则已带有人类肉体心理性质而已不是纯粹的逻辑的理了。从这里，必然发展出'天理即在人欲中'、'理在气中'的唯物主义"②。

这种破裂首先表现为由于强调"道心"与"人心"、"良知"与"灵明"的不可分离，二者便经常混在一起，合为一体，甚至日渐等同。尽管"心"、"良知"、"灵明"在王阳明那里被抽象提升到超越形体物质的先验高度，但它毕竟不同于"理"，它总与躯壳、物质相关联。从而理性与感性常常变成了一个东西而紧相纠缠以至不能区别，于是再进一步便由理性统治逐渐变成了感性统治。

> 所谓汝心，却是那能视听言动的，这个便是性，便有天

---

① 道心人心之分在张载那里就有，在张那里恰好是理学的必然开头，要点在道心的超越性；在王这里则恰好是结尾，要点是它的依存性。当然严密说来，"人心"并不等于"人欲"，见上文。
② 《康有为谭嗣同思想研究》，第89页，上海人民出版社，1958年。着重点原有。

宋明理学片论　257

理。①

良知只是个是非之心，是非只是个好恶，只好恶便尽了是非，只是非便尽了万事万变。②

良知是天理之昭明灵觉处。③

只是一个灵明……我的灵明便是天地鬼神的主宰。离却天地鬼神万物，亦没有我的灵明，如此便是一气流通的。④

能视听言动、知觉、灵明，都或多或少地渗入了感性自然的内容和性质。它们更是心理的，而不是纯粹逻辑的，它们有更多的经验性和更少的先验性。并且更重要的，在理学行程中，这个具有物质性的东西反而逐渐成了"性"、"理"的依据和基础。原来处于主宰、统治、支配地位的逻辑的"理"反而成了"心"、"情"的引申和派生物。于是，由"理"、"性"而"心"倒过来成了由"心"而"理"。由"性"而"情"变而为由"情"而"性"。"充其恻隐之心，至仁不可胜用，这便是穷理工夫。"⑤不是由"仁"（朱学中的"性""理"）来决定、支配"恻隐之心"（朱学中的"情"），而是倒过来，"仁"和"穷理"反而不过是"恻隐之心"的推演和扩充了。既然"心"即"理"，而"心"又不能脱离血肉之躯的"身"，毋宁还需依靠"身"才能存在（《传

---

① 《传习录》上。在这里，心的感性方面视听言动还为理性——"能视听言动的"所统治。
② 《传习录》下。"是非"等同于"好恶"，然而"好恶"比"是非"更容易走向感性。
③ 同上书，中。
④ 同上书，下。
⑤ 同上书，上。

习录》下:"无心则无身,无身则无心,但指其充塞处言之谓之身,指其主宰处言之谓之心")。"道心"与"人心"既不能分,"心"与"身"又不能分,这样,"理""天理"也就愈益与感性血肉纠缠起来,而日益世俗化了。从宇宙论、认识论说,由张载到朱熹到王阳明,是唯物论("气")到客观唯心论("理")到主观唯心论("心"),似乎是每况愈下,日益倒退,时下好些哲学史论著都如此说。但如果从理学全程说,却是从自然到伦理到心理,是理学的成形、成熟到瓦解,这倒正是趋向近代的一种前进运动。

王阳明著名的"无善无恶是心之体,有善有恶是意之动,知善知恶是良知,为善去恶是格物"①的"四句教"和"身之主宰便是心,心之所发便是意,意之本体便是知,知之所在便是物"②,尽管前者企图把"心"说成超实在超道德(善恶)的本体境界,但比起朱熹的逻辑主义的"理"来,它毕竟更心理主义化。王学集中地把全部问题放在身、心、知、意这种不能脱离生理血肉之躯的主体精神、意志上,其原意本是直接求心理的伦理化,企图把封建统治秩序直接装在人民的心意之中。然而,结果却恰恰相反,因为这样一来,所谓"良知"作为"善良意志"(good will)或"道德意识"(moral conciousness)反而被染上了感性情感色调。并由王龙溪到王心斋,或以"无念"为宗,强调"任心之自然"即可致良知;或以"乐"为本,强调"乐是心之本体","人心本自乐,自将私欲缚⋯⋯乐是乐此学,学是学此乐",都把心学愈益推向感性方向发展。因为所谓"任心之自

---

① 《传习录》下,详本章第五节。
② 同上书,上。

然"，所谓"乐"，尽管指的并不是官能享受、感性快乐或自然欲求，而仍是某种精神满足、道德境界，但不管怎样，它们或较直接或通过超善恶的本体而与感性相连，便日益脱离纯粹的道德律令（天理）。于是"制欲非体仁"之类的说法、提法不久便相继出现，王学日益倾向于否认用外在规范来人为地管辖"心"禁锢"欲"的必要，亦即否认用抽象的先验的理性观念来强制心灵的必要。"谓百姓日用即道……指其不假安排者以示之，闻者爽然"；"天理者，天然自有之理也，才欲安排如何，便是人欲"①……所有这些都是"心即理"的王学原则在日益走向感性化的表现，不是伦理即心理，而逐渐变成心理即伦理，逻辑的规范日益变为心理的需求，"心即理"的"理"日益由外在的天理、规范、秩序变成内在的自然、情感甚至欲求了。这也就是朱熹所担心的"专言知觉者……其弊或至于认欲为理者有之矣"②。这样，也就走向或靠近了近代资产阶级的自然人性论：人性就是人的自然情欲、需求、欲望。无论是泰州学派或蕺山学派，总倾向都如此。从王艮讲"爱"、颜山农认为"……只是率性而行，纯任自然，便谓之道……凡儒先见闻道理格式，皆足以障道"③，到何心隐说"性而味，性而色，性而声，性而安适，性也"④；刘宗周强调"道心即人心之本心，义理之性即气质之本性"⑤，想建立至善无恶的心之本体来摈除一切可能的人欲的思想，但是到他的学生陈乾初那里，就发生了变化，陈说："人心本无天

---

① 《明儒学案》卷32。
② 《朱子文集》卷67。
③ 《明儒学案》卷32。
④ 《何心隐集》，第40页，中华书局，1960年。
⑤ 《明儒学案》卷62。

理，天理正从人欲中见，人欲恰好处，即天理也，向无人欲，则亦并无天理之可言矣"；"人欲正当处即是理，无欲又何理乎"①；等等，似乎和泰州学派殊途同归了。

李卓吾更大讲"童心"，不讳"私"、"利"："夫私者，人之心也。人必有私而后其心乃见，如无私则无心矣"，"若不谋利，不正可矣……若不计功，道又何时而可明也？"②这几乎是与宋明理学一贯肯定和宣讲的"正其谊不谋其利，明其道不计其功"唱完全的反调；不但肯定了"利"、"功"、"私"、"我"，而且还认为它们是"谊"、"道"、"公"、"群"的基础。由这里，再到戴东原强调"好货好色，欲也，与百姓同之即理也"③，"古圣贤之所谓仁义礼智，不求于所谓欲之外，不离乎血气心知"④，便只一步之隔；而从戴东原这些思想再进一步到康有为的"理，人理也"⑤，"夫生而有欲，天之性哉！……口之欲美饮食也，居之欲美宫室也……"，"人生之道，去苦求乐而已，无他道矣"⑥，在理论逻辑上又只有一步之隔了。这些开辟近代自然人性论的先驱健将李贽、康有为或公开崇奉王学，或直接与王学理论相连，决不是偶然的。

从理论上说，由"气"到"理"，由"理"到"心"，由"心"到"欲"，由强调区分"天理"与"人欲"、"义理之性"与"气质之性"始，到"理在欲中""欲即性"终，略去细节和现象

---

① 《陈确集》下册，第461、468页，中华书局，1979年。
② 《藏书·卷32·德业儒臣后论》。
③ 《孟子字义疏证》。
④ 同上。
⑤ 《康子内外篇》卷13。
⑥ 《大同书》。

的种种纷繁出入不论，这一整体行程发展的井然次序颇使人惊异。由外在的宇宙观建立内在的伦理学，而最终竟又回归为心理—生理学，而使整个理学体系在理论上崩毁瓦解。伦常道德又开始建立在个人的感性欲望、利益、幸福、快乐的身心基础和现实生活之上，封建主义的天理人性论变而为资本主义的自然人性论，走了一个圆圈，似乎回到张载、朱熹所要反对的地方，实际上却是大大地前进了。它给人类留下了精神的收获和思辨的财富。

  逻辑的游戏不会凭空产生，它的真实基础是历史。为什么陆象山的心学"未百年其说已泯然无闻"①，而王阳明登高一呼则四方响应，如洪波急流，泛滥天下？为什么李卓吾人被囚、书被焚，却使当时"大江南北如醉如狂"？这一切难道与明中叶以来的经济、政治、文化、社会氛围和心理状态的整个巨大变迁没有关系吗？与当时商品经济非常发达、市民生活奢侈繁荣等等没有关系吗？②

  除了走向近代自然人性论而外，王学的另一特征是对主体实践（道德行为）的能动性的极大强调，即知行合一。"知之真切笃实处即是行，行之明觉精义处即是知"。这实际是把一切道德归结为个体的自觉行为。"知"必须是"行"，"良知"无不行，而自觉的行也就是知。这就是说，人的真实存在是在行为活动的"良知"之中，在此行为中，人才获得他的本体存在。人们常把王阳明"山中花随心生灭"的著名论点当做巴克莱来批判，其实，在王阳明知行合一说中，认识论已不占什么地位，在某种意

---

① 《宋元学案》卷58。
② 参看拙作《美的历程》第10章。

义上甚至可以说已经取消了认识论问题。所谓"致良知"并非知,乃伦理感。所以,不是"存在就是被感知",不是"我思故我在",而毋宁是"我行故我在"。在自觉的"致良知"的伦常行为中,来证实、肯定和扩展人的存在。如黄宗羲所云"心无本体,工夫所至,即是本体"①。由于反对追求纯客观认识的知,反对离开或脱离"行"的"知",这就使一大批王门后学日益明确地或扬弃、或排斥、或反对程朱正统的居敬持静,并且对现实日常生活采取了更为积极的参与干预态度。王学中的泰州学派四处讲学,甚至招摇过市,对群众、对人生、对生活表现某种狂热的"宣教"热诚,便是王阳明这一理论的实际后果。所以,与此相联系,突出个体主观战斗精神成了王学的一大特征。本来,自陆象山始,就十分强调"自作主宰""自立自重",主怀疑、反盲从、"六经皆我注脚",经王阳明到王门后学,这一特征便更重要和更有意义了。"良知"既是本体,就无待乎外,最高权威是自己,而不是"六经"或任何神灵。王艮主张"造命""易命",刘宗周强调"主意",都以不同方式表现出这个方面。而王学的这个方面当然与强调伦理学的意志自律原则有关,同时又与上述走向现实参与政治斗争相联系。泰州学派的惊世骇俗,何心隐、李卓吾与权贵、上层的抗争,刘宗周、黄宗羲的民族气节、政治观念,都是与这种着重主观战斗精神和独立意志的人生态度紧密结合在一起的。从理论说,它是用另一种方式极大地突出了伦理主体性。个体的历史责任感、道德的自我意识感更加重要,成为整个学说的基本精神和首要课题。

王学的这两个方面都把"理"学引向纯粹的心灵,要求"心

---

① 《明儒学案》序。

灵"超脱现实世界而独立、而自由，而成为宇宙的本体。前一方面由于否定人有"二心"，泯灭了"义理之性"与"气质之性"的严重区分，走向了近代自然人性论。后一方面由于强调主观立志和意志力量，使后代许多志士仁人——从康有为、谭嗣同到青年时期的毛泽东、郭沫若，都或多或少在一定程度上受了感染和影响，把它们作为向旧社会、旧制度、旧风气进行抗争、抵制的精神武器或依靠。从理论上讲，前一方面似乎更为重要，但发展却并不大。中国近现代的资产阶级自然人性论，除了在五四运动后的新文学中有所表现外，并没有充分的展开，这与近代反封建的启蒙任务并没完成有关。因之，后一方面（讲求个体的道德修养、意志锻炼和战斗精神）反而成为有实际影响的因素。一个非常有趣的现象则是青年毛泽东在五四运动前夕的《伦理学原理》批语中，表现了把这两个方面结合起来的企图，即以肯定感性欲求的利己主义基础上来夸扬、锻炼个体的主体意识、道德修养和意志自律，以"我即宇宙""只争朝夕"的精神来迎接和参与社会现实生活。然而，这种嫁接并没持续多久，感性的自由和欢乐远远没有得到理论上的充分肯定和发挥，主体的伦理自觉和意志要求在艰苦的革命生活和军事斗争的漫长岁月中，反而取得了实际的效果和过分的强调。

总之，本文以为，王阳明的"心学"与其看做与程朱并峙的理学内部纷争或派别，不如就整个宋明理学的历史全程来考察和确定其地位，这个地位就是"理学"走向末梢的逻辑终结。尽管王阳明个人主观上是为"破心中贼"以巩固传统秩序，但客观事实上，王学在历史上却成了通向思想解放的进步走道。它成为明中叶以来的浪漫主义的巨大人文思潮（例如表现在文艺领域内）

的哲学基础①。

理论的逻辑行程以现实社会的变化为最终依据。所以，值得注意的是，与王学对立的程朱学派也同样展现了这种变异。与王阳明同时的罗钦顺、稍后的王廷相以及更后的方以智、王夫之、顾炎武甚至陆世仪、李二曲等人，他们尽管或真心崇奉程朱，或正面批判陆王，在思想解放趋向近代的启蒙方面，远不及王学各派，但他们又都以另一种方式，即由"理"向"气"的回归，走向客观物质世界。他们大都或主张、或倾向于气一元论，或明白或不自觉地再次提出张载作为榜样。罗钦顺是主气的，王廷相也如此，王夫之更明确地追溯到"张横渠之正学"，方以智也是主气主火的著名的自然哲学家……。他们实际上与程朱的方向已经拉开了距离，他们开始真正重视对外界客观事物的规律法则的研究探讨，而不只是为建立伦理主体服务了。认识论开始再度成为认识论，不再只是伦理学的仆从、附庸或工具。因之，他们在理论构造的丰富性、谨严性、科学性等方面，又超过了王学各派。如果说，戴东原承绪王学传统②是指向近代自然人性论解放思潮的先驱，那么，方以智、王船山则承续朱学传统，是三百年前具有科学思辨的前导。

四　遗产的两重性

宋明理学到底留给我们一些什么呢？

这问题太大了，本文仍然只能挂一漏万地粗糙描述两笔。

---

① 参看拙作《美的历程》第10章。
② 参看冯友兰《中国哲学史》下册。

首先当然是以程朱为中心的"理学"在其数百年统治期中对广大人民的惨重毒害。它给人们那么多的灾难和痛苦,"尊者以理责卑,长者以理责幼,贵者以理责贱。虽失,谓之顺。卑者、幼者、贱者以理争之,虽得,谓之逆。……上以理责其下,而在下之罪,人人不胜指数,人死于法,犹有怜之者,死于理,其谁怜之?"①"其所谓理者,同于酷吏之所谓法。酷吏以法杀人,后儒以理杀人,浸浸然舍法而论理,死矣,更无可救矣"②。"俗学陋行,动言名教(即礼教、理学),敬若天命而不敢渝,畏若国宪而不敢议……上以制其下,而不能不奉之。则数千年来三纲五伦之惨祸烈毒,由是酷焉矣"。"名之所在,不惟关其口,使不敢昌言,乃并锢其心,使不敢涉想……"③

之所以又一次搬出这些人所熟知的引文,是因为它们以自己切身感受最清晰地表达了、说明了宋明理学(主要是朱学)在当时的现实作用。而且,重要的是,即使在纯理论或行动中具有优秀表现的人物(例如刘宗周),只要一翻阅他们那些涉及社会现实生活的种种议论(如刘的《人谱类记》),便怵目惊心地可以看到这些理学家们是那样的愚昧、迂腐、残忍……,他们几乎无一例外地要求用等级森严、禁欲主义等等封建规范对人进行全面压制和扼禁。而事实上,一句"饿死事小,失节事大"的语录,曾使多少妇女有了流不尽的眼泪和苦难。那些至今偶尔还可看到的高耸的石头牌坊——贞节坊、烈女坊,是多少个"孤灯挑尽未成眠"的痛楚情感的凝聚物。而一顶"名教罪人"的帽子,又压

---

① 戴震:《孟子字义疏证》。
② 戴震:《与某书》。
③ 谭嗣同:《仁学》。

死了多少有志于进步或改革的男子汉。戴东原、谭嗣同满怀悲愤的控诉，清楚地说明了宋明理学给中国社会和中国人民带来的历史性的损伤。所以，戊戌以来，从谭嗣同到邹容、宋恕，从陈独秀到吴虞、胡适，从鲁迅到巴金、曹禺，无论是政论是小说，无论是《狂人日记》是《家》，也无论是巴金的《家》还是曹禺的"家"（《雷雨》）……，充满了战斗激情，博得了历史声誉，赢得了人民喜爱的，不正是因为它们以反理学作为基本主题的缘故么？

直到今天，这个历时千年的陈旧幽灵也仍然不时地在中华大地上游荡，尽管它常常改头换面，甚至打出马克思主义革命旗号（"狠斗私字一闪念"、"灵魂深处爆发革命"等等）来红装素裹，再世还魂。既然如此，解放以来，我们对宋明理学采取彻底否定的态度不也就是完全可以理解的事情么？并且，直到今天，不也仍有继续执行这种批判、否定的历史使命吗？

那么，行程达数百年的宋明理学就是思想史上毫无意义的一堆破烂吗？它是否也留给了人类某些积极的东西呢？特别是展望未来，当可以彻底消除它的特定封建作用之后，它本身是否还有某种价值呢？

这个问题似乎尚未有令人满意的回答。并且，现实的利害总胜过纯粹理论的考虑。宋明理学的巨大现实祸害完全淹没了它在纯理论上的成就和特点。但是，如果从整个人类和整个民族的更为长远的角度来看，情况当有不同。

人类不但制造、积累、发展外在世界的物质文明，从原始石器、陶器到今天的航天飞机，而且同时也在不断创造、积累、发展内在世界的精神文明。除了物态化的作品（Karl Popper 的世界3）之外，它还表现为人的精神、心灵本身的结构状态（世界

宋明理学片论　267

2)。人的心理不同于动物，人有其区别于动物的人性，这就是建筑在动物性生理机制上的社会性的心理结构和能力。文化心理结构使人区别于动物，它即是人性的具体所在。探讨、分析、研究这一结构应该是今天哲学的一个重要课题。

这个结构中至少又可以分出智力结构、意志结构和审美结构三大分支（知、意、情），科学、道德和艺术是物态化的表现。它们确乎是历史具体的，随社会、时代、民族、阶级而具有各自特定的内容和作用，但是，同时它们又有其不断内化、凝聚、积淀下来的结构成果，具有某种持续性、稳定性和非变异性。前者（内容）时过境迁，经常变化、发展或消失，后者（形式）却常常内化、凝聚、积淀、保存下来，成为人的主体能力和内在结构。以前讨论得很多的所谓道德继承性、文化遗产继承性诸问题也都与此相关。任何文化、道德都是历史具体的，具有特定的社会、时代、民族、阶级的不同内容，原始时代不同于封建社会，封建社会又不同于资本制度，各种知识观念、道德标准和艺术趣味都在不断变迁。然而也就在这种种变迁运动中，却不断积累着、巩固着、持续着、形成着与动物相区别的人所特有的心理结构、能力和形式。它是心理的，但建筑在生理基础之上，实际上是生理和社会两个方面的交融统一。因之，它表现为感性自然的普遍性并不是生物性的，而毋宁是社会性的了。

例如，人和动物都有牺牲个体以维护群体的感性活动形式。在动物，这是本能；在人，却是自觉的意志行为，是理性意识作用、主宰、支配感性活动的结果。它表现的正是人的意志结构的威力。这种表现在感性形式里的理性意志，恰恰是在与感性生理的自然欲望——求生、快乐、幸福相对峙甚至冲突中，展现出它的人的本质和人性的庄严。可见，人的主体意志和道德行为并不建筑在自然欲求的基础之上,而是建立在理性主宰、支配感性的能力和力量之上。在这个问题上,康德和宋明理学无疑比法国唯物主义和自然人性论要深刻。连日常语言中的所谓"意志薄弱""道德沦丧"等等,指的也正是理性主宰的丧失、人对自然欲求的屈从或迁就,如贪生怕死、追求安逸、耽于声色等等。尽管不同社会、时代、民族、阶级的道德要求伦理内容各不相同甚至彼此对立,但它们在建立人类的意志结构和主体能力这件事本身上,却有其共同的要求、性质和历史的延续性、传递性。刘少奇《论共产党员的修养》与宋明理学的封建道德说教是完全不同的,但是它们在建立主体意志和伦理责任感的形式上,难道真正没有任何共同的东西吗?难道真正没有民族传统方面的继承因素吗?使顽夫廉,懦夫立,闻者兴起,宋明理学在中国民族性格、中国实践理性的形成发展中,在中国民族注重气节、重视品德、讲求以理统情、自我节制、发奋立志等建立主体意志结构等方面,难道真正毫无关系吗?文天祥的《正气歌》不正是宋明理学吗?封建时代的正派人士、近代革命家在监狱苦刑中以宋明理学自恃自乐,难道是偶然的吗?

如果从这样一种角度来看宋明理学,便可以见到,由于宋明理学细密地分析、实践地讲求"立志"、"修身",以求最终达到"内圣外王"、"治国平天下",把道德自律、意志结构,把人的社会责任感、历史使命感和人优于自然等方面,提扬到本体论的高度,空前地树立了人的伦理学主体性的庄严伟大。在世界思想史上,大概只有康德的伦理学能与之匹敌或相仿。康德著名的墓碑"位我上者,灿烂的星空;道德律令,在我心中",与张载的名言"为天地立心,为生民立命,为往圣继绝学,为万世开太平",在表现人类主体伦理性本体的崇高上,是同样伟大的。人的本质,一切人性,并非天生或自然获得,它们都是人类自我建立起来的。对人类整体说是这样,对个体也如此。前者通过漫长历史,后者主要通过教育(广义)。意志结构便主要是通过实践活动本身和体育、德育来建立。

如前所述,与康德不同的是,康德的道德律令具有更多的可敬畏的外在性,宋明理学在理论上却保留了更多的人情味①。在康德,是本体与现象界、伦理世界与自然世界的分裂;在理学,是"赞化育,与天地参"的"情理协调"和"天人合一"。所以,它不是完全忽视情感的纯理性的社会契约,也不是完全忽视理智的纯感情的宗教迷狂。这种追求"情理谐和"、"天人合一"的思想、观念,以建立区别于动物的人性本体,在精神空虚、价值崩溃、动物性个体性狂暴泛滥,真可说"人欲横流"的今天的资本主义世界中,有没有一定的意义和价值?宋明理学的理论成果和世界意义,是一个尚待深究的题目。

五 《片论》补

《片论》既成,意远未尽;异日再论,暂补数则:

(一)《片论》曾将宋明理学与康德相比。

(甲)这是为了指出宋明理学以伦理作为本体。宋明理学的

---

① 这是从孔孟起的中国儒家传统,把伦理修养最终放在心理愉悦上。直到近代,熊十力、梁漱溟由佛归儒仍然说明了这一传统的力量。如梁便认为"乐"是使他归儒的主要原因(《中国哲学》第1辑,第330—341页),甚至章太炎由"转俗成真"到"回真向俗"(《菿汉微言》)也有此意。处于近代门槛的这些哲学家们回光返照似地折射出中国古典哲学(儒——佛——儒)的缩影行程,这是有深刻意义的:它提示中国哲学应有新的出路。

根本目的和理论建构是以伦理学为指归,来证实封建伦常的普遍必然性。但由于宋明理学所遵循的仍是中国"天人合一"的传统,这又与康德有了根本区别。康德将现象与本体截然两分,认为伦理与自然无关;宋明理学强调体用不二,认为"人道"(伦理秩序)即"天理"(宇宙规律)所在。因之《片论》的比较,不仅表中外思想之同,而亦为显东西传统之异。

(乙)《片论》开篇引青年毛泽东语以示高扬道德本体的宋明理学与康德哲学在近代伟人身上的共同影响,即一面略见这种伦理主义和主观意志在近代中国所产生的不容忽视的现实作用,另面亦见它在农民小生产国家容易获得广泛响应(参阅本书《墨家初探本》),而在社会现代化过程中造成的巨大祸害。足见,《片论》将康德与理学相提并论,并不尽因二者理论本身故。

(二)①朱熹建立了一个秩序森严的"理"世界以统摄宇宙和人世,把道德的"应当"与事理的"必然"等同混淆起来。其要点则在"理一分殊"之说。朱熹的老师李侗曾告朱,难者分殊,非理一也。理学的不同于佛宗,正在于此。因为它所强调、所重视的是"一理散为万殊,万殊又合为一理";即统一的"天理"体现在各个具体不同的伦常"分殊"中,各个具体不同的封建伦常的"分殊"又共同地体现了这个"理"。从而这个"理"就不是某种单一的存在或机械的法则,而是一个由各个彼此也很不相同的"分殊"所构成的有机整体,亦即纷繁复杂的封建社会的等级秩序。它又不只是如佛家简单的"一月印万川"而已。它也不同于康德只建立形式的普遍立法,而是要在这"理一分殊"

---

① (二)(三)(四)(五)中的部分内容乃1982年7月12日檀香山"朱熹国际学术会议"上的发言。

中建立具体的普遍立法。理学正是把这种"立法"与宇宙自然的客观规律（理、气、无极、太极等等）联系等同起来而论证其永恒性和生命力的。总之，理学关心的是实现封建伦常秩序等级体制的"分殊"的普遍必然性。所以理学讲的"人皆可以为尧舜"，并不能完全等同于"人皆可以成佛"。在佛面前，人可以是平等的；在尧舜那里，世间却有尊卑等级、亲疏差别。理学所要捍卫的正是这个君臣父子的世上王朝，而不是那个不认父兄、脱开现实的平等佛国。因此为这个虽"分殊"却又"一理"的封建社会有机体作哲学建构，就比佛学远为艰难和复杂。朱熹终于构成了一个无所不包而能大体自圆其说的庞大体系，才成了儒学的"正宗"和"礼教"的圣人，历经封建王朝的兴替而不衰落。不能只分析理论本身的纯粹逻辑，而不看到它的这种实在的社会依据。

（三）从而所谓朱、陆之争，以及朱之反对胡五峰（《知言》），反对谢上蔡（"训觉为仁"），便有其现实的道理。这就是：由于上述社会背景，朱熹必须强调"理"的客观性才能保证它的"分殊"（各种具体的封建伦常秩序）的普遍性和实在性。所以朱熹要强调分出"性"、"情"、"理"、"气"、"无极"、"太极"等等来。这种客观的"理"决不能从个体的道德自觉、个体的精神超越出发，决不能与个体的"心"完全等同，而需要有一个具有外在于个体而又主宰个体的绝对权威——"天理"在。个体必须无条件地服从于它。从而朱熹就突出了天与人、理与欲的二元对峙以及二元的矛盾和冲突，要求在这冲突中建立起实践理性的主体，亦即建立起支配、控制感性的个体理性的意志结构。

之所以突出"理"、"欲"的对立和冲突，所谓"天理存则人欲亡，人欲胜则天理灭"①，所谓"痛理会一番，如血战相似"等等，都是为了强调对具有客观性的"天理"的自觉意识亦即道德意识。而"天理"既是作为普遍规律无所不在，"格物致知"便成为达到道德意识的必由之津梁；而"德性之知"（道德意识）也有赖于"闻见之知"。朱熹的伦理学之所以还附有认识论，原因也在于此；即由认识外在世界事物的"理"（秩序）以达到对作为伦理本体的"理"（道德）的自觉。这样，也就使朱熹的哲学体系比较起陆象山、胡五峰、谢上蔡等人来，它所包含的现实内容远为丰富饱满，它的逻辑结构和分析层次也远为细致清晰。例如，它就不像胡五峰那样把"理"与"欲"、"天"与"人"、"性"与"情"混在一起不加分析（"天理人欲同体而异用""好、恶，性也"），也不像程颢、陆象山等人那种"天人合一"的直观式的简单表述（"仁"＝"天"＝"心"＝"理"）。这种未经细密的理论分析，也未真正足够重视其中冲突的"天人"、"理欲"的合一，实际上只是一种比较低级的混沌的原始的圆满或和谐。真正高级的和谐或"天人合一"是经由了严重的冲突斗争的悲剧之后的成果。尽管朱熹也并没能达到这种理论水平，但他毕竟重视了"理欲"等等的对立和冲突。在理论层次上，如《片论》所指出，它高于程颢、陆象山、谢上蔡、胡五峰等人。

（四）所以，我的看法与牟宗三的观点刚好相反。牟认为朱熹是"别子为宗"，但没有解释这个"别子"居然可以成为正宗数百年之久的现实原因。他是纯从思想本身来立论的。简而言之，牟认为朱熹的"理"是"有而不在"，"存有而不活动"，因为它是静态的知性抽象，它虽超越却并不内在，不是"活泼泼

---

① 《朱子语类》卷13。

的",从而道德也就变成了外在于人的他律和形式了。朱熹是由外而内,由"格物致知"而"正心诚意",于是伦理学变成了认识论,失去了本体地位。牟宗三认为陆、王(以及胡、谢等)才是孔孟正宗,因为他们强调"理、气""性、情""天、人"的同一,"心"即"天"即"理"。因之道德本体不是建筑在超越的外在("理")上,而是直接建筑在个体的"此在"(Dasein)中("心")。从而便不是从外在的主宰("理")出发,而是从内在的良知("心")出发,这才是由内而外。所以"格物致知"就决非认识,而只能是道德自觉,它即是"正心诚意"。只有这样,才有真正的自律道德,它既超越又内在,既"有"且"在",是"知"亦即是"行",是具体的现实的"此在"。朱熹强调"仁"是"心之体,爱之德","仁"和"心"便是分开的。而在这里,"仁"就是"心",就是"爱";"心""爱"也就是"仁"。"心"比"理"具有活生生的行动义,牟宗三强调它即是康德讲的只有上帝才有的"智的直觉"。在这种直觉中,本体与现象、目的与因果合二而一,它正是心学所讲的伦理本体。因此,此"心"既是个体的道德自觉,又是普遍的本体存在;既非个体的纯感知经验,又为个体所直接地经验和拥有。牟宗三及其学生们在解释谢上蔡"以觉训仁"时,便强调此"觉"并非知觉之觉,乃"不安不忍的道德真情之觉"、"不麻木而恻然有觉",亦即王阳明的"良知良能"、道德本性的"觉"。

  牟宗三崇陆、王,是"现代新儒家"的最后一代。他与上一代的冯友兰崇程、朱刚好映对[①]。牟对宋明理学心性论的研究比

[①] 中国"现代新儒家"可分四代(指理论逻辑阶段非个人年代顺序)即熊十力、梁漱溟、冯友兰、牟宗三。详见另文。

前人的确前进了一步。上述揭示出理学心学的这种区分，不满于程朱建立理性对感性的主宰、控制，而要求在个体中来建立或达到道德本体，就是如此[①]。如同冯友兰的"新理学"与当时的新实在论相连一样，牟的新心学与现代存在主义也明显有关。

但问题是，这种不离个体"此在"的道德本体论必然向两个方向发展。王阳明学说正是这样。因为尽管心学强调"心"不是知觉的心，不是感性的心，而是纯道德本体意义上的超越的心。但是它又总要用"生生不已"、"不安不忍"、"恻然"等等来描述它，表达它，规定它（包括牟宗三也如此）。而所谓"生生"、"不安不忍"、"恻然"等等，难道不正是具有情感和感知经验在内吗？尽管如何强调它非心理而为形上，如何不是感性，尽管论说得如何玄妙超脱，但真正按实说来，离开了感性、心理，所谓"不安不忍"、"恻然"等等，又可能是什么呢？从孔子起，儒学的特征和关键正在于它建筑在心理情感的原则上。王阳明所谓《大学》古本，强调应用"亲民"来替代朱熹着力的"新民"，也如此。但这样一来，这个所谓道德本体实际上便不容否定地包含有感性的性质、含义、内容和因素了。它的进一步发展中的两种倾向，由于有社会变化作为基础，主要便是走向近代的自然人性论。这是《片论》中所论证的一个主题思想。

正如王学殿军刘宗周所说："猖狂者参之以情识，超洁者荡之以玄虚。"前者可以泰州学派以及李贽等人为代表。他们把道德本体日渐参之以情感和情欲，最后走到人欲即天理、私心即公道的地步，那个道德本体的超验性质便实际无存了。后者则可以龙溪学说为代表，它心空外物，强调无善无恶，结果认心如佛，

[①] 参阅牟著《心体与性体》、《现象与物自体》等著作。

撇开儒家伦理，完全步入禅宗。刘宗周反对它们，特地纠正"无善无恶心之体"的超伦理的"危险"理论，强调提出刻苦诚意，以抓紧发掘、时刻纠正种种罪恶意识为主旨。他把"心"归结为"意"，认"意念"为至善本体。这样，道德人格的自觉主体便完全变成了纯至善意识的追求、培育。这种追求培育被强调必须通过对自己各种意识和无意识①的所谓"罪恶"意向的追寻伐讨才有可能。刘宗周强调人"通身都是罪过"，强调"体独"、"静坐"，认为"敬肆之分，人禽之弁"（均见刘宗周《人谱》）。如果说，泰州、龙溪的理论倾向因走向自然人性论甚至纵欲主义，符合了当时社会潮流而"靡然从风"影响很大的话，那么，刘宗周把心学最终归结于追求所谓至善本体的"诚意"，由"理"到"心"，由"心"到"意"，路便愈走愈窄愈内向，走入准宗教式的禁欲主义，而完全失去任何丰满的客观内容，成为异常枯槁的戒律教条，毫无生意②。其实，愈求"至善"，愈求纯化意识，就愈使人欲问题突出，无怪乎刘的著名学生陈确反而提出接近自然人性论的命题了。

由此可见，为牟宗三抬为正宗的王学，不管哪条道路（龙溪、泰州或蕺山）都没有发展前途，它或者走入自然人性论，或者走入宗教禁欲主义。它们两者倒又恰好是同一时代的不同反响。在明末自由解放、纵欲风高的同时，便有袁了凡的"功过格"、周安世的《太上感应篇》等在社会上影响极大的封建禁欲

---

① "尝夜误入林园，私食人二桃，既寤，深自咎曰，吾必旦昼义心不明，以致此也。为之三日不餐"（《人谱类记警游梦第31》）。
② 刘宗周《人谱》一百条"记警"，包括"记警毁字纸"、"记警食牛犬"、"记警射飞鸟"、"记警不敬神明"、"记警观戏剧"、"记警作艳词"等等，实迂腐不堪之至。

主义的反动。这正可以作为王学上述两种倾向的现实注脚。

（五）可见，宋明理学虽然还不是宗教，但它通过个体的心性修养以达到所谓"合天人"境界而"安身立命"，本就具有宗教性能。到刘宗周这里，那种要求对"罪过"的充分意识，就更明白地显示了这一点。本来，理学讲"先天""后天"、"未发""已发"、"中""和"等等，即与佛教禅宗追寻所谓"本来面目"、"父母未生时面目"的宗教性直接相关；在心学中，由于强调"心即理"，"良知"即本体，而所谓本体又并不离开现象，所以它亦动亦静，"动而无动，静而无静"即超越动静；它亦寂亦感，"寂而未尝不感，感而未尝不寂"，"未扣时已惊天动地，既扣时也是寂天寞地"即超越"寂""感"；它是"未发即已发，已发即未发"即超越"已发""未发"……，正是在这个意义上，王阳明提出了著名的"四句教"首句的"无善无恶心之体"。这就是上述超越动静、寂感、已发、未发……的神秘体验，也就是王阳明一再讲的"默而识之，非可以言语也"，"虽耳不闻，目不见，然见闻在得"；"无声无臭独知时，此是乾坤万古时"。儒家本有"无声无臭"之说，到王阳明这里变成"无善无恶"，前者只是超感知，后者则已超伦理超道德，于是自然生发出王阳明到底是儒还是禅，"本体"是道德性还是宗教性的一连串问题。实际上，王阳明确乎把儒家教义从哲学上提到了宗教性的形而上学。在王阳明渲染的这种宗教性的神秘体验中，"本体"当然是超善恶（"无善无恶"）超伦理而与宇宙同一；"良知"即是宇宙，而具有无限的普遍性。王学把孟子的"万物皆备于我"的原始命题通过吸取佛学禅宗"我即佛"推上了空前的形上高度。如果说，程朱主要是从"天理"的外在规范来约束人心来建立这种宗教性的话，那么陆王则是从"良知"的内在体验来取得这种性质和功能。也正由于它着重抓住当下心灵体验的具体实在，强调它的本体性质，今天海外一些论者便把它与存在主义相比拟。

但是，尽管如何接近宗教或具有宗教性能，包括王学在内的儒家又毕竟还不是宗教。王阳明对"无善无恶"的说法（所谓"利根之人"等等）便是含混模糊的，远远没有展开。而其中关键的一点，如《片论》中所强调，即它仍然执著于经验的感性，它仍然承续着原始儒学的"乐"的传统。王阳明说：

> 乐是心的本体，虽不同于七情之乐，而亦不外于七情之乐。虽则圣贤别有乐，而亦常人之所同有……①

与朱熹由于天人、性情二分而强调"戒慎"，继承曾子所谓"战战兢兢，如临深渊，如履薄冰"的"修身"传统有所不同，与刘宗周强调"至善"乃心之本体，从而强调"诚意"以反省罪过也不同，王阳明学说中那种强调感性的倾向除了可以导向自然人性论之外，它那近乎禅宗的神秘体验却又可以还原为审美的超越。因之，理学心学所追求的"孔颜乐处"的最高境界，既可以是伦理—宗教式的，又可以是伦理—审美式的，或还原为纯审美式的。

"子在川上曰，逝者如斯夫，不舍昼夜"②；"暮春者，春服既成，冠者五六人，童子六七人，浴于沂，风乎舞雩，咏而归。

---

① 《传习录》中。
② 《论语·子罕》。

夫子喟然叹曰，吾与点也"[1]。朱熹对曾点是不满意而有微辞的（见《语类》）；王阳明却说"点也虽狂得我情"。"从来尼父欲无言，须信无言已跃然，悟到鸢鱼飞跃处，工夫原不在陈编"，"夜静海涛三万里，月明飞锡下天风"等等具有鲜明禅诗风味的王学，却是指向了人与自然的某种超伦理的审美契合。由于本体并不超越时空而即在此不断流逝的时空之中，所以要把握当下，珍惜此刻，从而它就不是去等待那超时空超世事的森严、畏惧、紧张的最后审判，而是即在此当下时空世事中去获得"与天地参"的从容快乐。《片论》说它是"属伦理又超伦理，准审美而又超审美的目的论的精神境界"，也就是这个意思。正因为此，它就似乎无往而不适，自由而愉快。这种愉快"虽不同于七情之乐而亦不外于七情之乐"，它是在"七情之乐"中积累沉淀了道德理性的感性快乐。如果彻底去掉那些神秘的、宗教的、伦理的包裹和成分，还其本来面目，它实际正是一种合目的性与合规律性相统一的审美快乐。

应该说，这种审美快乐远非一蹴可得，而且也不是如宋明理学家心学家所设想，只要"正心诚意""守静持敬"便可以获得。由这种方式所获得的所谓"孔颜乐处"，经常只能是一种准宗教体验，这种准宗教体验在中国社会和文化条件下，经常是纯静观的、被动的、安宁平静的快乐，而缺乏那种具有巨大内在震荡和积极冲击力量的悲剧精神和苦难意识。要把那种精神和意识包容进来，首先就需要更充分地发扬和发展荀子、《易传》中"制天命而用之"、"天行健君子以自强不息"的面向外在世界和现实生活的斗争奋进传统，并把它提扬到宋明理学所深刻精细化

---

[1] 《论语·先进》。

了的本体高度。真实的存在既在人间的"此在",难道"此在"只能在空虚的内省之中?难道中国哲学传统止于伦理本体的理学心学?否!要回到艰难的现实和斗争的人生,回到具体的历史和心理。只有追求和把握拥有具体历史性的心灵才可能有真正深刻的"此在"。所以下面要讲"经世致用"的传统。

(原载《中国社会科学》1982 年第 1 期,
《片论补》部分为新增)

经世观念随笔

一 "内圣"与"外王"

在以儒学占据主要统治地位的传统思想中,由于从一开始就具有宗教性因素与政治性因素的交融合一,使"修身"与"治平"、"正心诚意"与"齐家治国"、亦即所谓"内圣"与"外王",呈现出两极性的歧异关系①。在孔子那里,这两者还是相对地统一着的,其原因在于远古原始传统本以源于宗教巫师的氏族首领本人的典范风仪、道德规范来进行等级统治,一切成文或不成文的客观法规比较起来是次要的。因之,有"其身正,不令而行;其身不正,虽令不从"的说法。这也就是中国儒学传统的"有治人无治法"的原始根由。在这里,首领、贵族们的个体"内圣"本是与其能否成功地维系氏族团体的生存秩序的"外王",相紧密联系在一起的。可见,如以前拙文所强调,内在的

---

① 参阅 Benjamin Schwartz: "Some Polarities in Confucian Thought",见 David S. Nivison. Arthur F. Wright 编 *Confucianism in Action*, Stanford, 1959年。

"修身"与外在的"治国"(氏族国家)在儒学中的这种姻缘,从殷周宗教伦理性的礼仪讲求到春秋时代个体心理性的"仁"的自觉,确有着深刻的现实的历史根基,即它们本都是为了氏族国家的生存发展而被提出和倡导的。

> 子贡曰:如有博施于民而能济众,何如?可谓仁乎?子曰:何事于仁,必也圣乎!尧舜其犹病诸?①

在孔子的观念里,客观功业的"圣"本高于主体自觉的"仁"。"仁"只是达到"圣"的必要前提。所以孔子尽管一再责备管仲僭礼,又仍然非常高兴地称道:"……霸诸侯,一匡天下,民到如今受其赐。微管仲,吾其被发左衽矣。"②这分明是从巨大的外在事功(维持了中原诸氏族联盟的生存延续)的角度来着眼和估量的。正是它构成了孔子仁学的第三因素。但从此也开始了一个重要的矛盾:一方面,管仲不知"礼",又不能死君难,按照旧制度的标准,管仲应该是"不仁"的。孔子的学生们一再提出了这个疑问,孔子仍然回答说:"与其仁,与其仁。"

这个矛盾似乎并没有在《论语》中得到真正满意的解答,因为它所反映的正是一个无情的历史事实。这就是,随着春秋时代的迅速的社会发展,老一套由"内圣"而后"外王",用遵循道德规范的"知礼"来"治国",已经不灵通了。人们不必知"礼",也不必识"仁",却仍然可以作出一番有益的巨大事业。

有趣的是,在寡廉鲜耻、战争吞并激烈、仁义扫地以尽的战

---

① 《论语·雍也6·30》。
② 《论语·宪问14·17》。

国时代,孟子对管仲的态度反而大不同于孔子①。孟子对管仲是力加反对和抨击的,孟子强调像管仲那种霸道功业是不足道的:"……功烈如彼其卑也,尔何曾比予如是"②,"仲尼之徒无道桓文之事者"③。

这是因为孟子在氏族国家已彻底崩毁完蛋的时候,力图挽狂澜于既倒,于是也就更加强调孔学维系的氏族传统,强调必须先"修身治家"、知"礼"识"仁",然后才能谈得上"治国平天下"。这样,就使整个问题的重心完全落在"内圣"这一方面来了。孟子的性善论、养气论、仁政论等等,都是要说明只有内在的道德品质才是出发点、立足处和本质关键所在。只有"不忍人之心"才能"行不忍人之政",才可能有王道仁政。所以,由孔子到孟子,儒学的"内圣"一面所占的优势地位大为突出,获得了更充分的理论论证和表述形式,并开始与"外王"相离异。

由离异而走向对立。以继承孟子自许的宋明理学,便是如此。它极大地也是片面地发展了这一倾向,使"内圣"成为可以脱离甚至必须脱离"外王"而具有独立自足的价值和意义。在孟子那里,外在功业虽已居于从属地位,却仍然很重要。孟子本人便有巨大的事功抱负,还大讲"乐以天下,忧以天下"以及各种具体的"仁政""王道"等等。但自宋儒以后,"内"却不但日益成为支配、主宰和发生根源,而且甚至成为惟一的理论内容了。第一,它强调"内"是本,"外"是末,必须先"内"后"外",

---

① 前人早已指出。美国 F. W. Mote 也注意了这点。见其 *Intellectual Foundation of China*, New York, 1971 年。
② 《孟子·公孙丑上》。
③ 《孟子·梁惠王上》。

必须先"正心诚意"然后才可能谈"治平"。第二，有"内"自有"外"，只要能做到"正心诚意"，自然就会"国治民安"。"外"或"治平"是"内"或"修身"、"正心"之类的直线的延长或演绎。以至最后发展到第三，一讲"外"就错，只要"内圣"就可以做"圣人"。"为学"就是"修身"，即内在心性的修养。从而，心性修养就成为一切，即所谓"为己之学"。正如朱熹所引述的："……独曾子之学专用心于内，故传之无弊，观于子思孟子可见矣。"①

所有这些，在二程、朱熹、王阳明那里都表现得非常清楚。尽管他们也讲求事功，例如小程积极参与了政争，有洛党之称；朱熹也大谈政治，颇为注意时务；王阳明本人就有赫赫事功……。但从他们理论的根本和实质来说，却很明显地只是"内圣"之学。小程的洛党看不出与他讲的"天理"有何逻辑联系；王阳明的心学与他的事功也很难说理论上有深刻的关系。相反，只要翻开《朱子语类》、《近思录》、《传习录》等等，可以十分清楚地看出他们所讲的"学"、所授的"业"，主要甚至全部都是内省修身，而极少经世致用的探讨研究。所以，无怪乎程颐说，"凡学之道，正其心养其性而已。中正而诚，则圣矣。"②朱熹说："人君之学与不学，所学之正与不正，在乎方寸之间……盖格物致知者，尧舜所谓精一也。正心诚意者，尧舜所谓执中也。自古圣人口授心传而见于行事者，惟此而已。"③程朱理学如此，阳明心学用心来主宰、根源一切，就更不用说了。总之，"方寸之间"

---

① 《四书集注·论语注》。
② 《河南程氏文集·卷8·颜子所好何学论》。
③ 《朱子大全·卷11·壬午应诏封事》。

(心灵)的"正心诚意"是一切外在事功的根本和泉源；有了它，便有了一切，没有它，也就失去一切。这种"内圣"之学对一般个体来说，明显地成了某种准宗教性的修养与体验，把人生意义的追求指向内在的完善和超越。对皇帝来说，像程颐亲自劝告年轻的哲宗不要折树枝以"体天心好仁"之类，却简直只够做迂腐的笑谈。所以就它的现实政治和社会效用来说，这种"内圣"之学便日渐成了脱离实际事务的无益空论。到理学成了正宗之后的明清时代，"平时袖手谈心性，临危一死报君王"，更成了理学家的典型态度和理学的典型后果：由于鄙弃事功，脱离现实，高谈性理，满足于心灵修养的所谓境界，结果一遇危难（如外侮），便束手无策，只能以"一死"的牺牲以表达平日的修养。这正如颜元所深为感慨地说过的："吾读甲申殉难录至'愧无半策匡时难，惟余一死报君恩'，未尝不凄然泣下也，至览和靖祭伊川'不背于师有之，有益于世则未'之语，又不觉废卷浩叹，为生民怆惶久之。"①

近人在研究中国官僚政治时也指出，宋以后，道德要求压倒了一切，少问甚至不问行政才能和政绩如何，而多半以是否尽忠尽孝、廉洁奉公等道德品操作为官吏考核、升迁、评论的标准。也正因为这个缘故，就使原来的封建官僚体制日趋闭塞、内向、因循、腐朽，日益丧失了本来就不高的行政效能，而这也正是理学成为统治的意识形态之后果之一②。

这一切的发生又并不是偶然的，理学之所以抬高"内圣"也

---

① 《存学编·卷2·性理评》。
② 参阅 C.K.Yang, "Some Characteristics of Chinese Bureaucratic Behavior", 见 A.F.Wright 编 *Confucianism in Action*, Stanford 1959 年。

不是偶然的。

如我所再三指出，从原始社会后期到西周以至春秋时代，一直延续着氏族政治的传统，即群体命运经常取决于首领们的才德。所以在那里，道德常常就是政治，这正是原始儒学和孔孟之道的真正历史秘密。但自汉唐直到北宋初年，无论是董仲舒的宇宙图式的帝国秩序论，或者是儒道释三家鼎立的唐代官方意识，个体操守与行政标准、道德与政治尽管有密切联系，却始终并没完全合为一体，也不需要合为一体。汉代有许多并不符合"内圣"标准却威名赫赫、治绩斐然的"酷吏"英雄；唐代有或以理财富国著称、或以诡谲多智闻名的好些安邦定国的名臣贤相，直到中晚唐，如李泌、刘晏、杨炎、李德裕，也都名重一时，事功显赫。他们的成功并不是修身养性的结果，他们并没有什么"内圣"之学。所以，在后世理学家的眼中，他们总带有异端或霸道的气味，或多或少都在被贬斥之列，像李泌就是如此。可见到了宋代，情况的确有一个重要的转折变化。朱熹说："国初人便已崇礼义，尊经术，欲复二帝三代，已自胜于唐人，但说未透在。直到二程出，此理始说得透。"①但当"此理说透""自胜唐人"后，也就不但没有唐代那样显赫的事功，连唐代那样的名相也少见了。范仲淹昙花一现，王安石没有成功。明代有个张居正，却被儒学骂作法家。清代盖无闻焉。

这也就是理学"崇礼义，尊经术，欲复二帝三代"，要以"内圣"控"外王"，用"正心诚意"来导出"治国平天下"的后果之一。但理学为什么要这样呢？一个根本的原因在于，自北宋起，中国形成了权力空前高度集中的绝对君权，已没有任何力量

---

① 《朱子语类辑略》卷8。

能再制约它。唐代地方势力牵制中央的形势已经消除；在思想上，董仲舒的天人感应学说又早崩溃。具有庞大权力的官僚体制和拥有绝对权威的皇帝本身的可维系性成了一大问题。于是在王安石为对付内忧外患主张改革而失败之后，在朝廷随皇位的传递而不断改变政策（变法反变法的政治斗争延续了几个朝代）之后，终于出现了以"正君心"为标号的哲学政治理论，并逐渐在南宋末年和元明清占据统治意识的地位。这似乎并无足怪：既没有人格神宗教传统来制约皇权，统一信仰，又没有别的什么办法，于是将原始儒学讲的"正心诚意修身齐家"提到空前的本体高度，以作为整个封建社会纲常秩序以及其官僚体系的维系力量。一方面要求所谓"格君心之非，正心以正朝廷"来制约君权，认为这是"治道之本"；另方面宣扬"明天理灭人欲"来训导百姓，服从治理。理学把盛行于唐代的佛教吸收进来，把宗教还原为世俗伦常，又把世俗伦常赋予宗教本体的神圣性质，再次建立起中国式的政教合一的统治系统，力求使政不脱离"教"。即使"拯民水火""救人饥渴"等原始儒学的"外王"的政治内容也赋予以"内圣"的准宗教性质，成为所谓"对人的终极关怀"，即对人如何悟道、如何能成为圣人的关注。一切"外王"都只是为了"内圣"，于是"外王"本身就成为次要的了。这显然是佛教"普度众生"的世俗翻版，不过不是在另一世界中，而是即在这个世俗世界中。理学成了一种具有宗教功能的准宗教，也可说是某种道德的神学。如果说，在原典儒学，道德实质乃是政治，那么在宋明理学，政治实质从属道德。由于这道德具有超道德的宗教本体性质，所以，包括皇权在内的一切，在理论上就都应服从或从属于它。从而，心性论谈高于治平方略，圣贤位置胜过世俗功勋。影响所及，就是上面讲的那些，连官吏的选拔考核也不以政绩功业而以个体道德作为标准。假道德、假道学不胫而走,社会机体在极端虚伪的衣装中腐烂。专求"内圣"的宋明理学在现实中就走到了这一步①。

有正必有反。也正是在理学开始流行时,出现了反理学讲求功利的思潮。这就是著名的永康(陈亮)永嘉(叶适)学派。

> 朱、张、吕、陆四君子皆谈性命而避功利,学者各守其师说,截然不可犯。陈同甫崛起其旁,独以为不然。且谓性命之微,子贡不得而闻,吾夫子所罕言。后生小子与之谈之不置,殆多乎哉?②

> 其说皆今人所未讲,朱公元晦意有不与而不能夺也。③

朱、陈的争论、歧异,哲学史家们已谈论得不少。这里只摘一斑,略窥全豹:

> 朱:察于天理人欲之判,……若于此处见得分明,自然不得流入世俗功利权谋里去矣。……今自家一个身心不知安顿去处,而谈王说霸,将经世事业别作一个伎俩,商量讲求,不亦误乎?④愿以愚言思之,绌去义利双行、王霸并用之说,而从事于惩忿窒欲,迁善改过之事,粹然以醇儒之道

---

① "宋儒以绝欲为至难,竟有画父母遗像置帐中以自警者,以为美谈……。阅书至此,为之欲呕"(袁枚:《随园三十种·牍外余言卷1》),此种事例甚多。
② 《宋元学案·龙川学案》。
③ 叶适:《龙川文集序》。
④ 《朱子大全·卷47·答吕子约》。

自律。①

陈：自道德性命之说一兴，……为士者耻言文章行义，而曰尽心知性；居官者耻言政事书判，而曰学道爱人。相蒙相欺，以尽废天下之实，则亦终于百事不理而已。②今世之儒士，自以为得正心诚意之学者，皆风痹不知痛痒之人也。举一世安于君父之仇，而方低头拱手以谈性命，不知何者谓之性命乎？③

分歧一目了然，无庸此处多说。在朱熹看来，"三代"是不讲功利的，秦汉以下就坏事了。这也可说是歪打正着，因为这的确是氏族传统（"三代"）与阶级社会的不同。因此，朱要把政治化为道德，把"政刑书判"化为个体修养，从而回到"三代"去。但这对历史说，却正好是开倒车，实际是完全行不通的。所以尽管理学的哲理如何高妙，却总无补于现实。后世李贽曾嘲笑说：

吾意先生（指朱熹）当必有奇谋秘策，能使宋室再造，免于屈辱，呼吸俄顷，危而安，弱而强，幼学壮行，正其时矣。乃曾不闻嘉谋嘉猷，入告家内，而直以内侍为言，是为当务之急与？或者圣人正心诚意之学，直为内侍一身而设，顾不在夫夷狄中国的强弱也，则又何贵于正心诚意为也。④

---

① 《朱子大全·卷36·答陈同甫》。
② 《龙川文集·送吴允成运幹序》。
③ 《龙川文集·上孝宗皇帝第一书》。
④ 《藏书·卷35·赵汝愚》。

李贽的讥讽或有片面之处，但总的说来，不但朱文公，就是后世的许多"粹然而醇儒"，却大都不出这个总模式：高谈心性，极高明之致；一涉政务，便空疏之极。

　　叶适与陈亮同时而更急进地反理学："古人多识前言往行以蓄其德，近世以心通性达为学，而见闻几废，狭而不充，为德之病。"①"今之为道者，各出内以治外，故常不合。"②叶适对理学家所崇奉的正统，从曾子、子思、孟子开始，便加以非议。例如，对朱熹及理学家们说，曾子是得孔学真传的，如朱熹《中庸序》说："……惟颜氏曾氏之传得其宗。"但对叶适来说，"曾子之学，以身为本……于大道多遗略，未可谓至。"③"言孔子传曾子，曾子传子思，必有谬误。"④"曾子之易听不若子贡之难晓。"⑤"一贯之指，因子贡而粗明，因曾子而大迷。"⑥后者讲的只是对《论语》"吾道一以贯之"的含义的不同解说，但叶适的总倾向是讲求外在功利，并反对曾子那种纯粹内省路线，是十分明白的⑦。在儒家正宗那里，日常生活也应念念不忘"修养"，程明道见树木思修桥便感到罪过（想及功利）成为美谈佳话。但在陈、叶这里，却恰好相反，"六经"也必须是讲功利实用的：

---

① 《宋元学案·水心学案下》。
② 同上。
③ 同上。
④ 同上。
⑤ 《习学记言·卷13·里仁》。
⑥ 《习学记言·卷13·颜渊》。
⑦ 所以很有意思的是，叶适这种态度今天还激起"现代新儒家"的极大不满："故真正轻忽孔子而与孔子传统为敌者，叶水心也。……其愚悍狂悖亦云极矣……吾读其书极不怿"，等等（牟宗三：《心体与性体·综论》，第225页，台湾正中书局，1973年）。

"禹无功,何以成六府;乾无利,何以具四德"(陈),"既无功利,则道义者,乃无用之虚语矣"(叶)。可见"内圣"和"外王"在理学与陈、叶这里已确然成为学派的二分,而有对峙之势了。前者有高深的哲理,却无补于世事,它所起的是某种准宗教性的个体修养的功用;最多只能"安身立命",很少能"兼济天下"。后者以"兼济"为怀,虽如陈亮所言,"正欲搅金银铜铁,熔做一器以明天地常运而人为常不息"①,但他没有能在哲学上做到这一点,缺乏真正深刻的理论论证。他只是不自觉地承续了先秦荀子以来的重改造外在的主体活动、重破除虚妄迷信的经验理智的传统,却未能从哲理上作进一步的展开发挥。陈亮仍讲"天理人欲",叶适也提"人心道心",他们不能摆脱理学家的哲学控制,而只是反对把心性论谈当做儒学根本。他们虽不是理学家,却仍然是儒家。

二 "治人"与"治法"

如上所述,从理学家来看,儒门正宗是颜子、曾子、孟子,连子贡、子路以及荀子都不能算孔学真传,其标准正在于是否有这个"内圣"之学或是否视"内圣"为首要、根本或基础。只要稍稍偏离这一标准,即使有偌大事功,也都要被指斥为申韩、法家等等。朱熹之论诸葛孔明就是一例。尽管朱对诸葛相当钦佩,颂赞甚多,但归根结底,"诸葛孔明天资甚美,气象宏大,但所

---

① 《龙川文集·与朱元晦秘书》。

学不尽纯正"①,"病于粗疏","孔明出于申韩"②。比起理学那种精细玄微的道德形而上学来说,也确乎如此;诸葛亮的时代,还没有心性哲理,汉末仲长统、徐幹等人留下的著作也大多为经世之谈;所以说诸葛出于申韩,也不算冤枉。但是,后代的理学家们却经常把只要是建功立业有所作为或希望如此的儒者,一律贬斥为法家,或至少也是邪门歪道,这便不能算公允了。例如王安石未做官时,并无异议,名声极好。但是,只要他一搞改革,尽管仍然尊孟子,重周官,颁《三经新义》,却总被后世骂为"法家"。柳宗元、张居正等人也如此。从而,儒学"正统"便似乎只能是颜、曾、孟、程、朱、陆、王这些不讲事功的"粹然醇儒"。

　　结果,便出现这样一种怪现象。这个"内圣"之学的"正确性"只能保存在在野的学者儒生手里或身上,如要作为政策施行就弊端百出。以至现代一些学者认为理学本身并无缺点,只是落实到政治上就坏了。也就是说,经是好的,和尚念坏了;程朱陆王的学说本身是好的,只是被朝廷和庸儒们一作为政策推行,就坏了。所以,各种罪恶不能算在程朱陆王身上,而应算在封建朝廷以及俗儒庸儒身上。这有一定的道理,因为从纯粹理论到依据此理论所施行的政策之间有巨大差距,这本是普遍规律。但因之就能说二者之间完全风马牛不相及吗?特别像理学是元、明、清三代皇朝数百年所大力奖励提倡的,能说理学理论与实际效果完全是两样东西吗?如上文所述,正是宋明理学大兴之后,空谈性理轻视实务之风,不但弥漫士林,而且影响了整个政治。所以明

---

① 《朱子语类》卷136。
② 同上。

亡之后，如同前人指斥魏晋清谈，认为何（晏）王（弼）之罪"浮于桀纣"一样，从顾炎武到颜元的许多正统儒家都十分沉痛地反对心性空谈，或骂王门，或责程朱，就不是简单的事情。顾炎武说：

> 是故性也、命也、天也，夫子之所罕言，而今之君子之所恒言也。出处、去就、辞受、取与之辨，孔子孟子之所恒言，而今之君子所罕言也。①
>
> 谢氏曰……独曾子之学专用心于内，故传之无弊。夫心所以具众理而应万事，正其心者，正欲施之治国平天下，孔门未有专用心于内之说也。②
>
> 孰知今日的清谈，有甚于前代者？昔之清谈谈老庄，今之清谈谈孔孟。未得其精而已遗其粗，未究其本而先辞其末。不习六艺之文，不考百王之典，不宗当代之务，举夫子论学论政之大端一切不问，而曰一贯，曰无言。以明心见性之空言，代修己治人之实学。股肱惰而万事荒，爪牙亡而四国乱，神州荡覆，宗社丘墟。③

这不就是五百年前的陈亮、叶适的同一腔调同一主张同一理由吗？但这已经是经历了再一次亡国惨痛的现实教训之后的经验总结。正因为此，它便构成了当时一股宏大的时代思潮。这种思

---

① 《亭林文集·卷3·与友人论学书》。
② 《日知录·卷18·内典》。
③ 《日知录·卷7·夫子言性与天道》。

潮上有渊源①，下启近代，正是中国精神和中国文化的一个极为重要的方面，顾炎武所坚持的重经验见闻、贵亲知实录、以"治、平"天下为己任的精神，他那"天下兴亡，匹夫有责"的主张，他那些丰富具体的活动和著作，不正是很好的儒家"外王"之学的榜样吗？顾是标准的孔孟信徒、儒学巨子。他所坚持的不正是从荀子、董仲舒到王通、欧阳修，到陈亮、叶适这条线索的儒学精神吗？

所以，如果仅以孔孟程朱或孔孟陆王作为中国儒学的主流和"正统"是并不符合历史真实的。程朱陆王所发展或代表的只是儒学的一个方面。儒学生命力远不仅在它有高度自觉的道德理性，而且还在于它有能面向现实改造环境的外在性格。这就是以荀子"制天命而用之"的光辉命题为代表的方面②。这一方面把墨、法、阴阳诸家的经验论、功利观消融并合在儒学的体系里，非常重视事功。如前所说，即使朱熹等人也并不能完全否定这一方面。因为宋明理学毕竟还不是佛学或宗教，在理论上并不否定

---

① 宋末周密《癸辛杂识续集·下·道学》："道学之名，起于元祐，盛于淳熙……凡治财赋者，则目为聚敛，开阃扞边者，则目为粗材，读书作文者则目为玩物丧志，留心政事者，则目为俗吏，其所读者，止四书、近思录、通书、太极图、东西铭、语录之类，自诡其学为正心修身齐家治国平天下，……钓声名，致肤化，而士子场屋之文，必须引用以为文，则可以擢巍科，为名士，……然夷考其所行，则言行了不相顾，率皆不近人情。异时必为国家莫大之祸，恐不在典午清谈之下……贾师宪专用此一类人，列之要路，名为尊崇道学，其实幸其不才愦愦，不致掣其肘耳，卒致万事不理，丧身亡国……仲固之言，不幸而中，尚忍言之哉。"

这便是专崇"内圣"的宋代理学的实际后果，是第一次的惨痛历史经验。第二次就是顾炎武、颜元的这些悲痛评论了。这似已足为专尊理学者深思。

② 参看本书《荀易庸记要》。

人生，于是总还得讲些"治国平天下"的道理，只是他们把这一方面完全放在从属甚至非常轻视的位置上。拙文《荀易庸记要》曾说，如果儒学只有子思孟子，可能早已走入神秘主义的迷狂宗教，也就没有汉代以来中国意识形态的局面。同样，如果没有汉代以后不绝如缕的这根"外王"线索来制约宋明理学的"内圣"，也就没有近代以至今天的救国精神。尽管理学在发展纯哲学思辨和培育道德自觉的主体性上有巨大成就，但在现实社会发展和政治制度的改革中，却无疑起了保守以至反动的作用。把政治化为道德的伦理主义的恶劣影响，至今仍灼然可见，尽管它可以披上某种新装。

这里一个重要的问题是，如前所述，由于理学以正宗自居而排斥异己，一切讲求事功的非理学或反理学的儒家，就经常被指斥为法家。从历史真实看，法家思想在先秦和西汉早被儒家所不断地而又分阶段地吸收溶化，作为独立的法家学派不但早已无存，而且作为法家思想内容如明赏罚、讲功利、重军事等等，也早已成为儒家的东西。因之，自宋代以来的所谓法家或重视功利、主张变革的现实思想家、政治家所真正面临的"法家"内容，毋宁是一个日趋走向近代的新历史课题。

这个时代课题就表现为要求用近代的启蒙主义来限制君权以至取缔君权的民主思想问题，这在明清之际的黄宗羲、唐甄等思想中最为突出。它在理论上意味着"意向伦理"（道德动机）与"责任伦理"（现实效果）、价值判断与事实判断相分别的要求，此亦即是经济学、政治学、社会学应该从宗教学、道德学中分化和独立出来，以便取得科学形态的问题。不再是靠宗教的信仰、道德的善恶，而是明确地由现实的利害、生活的功用来维系、调节和处理社会现象和人际关系。这其实正暗含着中国式的"政"

(行政)"教"(伦常教义)相分离的近代要求。黄宗羲应该被看做是体现这一要求的中国思想史上的具有转折意义的人物。他的《明夷待访录》一书在晚清被梁启超、谭嗣同等人秘密刊行，同时也为章太炎所诋毁，都是具有典型意义的事情。黄在当时特定历史条件下，以中国思想的传统形式，锐利地开始表述了近代民主政治思想。这不是舶来品、西洋货，而仍然是打着"三代之治"旗号的儒学传统。黄本人是忠实的王门理学家，但他确然说出了一种新意识新思想。

对君权过重而思加以限制，如前所指出，是宋代以来的重大问题。理学希望从内的方面去约束君主个体的动机心意。明清之际的思潮则恰恰倒过来，要求从外的方面去约束。包括顾炎武所谓"寓封建于郡县之中"，即地方分权以制约中央，也无非此意。但黄比顾高明之处，在于他从理论上直接地触及了这个问题，并提出了比较彻底的主张。

黄宗羲指出，君是为民而设的。这本是原始儒学的老命题，但黄作了近代式的发挥。他认为君臣之间的关系不同于父子。父子是血缘关系，君臣是共事关系；前者是天生的尊卑关系，后者却不然，"夫治天下犹曳大木然……君与臣，共曳木之人也"①，"故我之出而仕也，为天下，非为君也；为万民，非为一姓也。……天下之治乱，不在一姓之兴亡，而在万民之忧乐"②。因此不能"视天子之位过高"③。这就不但与宋明理学把君臣父子的尊卑秩序视为一体大不相同，而且也与原始儒学以血缘氏族

---

① 《明夷待访录·原臣》。
② 同上。
③ 《明夷待访录·原相》。

为国家根本从而由"父子"到"君臣"（所谓"迩之事父远之事君"①）也颇相背离了。黄痛斥"三代"之后的"人君"把"天下"当做自己的家业，所定的典章制度实际上只是"一家之法而非天下之法"，所以主张彻底变革，以建立真正的法。黄说"论者谓有治人无治法，吾以谓有治法而后有治人"②，这是一个极大的思想突破，它把自孔孟荀到宋明儒家所普遍承认的"有治人无治法"的传统命题倒过来了。实际上是提出了"有治法无治人"的崭新观念，尽管黄仍然打着"三代以上有法"的传统复古旗帜。

　　黄所要建树的"法"的内容是什么？其中很重要的两项是"置相"和"学校"。前者是设立宰相，实际已接近于近代责任制的内阁总理："原夫作君之意，所以治天下也。天下不能一人而治，则设官以治之；是官者，分身之君也。"③"君之去卿犹卿、大夫之递相去，非独至于天子遂截然无等级也。"④这即是说，"天子"并无特别悬绝的尊高地位，天子之于卿，如同卿之于大夫，不过是同样的等差级别而已。因之，"宰相"实际上便是政事的总负责人。"古者不传子而传贤，其视天子之位，去留犹夫宰相也。其后天子传子，宰相不传子。天子的子不皆贤，尚赖宰相传贤足相补救，则天子亦不失传贤之意。"⑤用能"传贤"的宰相来制约不能传贤的天子，这样"天子"就不能大权独揽，搞专制独裁。

---

① 《论语·阳货》。
② 《明夷待访录·原法》。
③ 《明夷待访录·置相》。
④ 同上。
⑤ 同上。

"学校"则接近于近代议会，并非仅是教育机关。"必使治天下之具皆出于学校，而后设学校之意始备……天子之所是未必是，天子之所非未必非，天子亦遂不敢自为非是而公其非是于学校"①，"东汉大学三万人，危言深论，不隐豪强，公卿避其贬议；宋诸生伏阙捶鼓；请起李纲；三代遗风，惟此犹为相近"②，"太学祭酒，推择当世大儒，其重与宰相等……天子临幸太学，宰相、六卿、谏议皆从之。祭酒南面讲学，天子亦就弟子之列。政有缺失，祭酒直言无讳。"③

这不非常接近于近代民主观念么？这其实倒恰好是原始儒学在新现实条件下的新展现。顾炎武读《明夷待访录》曾称赞之极，说："百王之弊可以复起，而三代之盛可以徐还。"顾本人也曾认为"天下有道则庶民不议，然则政教风俗，苟非尽善，即许庶民之议矣。"④同时代的唐甄的《潜书》更多有贬斥君主的激烈言论，虽然深度不及黄，但思想倾向是相同的。所以，似乎可以说，以黄宗羲为代表的这批思想家倒真可以说是具有某种近代意义的"法家"，他们鲜明地提出与儒学传统不同的"有治法而后有治人"的原则，从君臣理论到重要制度都相当具体地开始形成一整套思想。这就并不是如某些学者所说的"不超出儒家政治的陈词滥调"，而是符合时代动向的真正的新声音。"此等论调，由今日观之，固甚普通甚肤浅；然在二百六七十年前，则真极大胆之创论也。……梁启超谭嗣同辈倡民权共和之说，则将其书节

---

① 《明夷待访录·学校》。
② 同上。
③ 同上。
④ 《日知录》卷19。

抄,印数万本,秘密散布,于晚清思想之骤变,极有力焉。"①黄宗羲在中国十九世纪末的近代民权思想中居然还能起这种启蒙作用,并不是偶然的。

在黄宗羲那里,改变君权过重、由于皇帝胡作非为而"丧天下"的办法,已开始放弃了二程、朱、王专门要求"正人心"和"格君心之非",而企望通过建立现实制度来得到保障,这固然可以看做"内圣"之学在这位信徒手里有了向外的新开拓,但也正因为原来本有重事功主实际的传统,才使得在理学中也终于出现了像黄宗羲这样的思想。明中叶以来,无论朱学或王学,都有走向现实世界即所谓走向实学的普遍趋势②。近乎科学的实证之风已开始吹起,除学术本身的发展逻辑外,商业都市的高度繁荣、各种行业的分化兴起、众多科学论著的出现(如徐光启、李时珍、宋应星、方以智等人的著作)、浪漫主义的文艺思潮的涌出……,都表明当时社会结构、时代氛围和意识形态开始有了某种重要的变动,这可能是使理学内部发生变化的重要因素。不但是黄宗羲,还有好些人都有"工商皆本"的观念,与自秦汉以来重农抑商的传统思想开始有了离异。

可见,"治法"或"治人"、"外王"或"内圣"、"经世致用"或"存养修心"、"政"(政治)"教"(伦理)分离或合一……,在这里开始具有重要的时代内容,它是近代与古代的分野。表现在明清之际的这两种不同的思想倾向,其深刻的意义,我以为就在这里,而并不在别的什么地方。

---

① 梁启超:《清代学术概论》。
② 可参阅余英时《从宋明儒学之发展论清代思想史》、《清代思想史的一个新解释》等文,见余著《历史与思想》,台湾联经出版社,1977年。

如《宋明理学片论》一文所说，宋明理学的贡献在于建立个体自觉的道德主体性。这也是海外学者说的所谓"新儒家的道德个人主义"①。所谓"富贵不淫贫贱乐，男儿到此是豪雄"（程颢诗），大概就是这种理学家们的英雄主义的内容。好些理学家也确乎抱着道德至上的信念，赴汤蹈火，对抗邪恶，威武不屈，万死不辞，像王阳明、刘宗周等人，他们确乎闪烁出这种道德人格的光辉。但绝大多数却远远并不能这样，而成为遭人笑骂的"假道学"。就是"真道学"，也如前所指出，除了他们的个人道德给后世留下伦理学上的榜样而外，也并没能作出什么真正大有益于当时后世的重要贡献。他们的心性哲理脱离实务，丝毫不能经世济民。直到晚清，当统治者开始搞洋务时，理学家倭仁（曾国藩的老师）还大加反对，说了一大套孔孟之道，连奕䜣也只好回答说，倭仁"久负理学盛名"，"陈义甚高，持论甚正"，却无奈"道义空谈"，毫无用处②。光讲心性道德，光凭心学理学，无法富国强兵、对付洋人，这是连腐朽的统治阶级中的好些人也明白的。

由于中国没能经历资本主义的历史阶段，明中叶以来的进步思潮没有稳固的社会基础，黄宗羲这种微弱晨光式的近代的法治思想，很快便沉埋在清代伪古典主义的复古浪潮中。而且直到近代民主主义革命时期，也仍然遭到有如章太炎这样勇敢的思想家的非难和轻视。近代民主思潮在封建统治和农民小生产阶级的双重夹攻中，其生存和发展是极为艰难的。近代中国思想史曾不断

---

① 见狄百瑞（Wm.T.DeBary）《中国的自由传统》，李弘祺译，香港中文大学出版社，1983年。
② 《筹办夷务始末·同治朝》卷48。

证实这一点。

所以,本文不同意海外某些学者关于中国知识分子有个人主义的"自由传统",并把这传统追溯到宋明理学,认为理学乃启蒙、自立等说法[①]。恰好相反,理学远非启蒙,而是某种准宗教性的道德的神学。从而中国士大夫知识分子的所谓个人主义、自由主义始终也没能脱离服从于封建纲常准宗教式的伦理系统。由于他们没能获得近代社会因职业分化和经济自由所带来的人格独立性,中国士大夫知识分子只能拥挤在"学而优则仕"这条中国式政教合一的社会出路上,必须依附于皇权——官僚系统的政权结构,争权夺势,尔虞我诈。以理想化了原始氏族社会的巫师为传统,中国知识分子的最高理想是"应帝王","作宰辅","为帝王师"。伊尹、周公、诸葛亮……,而并不是皇帝本身才经常是他们梦寐中的最高位置。除了退隐山林以庄禅自娱或极少数人怀抱野心投入农民起义外,一般很少能在意识和行动上冲破这个伦理——政治的政教结构,而总是心甘情愿地屈从于皇家权力和纲常秩序中,以谋得一定的政治地位和社会荣誉,政治上的人身依附和人情世故关系学极为严重,始终缺乏独立的近代人格观念。这正是中国知识分子个人命运和自我意识的历史性的悲剧所在,也是知识分子尚未能脱出传统社会的一种表现。

也正因为此,在理论创造上,中国士大夫知识分子多半只能以注释经典来发挥新意,打着圣人的招牌来陈述自己的主张。王安石求改革而搞《三经新义》,戴震反理学也必须以《孟子字义疏证》而出现。但在这种合法性的注经形式中,最值得重视的,

---

[①] 参阅 Wm. T. DeBary《中国的自由传统》、*Principle and Practicality*:*Introduction*, New York, 1979 年。

又仍然是在中国传统的历史意识中走向近代的新倾向。

三 经学与史学

少数民族占据统治地位的清代政权，在经济、政治、文化上施行了一整套封闭、保守、愚昧的政策，把明清之际的经世致用的"外王"精神，挤进了经典考据的避难所。但是，即使在乾嘉朴学中，也开始潜藏有某种实证精神，以致胡适把它误认为即是近代的科学方法论。其实这是弄错了。我以为，与印度不同，中国一直有重史的传统，这倒是中国特有的"科学"精神。它与非宗教、重经验的中国实用理性有关。每个朝代都注重修史，以记录历史，积累经验。明清之际，更是如此，几位大师都写有大量历史著作。黄宗羲写了著名的宋元明的理学思想史。《四库提要》说顾炎武"每一事必详其始末，参以证佐，而后笔之于书。故引证浩繁而牴牾甚少"。所谓"详其始末"，"通其源流"，也正是注意从历史上来观察考查，例如他的《日知录》。然而，真正企图把历史提上哲学高度，或从自己的哲学体系出发来论议历史的，却只有王船山。

顾炎武、黄宗羲都没有自己的哲学体系，而王船山却有之。王成为中国传统思想的最后的集大成者。他一方面总结了宋明理学，对理气心性作了细致和透辟的论证，批判了王学，改造了程朱，发展了张载的"气"唯物论，并崇之为正宗；另方面，他又高扬了中国的历史意识的长久传统，并把它提到了不以人的意志为转移的哲学高度。这两方面的结合，使王船山理论体系达到了儒家所一贯向往的"内圣外王"双合璧的完满水平。

从前一方面说，王船山强调的是"道"在"器"中，"理"

在"气"中,"形而上"即在"形而下"中:

> 形而上者,非无形之谓。……唯圣人然后可以践形。践其下,非践其上也。……君子之道,尽夫器而已矣。①
> 无其器则无其道……洪荒无揖让之道,唐、虞无吊伐之道,汉、唐无今日之道,则今日无他年之道者多矣。……故古之圣人,能治器而不能治道。治器者则谓之道……②

一切"道"、"理"、规律、秩序、法度都必须寓于现实物质事物之中,而不能离开这些具体事物去探求。这种由心性探求而转向外在世界的实践,即由"尊德性"而日趋"道学问",如已指出,是明中叶以后程朱学派中已显露的某种共同倾向;但在王船山这里的特色是,他突出地以历史作依归。上面讲的"内圣"与"外王"、"治人"与"治法",都实际被统摄在船山的历史观念中。

王船山在思想上仍然是理学正宗,在政治上也是封建地主阶级的正统;所以他斥不知礼义的老百姓为禽兽;他痛恨李贽等人的近代个性解放思潮。但是,他却在通过评论中国各朝历史时,感受到和提出了不以人的伦理是非、认识对错、善恶动机为转移和标准的某种客观规律。这种规律不是一时一地的得失利害,而是影响久远的必然趋势。所以他不但认为社会是发展的,大不同于儒家们艳称"三代"、提倡复古,而且更强调应该从"势"来看"理"、"天",从而这个"天"、"理"也就逐渐脱出传统理学

---

① 《周易外传·系辞上传第12章》。
② 同上。

家的伦理性的"天理",而接近于客观历史总体规律的近代观念了。

> 顺必然之势者,理也。理之自然者,天也。君子顺乎理而善因乎天,人固不可与天争久矣。①天者,理而已矣;理者,势之顺而已矣②。

这样,也就不应再是以道德的善恶、内心的动机为尺度标准,而是有某种"不可测"的客观外在规律在:

> 秦以私天下之心而罢侯置守,而天假其私以行其大公,存乎神者之不测,有如是夫。③
>
> 以一时之利害言之,则病天下;通古今而计之,则利大而圣道以弘。天者,合往古来今而成纯者也。……时有未至,不能先焉。迨其气已动,则以不令之君臣,役难堪之百姓,而即其失也以为得,即其罪也以为功,诚有不可测者矣。④

这里,与司马光、朱熹已有所不同,应该说是达到了中国历史意识和哲学思想的空前的理论高度。因为它开始暴露了历史与伦理的巨大矛盾:"不令的君臣,难堪的百姓",一时的祸害,却

---

① 《宋论·哲宗》。
② 同上。
③ 《读通鉴论·卷1·秦始皇》。
④ 《读通鉴论·卷3·武帝》。

可以构成伟大的功业,是"恶"而并非"善"在现实中起着动力的作用。历史的发展,百世的功过,"古往今来之道",远远超出了包括伦理在内的人的主观愿望、动机、目的、行为和利益。它有某种客观总体的规律在,它超过和压倒了任何主体(包括"圣君贤相")的一切。从而,以"圣君贤相"为理想的传统伦理主义在这种历史观面前,便显得异常空泛、苍白和迂腐了。这也就从根本理论上离开了以伦理价值来判断历史的儒学传统,从而伦理也就不能再是最高本体实在,只有历史自己才是这个"道"、"理"的本身。史学(历史意识)将替代经学(伦理教义)而成为主流。

很明显,这与黄宗羲在政治理论上提出"有治法而后有治人"一样,同样体现逐渐摆脱儒学传统的同一个时代心音。

总括起来看,在汉儒那里,伦理学从属于宇宙论,社会政治、历史系统、伦理秩序统统被安排在宇宙论的反馈图式中,尽管是他律道德(即道德由外在五行等规定),但伦理学与历史观、社会论、政治论还是一个相互沟通的整体的结构。到宋儒的时代,这个宇宙论图式早已崩毁,濂、洛、关、闽各大学派尽管也有治平理想和经世方略,但这些方略不但浮浅平常,而且也没能真正与其宇宙观、历史观、伦理学构成内在的理论系统。他们的成就只在内圣心性之学:把宇宙论与伦理学沟通了起来,建立了自律道德的形而上学本体论。这个本体论正由于缺乏与"外王"的深刻的理论关系,从而如前所说,对心性的个体追求走向了准宗教性的超越道路。带来的社会后果非常有害,于是遭到了从陈、叶开始到顾、王、颜、戴的猛烈批判。

但是,无论陈、叶,或者别人,也包括王船山在内,又都未能建立任何可替代宋明理学的新的哲学系统。他们在"内圣"方面,所讲不及朱、王那么精微和深刻;在"外王"方面也没有提出真正的哲学观念。只有王船山算是初步提出了上述以客观的"势"为本体的历史观,并企图与伦理学、宇宙论相联系。但是王船山并没能做到这一点,他也仍未能把伦理学、宇宙观与这种历史观真正会通融合起来。他开始觉察到、触及到历史与伦理的并不一致,但是他并没能真正发现和展开这个巨大矛盾。他强调的仍然是天理人欲之辨、君子小人之别的伦理本体。历史观也仍然从属和局限在传统伦理学范围内。尽管他被外国学者称作是"中国思想家中最'非中国式'的一个"①,但他毕竟不能像黑格尔那样干脆将伦理学从属于历史观之下,以历史过程来统摄一切。因为他没有西方基督教背景,不能产生一个有如上帝的"绝对理念"的观念来统领全局。他遵循中国传统,追求"天人合一"。既然这个"合一"不可能实现在董仲舒式的那种宇宙五行图式里,又不能实现在朱熹、王阳明式的那种"仁即天心"的心性伦理中,而必须回归到具体的历史的现实活动上;这对于王船山,就显然是不可能的事情。王船山缠绕在"天"、"理"、"时"、"势"中而不能真正找到新的理论出路。他不能摆脱理学的框架,更不能越出儒家的藩篱;相反,他是非常自觉地和明确地捍卫和坚持着它们。中国当时还没有近代社会的背景和基础,不能像西方那样,能结合自然科学和社会现实的发展,从中世纪神学藩篱下逐渐而坚决地脱身出来,产生从笛卡尔到康德的伟大近代哲学。王船山不能脱出中国哲学的伦理主义的强固传统,他毕竟不可能建构出以"势"(客观历史规律或趋向)为基础的新的"天理"(伦理本体)观。要做到这一点,并在现实世界和历史长

---

① Dert Bodde, *Essays on Chinese Civilization*, p.251, New Jersey, 1981 年。

河中来实现这种"天人合一",只有在以现代大工业社会为背景的基础上才有可能。这当然就不是王船山所能梦想的了。王船山走到了中国传统哲学的尽头。

王船山犹如此,比王矮小得多的颜元、戴震诸人更不用说。但他们在抨击程朱陆王的理论斗争中却仍有其意义。关于颜元,在本书《墨家初探本》文中已经讲过。至于戴震,虽以考据大师为当时所重,但他自己明确指出"生平著述之大,以孟子字义疏证为第一"[1],"以六书九数等事尽我,犹误认轿夫为轿中人也"[2]。一切考据对戴本人来说,不过是"轿夫",他为吃饭必须做这些,但这禁锢不住他的思想,他的思想(轿中人)却正对宋明理学的无比义愤。这种义愤是明中叶以来社会先进思想的最后回响,它与大体同时的曹雪芹、袁枚、扬州八怪等人,同属于那个黑暗的中国十八世纪中反理学反封建的灼灼明星。

论述戴震的著作已有很多,本文不想重复。只想指出戴震在反理学中伦理学与认识论相混同的特色。理学本是伦理本体论的心性论;理学之所以要讲许多理气、心性、无极太极,都是为了归宿于传统伦理。理学的种种宇宙论和认识论本都主要是为伦理本体论服务的;戴震通过所谓"血气心知"的论证,强调"德性资于学问",实际是把宋明理学的心性论伦理学放在认识论的基础上来解释,从而,戴震所阐明的先验的内在德性必须经过后天的学习培育才有可能,实际便是对宋明理学高扬"德性之知"、贬低"闻见之知"的倒转。钱穆说戴是继承了荀子的性恶论[3],

---

[1] 段玉裁:《戴东原集序》。
[2] 同上。
[3] 钱穆:《中国近三百年学术思想史》下卷,商务印书馆,1937年。

余英时认为戴是主智的①，都觉察到了这一现象。但是由于戴的目标是反禁欲主义，他强调情欲正常满足的合理性、"自然性"，所以冯友兰又说戴是主情的②。我认为，戴的特点正在于表现了中世纪伦理学向近代认识论的过渡。它的实质是伦理学（反理学禁欲主义），它采取的论证角度却是认识论。实际上，它是将明李贽等人以来的重情主欲的思想初步框入哲学认识论中作为内容。但由于他以认识论来讲伦理学，不但把二者混在一起，很难讲清楚；而且也使伦理学的形而上学的意义大为褪色，在深度上反比朱、王等理学大师们简单而粗糙。西方哲学的认识论一般总与自然科学相联系而得到发展，中国近代的认识论的兴起也如此。戴震的认识论缺乏自然科学基础，又并没有与他的考据方法自觉地联系起来，所以它就并未能取得多少科学的成就，它的意义只在于反映了对宋明理学的伦理本体论的强烈抗议和当时整个意识形态要求走向近代的呼声。

人文学科十分发达的中国文化，这种思想的历史动向，仍然更为主要地更为波澜壮阔地表现在由经学而史学，即着眼于具体的历史意识来替代抽象的心性玄谈的思潮中。即使王船山的历史观念无人知晓、长久沉埋，但无论是今文经学派以微言大义寓说时事，或者是古文经学派的章学诚"六经皆史"的著名命题，又都以不同方式表现出顾炎武最早提出"经学即史学"的这一总趋势，在新条件下发扬了中国哲学的历史意识的古老传统。

关于晚清今文学，最后以康有为为代表，也仍然附着在"三世"历史观念上，我在《中国近代思想史论》一书中已讲了不

---

① 余英时：《论戴震与章学诚》，龙门书店，1976年。
② 冯友兰：《中国哲学史》下卷，商务印书馆，1936年。

少,此处不再谈。这里只简略提一下"六经皆史"的说法。如所周知,王阳明和其他一些人已早有此提法,但毕竟是章学诚把这一命题与经世致用、与反理学、与前述"外王"路线连接了起来:

> 天人性命之学,不可以空言讲也。……儒者欲尊德性而空言义理以为功,此宋学之所以见讥于大雅也。……三代学术,知有史而不知有经,切人事也。后人贵经术,以其即三代之史耳。近儒谈经,似于人事之外别有所谓义理矣。浙东之学,言性命必究于史,此其所以卓也。①史学所以经世,固非空言著述也。且如六经,同出于孔子,先儒以其功莫大于春秋,正以切合当时人事耳。后之言著述者,舍今而言古,舍人事而言性天,则吾不得而知矣。学者不知斯义,不能言史学也。②

这里说得相当明白了。"六经皆史"、"经学即史学"的真正含义不即是反对空谈性理的"内圣"之学么?! 戴震从认识论来反理学;章学诚以历史学来反理学。章自觉地和明确地承继宋代陈、叶,明确提出"六经"之为经典,是因为它们乃古代典章制度、行政事实的历史记录,连《易经》这种被宋明理学奉作宇宙伦理本体论的圣典,也被章解释为"政典"、"法宪","其所以原民生与利民用者","而非圣人一己之心思,离事物而特著一书谓

---

① 《文史通义·内篇5·浙东学术》。
② 同上。

以明道也"①。从而,"六经"、孔孟的真传便并不在什么心性义理,而在于具体历史经验的记录。这不正是从准宗教性的伦理学本体论走向近代现实性的历史意识的表现么?王船山是从哲学上,章学诚是从历史学上提出了同一课题。

对章来说,所谓真正的史学不只是记录事实、搜罗材料、排比现象,而在于探求规律。顾炎武说过"明古今之变而知之所以然",章学诚则说得更明确:"整辑排比,谓之史纂;参互搜讨,谓之史考,皆非史学。"②"撰述欲其圆而神,记注欲其方以智也。夫智以藏往,神以知来。记注欲往事之不忘,撰述欲来者之兴起"③,记往是为了知来,所以这不是起居录,不是记账本,这是要求获得某种规律性的认识以卜望未来,而有助于人事,服务于现实。章学诚所谓史家"微茫秒忽之际,有以独断于一心",也正是这个意思。史学家要有眼光来作出独立判断。

章学诚《文史通义》《校雠通义》有各种错误,包括好些知识性错误,"征文考献,辄多谬误","其读书亦大卤莽灭裂矣"④,但它的重要价值和影响却丝毫未减,直至今日仍为海内外学者们所推重。其所以能如此,不正是由于它体现了中国社会和文化的近代趋向的新精神,为"切于人事"的"经世致用"观念提出了历史学的论证么?正是他的这种富有创造性的史学理论,而不是他的那些具体的论证、考核或材料,使他终于取得思想史上的重要位置。在这种意义上,章学诚也正是陈亮、叶适、顾炎武、黄

---

① 《文史通义·易教上》。
② 《文史通义·内篇5·浙东学术》。
③ 《文史通义·书教上》。
④ 《余嘉锡论学杂著·卷下·书章实斋遗书后》。

宗羲、王船山等人的所谓"外王"路线的伸延和扩展。

不是宋明理学，而是这条路线与近代中国进步思想有直接的联系。从龚自珍、魏源到梁启超、章太炎，当然还有许多其他的人，都是在"经世致用"等观念影响下，注重事实、历史、经验，主张改革、变法、革命。无论是龚的"尊史"，魏的"师长"，还是梁的"新史学"，章的"国粹"……都可以看做是中国这种传统在近代特定条件下的继承和发扬。他们愤然推开心性玄谈，而面向现实，救亡图存。谭嗣同有段话把这一点描述得最为清楚了：

> 往者嗣同请业蔚庐，勉以尽性知天之学，而于永嘉则讥其浅中弱植，用是遂束阁焉。后以遭逢世患，深知揖让不可以退萑苻，空言不可以弭祸乱，则于师训窃有疑焉。夫浙东诸儒，伤社稷阽危，悯民涂炭，乃蹶然而起，不顾瞽儒曲士之訾短，极言空谈道德性命无补于事，而以崇功利为天下倡。揆其意，盖欲外御胡虏，内除秕政耳。使其道行，则偏安之宋，庶有豸乎？今之时势，不变法则必步宋之后尘，故嗣同于来书之盛称永嘉，深为叹服，亦见足下与我同心也。①

这就是思想史的真实。

---

① 《致唐佛尘》，见《中国哲学》第4辑，第425页。

试谈中国的智慧

一 时代课题

近几年我陆续发表了几篇谈中国传统思想的文章，现在把这些文章汇集起来，讲几句归总的话。

首先是研究课题问题。我赞成多样化。关于中国思想史哲学史的论著，无论海内外，都已有不少，而且有迅速增加的趋势。其中由通史而走向专史（思潮史、学派史、人物史、专题史等等），是一个很好的势头。我一直主张中国历史和思想史、文学史应该尽量多做细致的专题探究，只有在许多专题做了充分探讨研究之后，才有可能作出比较准确的通史概括。中国人多，搞中国思想史的人也会相对地多一些（对比国外或对比搞西方思想史的人），不妨各自分头随性之所近去深钻细究，而不必千人一面众口一词地挤在通史这条道上。多年来国内关于中国哲学史的通史和专史的著作比例似乎有点失调，应该改革一下，使哲学史思想史的局面来个多样化的新貌。

抱歉的是，我自己这里提供的，却仍然属于通史范围。不过在通史范围内，也应该多样化，即可以从各个不同的角度、用各种不同的方法去接近、探讨、表述中国哲学史、思想史。它们所提出的课题、所经由的途径和所企图达到的目标，可以很不相同。例如，可以有以搜罗整理材料见长的哲学史，也可以有以解释阐发新意见长的哲学史；可以有偏重考证的历史学家的思想史，也可以有偏重义理的哲学家的思想史。在后者中，可以有以唯物论与唯心论的斗争作为根本线索的研究，也可以有以认识发展进程为线索的研究，还可以有其他的课题、途径和线索的研究。我写的这些文章不敢自称哲学史，但哲学史既应是"自我意识的反思史"[1]，那么对展现在文化思想中的本民族的心理结构的自我意识，也就可以成为哲学和哲学史的题目之一。我所注意的课题，是想通过对中国古代思想的粗线条的宏观鸟瞰，来探讨一下中国民族的文化心理结构问题。我认为这问题与所谓精神文明有理论上和实践上的关系，是很值得研究的。总之，我赞成百花齐放，殊途同归，同归于历史唯物主义，同归于像马克思那样谨严地解释历史，找出它所固有的客观规律[2]，以有助于今日之现实，即"有助于人们去主动创造历史"[3]。

美国研究中国思想史的知名教授、已故的列文森（Joseph R.Levenson）曾把思想史比作博物馆，即认为它已失去现实作用和实用价值，而只具有供人们观赏的情感意义。列文森曾以理智上接受西方、情感上面向传统的矛盾来描述解释中国近代知识分子的思想；美国另一位研究中国思想史的专家史华滋

---

[1] 参看《李泽厚哲学美学文选·美学的对象与范围》，湖南人民出版社，1985年。
[2] 我不同意K.Popper认为历史无客观规律可循，Collingwood认为"一切历史均思想史"夸张思想的独立决定作用等理论。
[3] 参看拙著《中国近代思想史论》，第488页，人民出版社，1979年。

(Benianmin Schwartz）则认为，思想史不应该比作博物馆，而应该比作图书馆，即认为它所保存的过去的东西，也许有一天又会有某种参考用途。我的意见是，既不是博物馆，也不是图书馆，而似乎是照相簿；因为思想史研究所应注意的是，去深入探究沉积在人们心理结构中的文化传统，去探究古代思想对形成、塑造、影响本民族诸性格特征（国民性、民族性）亦即心理结构和思维模式的关系。我以为，展现为文学、艺术、思想、风习、意识形态、文化现象，正是民族心灵的对应物，是它的物态化和结晶体，是一种民族的智慧。这里所用"智慧"一词，不只是指某种思维能力、知性模式。它不只是 Wisdom，Intellect；而是指包括它们在内的整体心理结构和精神力量，其中也包括伦理学和美学的方面，例如道德自觉、人生态度、直观才能等等。中国思维的特征也恰恰在于它的智力结构与这些方面交融渗透在一起。它是这个民族得以生存发展所积累下来的内在的存在和文明，具有相当强固的承续力量、持久功能和相对独立的性质，直接间接地、自觉不自觉地影响、支配甚至主宰着今天的人们，从内容到形式，从道德标准、真理观念到思维模式、审美趣味等等。对它们进行自觉意识，科学地探究它们，了解它们在适应现代生活的长处和弱点、需要肯定和否定的方面或因素，总之既发展又改进我们民族的智慧，我以为是一件有意义的事情。因为无论是心理结构或者是民族智慧，都不是一成不变的超时空因果的先验存在，它们仍然是长久历史的成果。面临二十一世纪工艺—社会结构将发生巨大变革的前景，如何清醒地变化和改造我们的文化—心理结构，彻底抛弃和清除那些历史陈垢，以迎接和促进新世纪的曙光，我以为，这正是今日中国哲学要注意的时代课题。但我的这些文章只是开一个头，把问题初步提出来而已。正如我在本书第一篇文章《孔子再评价》提出"文化心理结构"这概念时所说的那样。

因为集中在这个概括性的主题之上，我就只能选择一些最有代表性、最有实际影响的人物和思潮，弃而不论许多比较起来属于次要的人物、学派和思想。例如先秦的名家以及其他好些非常著名甚至非常重要的思想家；也舍弃了所论述的人物、思潮中离这一主题关系较远的方面、内容和层次，当然更完全舍弃了一些属于考证范围的问题如人物生平、史料源流、版本真伪等等。总之，本书所作的只是一种十分粗略的轮廓述评。孙子说："无所不备则无所不寡。"我丝毫不想以齐备为目的，而只望能在舍弃中更突出所要研讨的主题：即在构成中国文化—心理结构中起了最为主要作用的那些思想传统。同时在论述中也尽量注意详人之所略，略人之所详，以避开重复。从目录中可以看出，我所注意论述的是孔墨、孟荀、老韩、易董、庄禅以及所谓"内圣"（理学）"外王"（经世）之学。我没有讲唯物唯心之争或认识论范畴论之类（如现在好些论著），也不同意以孔孟程朱或孔孟陆王为"正宗"（如港、台好些论著）。我以为这两者都太狭隘，不能很好地说明中国思想传统、民族性格或文化心理结构。

研究民族性格或文化心理结构，也可以有各种不同的途径和角度。其中更重要的，也许还是从社会经济、政治的角度出发作些根基的探究。例如，同是人道主义，古代人道主义（如孔孟）与近代人道主义（如西方文艺复兴以来）就由于社会根基不同，其具体内容才产生重大差别。前者以原始氏族传统为根基，强调人际之间的和谐亲睦、互爱互助；后者以资本主义的崛兴为背景，强调的是个性解放、个人的独立和自由。从社会经济基础经由政治、宗教等中介环节，直至升华或提升为思想理论和哲学观念，反过来又作用于影响于人们的行为、活动；我以为历史唯物主义的这一基本原理仍是深刻的。虽然这种根基的研究并不在我的目标之内，我的这些文章仍然是从思想到思想，即思想史自身的研究。但我觉得应该把这个问题强调一下。因为既然不可能专门去探究思想传统的社会史的根源，便应该在研究、论述时十分注意到它，下面想再集中地谈一下这个问题。

二 血缘根基

任何民族性、国民性或文化心理结构的产生和发展，任何思想传统的形成和延续，都有其现实的物质生活的根源。中国古代思想传统最值得注意的重要社会根基，我以为，是氏族宗法血亲传统的强固力量和长期延续。它在很大程度上影响和决定了中国社会及其意识形态所具有的特征。以农业为基础的中国新石器时代大概延续极长，氏族社会的组织结构发展得十分充分和牢固，产生在这基础上的文明发达得很早，血缘亲属纽带极为稳定和强大，没有为如航海（希腊）、游牧或其他因素所削弱或冲击。虽然进入阶级社会，经历了各种经济政治制度的变迁，但以血缘宗法纽带为特色、农业家庭小生产为基础的社会生活和社会结构，却很少变动。古老的氏族传统的遗风余俗、观念习惯长期地保存、积累下来，成为一种极为强固的文化结构和心理力量。直到现在，在广大农村中，不仍然可以看见许多姓氏聚族而居，其中长辈晚辈之分秩序井然么？就在称谓（中国人的亲属称谓极为细密，与西方大不相同）和餐桌（西方分而食之，各自独立；中国共进饭菜，要求谦让有"礼"）上，便也可说是一"名"一"实"

地在日常生活中把这种以血缘亲属为基础的尊卑长幼的等级秩序,作为社会风习长期地巩固下来了。今天走向二十世纪结尾,现代生活已在世界范围内打碎着种种古老传统,中国农村也在开始变革,但观念形态在这方面的变革进度却并不能算迅速(例如关于性爱的观念),那就更不用说鸦片战争以前的传统社会了。

　　充分了解和估计到这一点,就容易理解为什么儒家会在中国社会和中国思想史上占据了那么突出的地位,为什么儒学、儒家或儒教几乎成了中国文化的代名词,孔子成了可与基督、释迦并立的"教主"。在整个中国文化思想上、意识形态上、风俗习惯上,儒家印痕到处可见。充分了解和估计到这一点,也就容易理解,儒家孔子为什么要讲"仁",要把仁学放置在亲子之爱的情感心理的基础之上,终于成为整个儒学(从世界观、宇宙论到伦理学)一个基本特征。只有了解这一点,也就容易理解,为什么从孔孟到顾炎武,儒家老要"复古",复"封建",老喜欢讲"三代之治"(夏商周)。这种所谓"三代之治"与后世虚构的"向前看"的乌托邦不同,也与柏拉图虚构的"理想国"不同。孔子梦见周公,儒家要"复"的"三代之治",确乎有其"向后看"的历史依据的,即父家长制下黄金时代的氏族社会①。所以,本书着重讲了孔子和儒家,以其作为主轴。这不是因为我特别喜欢儒家,而是因为不管喜欢不喜欢,儒家的确在中国文化心理结构的形成上起了主要的作用,而这种作用又有其现实生活的社会来源

---

① 关于中国历史分期是迄今仍在争论的问题,我没有能力参与意见。但以为,周公"制礼作乐"大概是使父系家长制度规范化完善化的一次具有历史意义的重要确定。王国维的《殷周制度论》中的论点仍是值得重视的。其后春秋战国则是这一周制彻底崩毁的社会大变动时期,至此才正式进入真正成熟的阶级社会。参看《孔子再评价》、《孙老韩合说》等文。

的。我之重视墨子、老庄也与此有关。因为他们也从不同方面、不同立场、不同角度反映了原始氏族传统的某种因素或问题，对后世一直有重要影响。中国以后的思想大体是在儒、墨、道（"道生法"，包括法家）这三家基础上变化发展起来的。孟子激进的人道民主与内圣人格，庄子抗议文明反对异化，荀子、《易传》的"外王"路线和历史意识，以及以现实军事政治斗争为基地的古代辩证法和以阴阳五行为骨架的宇宙论，宋明理学的伦理本体、理学和非理学的儒家们的经世致用理论，都是既植根于此历史长河之中，又对后世影响深远的中国传统思想中的最重要的东西。

以儒家为中国文化的轴心或代表，远不是什么新鲜意见，问题在于如何解释它。所谓"解释"却包含有解释者的历史立场和现实态度在内。在中国近代直到今天，对此就有激烈的分歧和争论。保守派经常以保卫孔孟之道作为维护民族传统的旗帜，来对付实际是抵抗时代的挑战；急进派则以打倒孔家店彻底否定儒家来作为振兴民族改造文化的出发点。但无论是保守派或急进派，都似乎并未对儒家或儒学的根基、内容和形式真正作出多少深刻的研究，并没有客观地分析它的各个主要方面、特征、优缺点及其可能的前途；也就是说，对民族传统缺乏真正的自我意识的反思。

可以举一个例子。例如，"敬老尊长"是儒学传统中所保存积累至今仍有巨大社会影响的氏族遗风①。它并不只是个简单的礼仪形式问题，而是一种文化现象和心理情感。在今天以至未来的社会生活中，它可以起某种稠密人际关系的良好作用，应该肯

---

① 参看《孔子再评价》。它源自原始氏族的重经验（老人拥有）。严复说，"其于为学也，中国夸多识而西人尊新知"（《论世变之亟》），以知识博雅为高，轻视新说创见，甚至在今天的学术界也可以明显看到此种遗迹。

定它，保存它。但另方面，这种传统的价值观念却有贵经验而不重新创、讲资历而压抑后辈等等很坏的作用，成为社会进步、生活开拓、观念革新的极大障碍，应该否定它，排除它。从而，如何在制度上、思维中排除它（这应该是目前的主要方向），而又在心理上、情感上有选择地保留它、肯定它，便是一种非常复杂而需要充分研究的问题。传统是非常复杂的，好坏优劣经常可以同在一体中。如何细致地分析剖解它们，获得清醒的自我意识，就显得比单纯的"保卫"或"打倒"，喜欢或憎恶，对今天来说，就更为重要。孔孟儒学一方面保存了氏族传统中的人道、民主等许多优良的东西，另方面又同样保存了氏族传统中许多落后的东西，如"不患寡而患不均"、"何必曰利"、"父母在不远游"、"子为父隐"……等等，这种双重性的剖析，我以为是必要的。对其他各家如墨、老、庄，亦然。氏族社会长期延续于正式的阶级社会之前，它确乎有为阶级社会所丧失掉的许多人类的优良制度和个体品德①。孔孟虽然维护的是已经分裂为等级，已经

---

① 恩格斯："这种十分单纯质朴的氏族制度是一种多么美妙的制度呵！没有军队、宪兵和警察，没有贵族、国王、总督、地方官，没有监狱，没有诉讼，而一切都是有条有理的。……不会有贫穷困苦的人，因为共产制的家庭经济和氏族都知道它们对于老年人、病人和战争残废者所负的义务。大家都是平等、自由的，包括妇女在内。……凡与未被腐化的印第安人接触过的白种人，都称赞这种野蛮人的自尊心、公正、刚强和勇敢……。最卑下的利益——庸俗的贪欲、粗暴的情欲、卑下的物欲、对公共财产的自私自利的掠夺——揭开了新的、文明的阶级社会，最卑鄙的手段——偷窃、暴力、欺诈、背信——毁坏了古老的没有阶级的氏族制度，把它引向崩溃。而这一新社会自身，在其整整两个五百余年的存在期间，又不过是一幅区区少数人靠牺牲被剥削和被压迫的绝大多数人的利益而求得发展的图景罢了。"（《马克思恩格斯选集》第 4 卷，第 92 — 94 页）应该指出，这是指氏族内部。氏族、部落或部族之外则常常是凶狠的残杀和掠夺。"在没有明确和平条约的地方，部落与部落之间仅存在着战争，这种战争进行得很残酷，使别的动物无法和人类相比"（《马克思恩格斯全集》第 21 卷，第 112 页）。儒家原始所强调"夷夏之辨"，"非我族类、其心必异"等等，也都来源于此。

试谈中国的智慧

有统治被统治、劳力与劳心、野人与君子的家长宗法制即"小康"世,但这个早期制度中也确然保存了原始氏族社会中(即"大同世")的好些传统。如"泛爱众"、"君为轻"等等。孔孟思想的力量,主要就在这里,它们保存了氏族社会中的人道民主理想,而不像代表成熟的后期地域国家制的法家思想那么赤裸裸地宣传剥削与压迫、功利与军事。但孔孟思想弱点也在于此,它们轻视功利、强调道德的伦理主义,一直到近现代,仍然是阻碍改革社会结构和改变社会意识的消极力量。不久之前流行的所谓"政治挂帅"、"算政治账"(即不算经济账)之类,实际上不就是"何必曰利"的传统翻版么?所以值得庆幸的是,数千年的农业小生产在近几年商品生产、市场价值的冲击下,已开始在走向重大变化,强固的血缘根基和各种传统观念第一次被真正动摇,个体的独立、创造、前进日渐被承认和发展……。工艺—社会结构的基础方面的改变将带来文化—心理的变革,如何对它作出自我意识,清醒地处理新旧模式、观念、价值的冲突或互补,传统与未来将是一种什么具体关系……,凡此种种,都正是需要哲学史去探索深思的问题。对于孔孟儒家也应如此,我们不是穿着西装来朝拜孔子,也不是将它"批倒批臭",扔进垃圾箱。

三 实用理性

如果说,血缘基础是中国传统思想在根基方面的本源,那么,实用理性便是中国传统思想在自身性格上所具有的特色。先秦各家为寻求当时社会大变动的前景出路而授徒立说,使得从商周巫史文化中解放出来的理性,没有走向闲暇从容的抽象思辨之路（如希腊），也没有沉入厌弃人世的追求解脱之途（如印度），而是执著人间世道的实用探求①。以氏族血缘为社会纽带，使人际关系（社会伦理和人事实际）异常突出，占据了思想考虑的首要地位，而长期农业小生产的经验论则是促使这种实用理性能顽强保存的重要原因。中国的实用理性是与中国文化、科学、艺术各个方面相联系相渗透而形成、发展和长期延续的。中国古代常喜欢说某家源于某官。在我看来，似乎也可以说，中国实用理性主要与中国四大实用文化即兵、农、医、艺有密切联系。中国兵书成熟极早，中国医学至今有效，中国农业之精耕细作，中国技艺的独特风貌，在世界文化史上都是重要现象。它们与天文、历数、制造、炼丹等等还有所不同，兵、农、医、艺涉及极为广泛的社会民众性和生死攸关的严重实用性，并与中国民族的生存保持直接的关系。所以，我在这些文章中曾不断指出老子之于兵、荀易之于农、阴阳五行之于医、庄禅之于艺（首先是技艺）的联系，因为研究不够，可能有些牵强，然而中国实用理性的哲学精神与中国科学文化的实用性格，我以为是明显地有关系的。

　　从而，从哲学看，中国古代的辩证思想虽然非常丰富而成熟，但它是处理人生的辩证法而不是精确概念的辩证法。由于强调社会的稳定、人际的和谐，它们又是互补的辩证法，而不是否定的辩证法。它的重点在揭示对立双方的补充、渗透和运动推移以取得事物或系统的动态平衡和相对稳定，而不在强调概念或事物的斗争成毁或不可相容。中国古代也有唯物论唯心论之分，

---

① 也正因为此，"实用理性"一词有时以"实践理性"一词替代，当它着重指示伦理实践特别是有自觉意识的道德行为时。

例如孟子与荀子，王阳明与王船山……，但由于主客体的对立和人我之分在中国古代哲学中并不占重要地位，唯物唯心之争就远未获有近代西方哲学认识论上的巨大意义。而像"气"、"神"、"道"、"理"等等，不仅仅是中国哲学而且还经常是中国整个文化中的基本范畴，有时便很难明确厘定它们究竟是精神还是物质。"气"可以是"活动着的物质"，也可以是"生命力"的精神概念①。"神"、"理"、"道"似乎是精神了，然而它也可以是某种物质性的功能或规律。中国也讲认识论，但它是从属于伦理学的。它强调的主要是伦理责任的自觉意识，从孔子的"未知，焉得仁"到理学的"格物致知"，都如此。

就整体说，中国实用理性有其唯物论的某些基本倾向，其中我以为最重要的是它特别执著于历史。历史意识的发达是中国实用理性的重要内容和特征。所以，它重视从长远的、系统的②角度来客观地考察、思索和估量事事物物，而不重眼下的短暂的得失胜负成败利害，这使它区别于其他各种实用主义。先秦各家如儒、墨、老、韩等都从不同角度表现了这种历史意识。到荀子、《易传》，则将这种历史意识提升为贯古今通天人的世界观。把自然哲学和历史哲学铸为一体，使历史观、认识论、伦理学和辩证法相合一，成为一种历史（经验）加情感（人际）的理性，这正是中国哲学和中国文化一个特征。这样，也就使情感一般不越出人际界限而狂暴倾泄，理智一般也不越出经验界限而自由翱翔。也正因为此，中国哲学和文化一般缺乏严格的推理形式和抽象的

---

① 如陈荣捷译"气"为"material force"（物质的力），而 F. W. Mote 却译它为"vital-spirit"（有生命的精神）更有译作"质能"的（matter-energy）。
② 参看本书《秦汉思想简议》。

理论探索，毋宁更欣赏和满足于模糊笼统的全局性的整体思维和直观把握中，去追求和获得某种非逻辑、非纯思辨、非形式分析所能得到的真理和领悟。具有抽象思辨兴趣的名家和墨辩没能得到发展，到了汉代大一统意识形态确定后，实用理性的思维模式便随之确定，难以动摇了。唐代从印度引入为皇家倡导而名重一时的思辨性较强的佛教唯识宗哲学，也终于未能持久。中国实用理性的传统既阻止了思辨理性的发展，也排除了反理性主义的泛滥。它以儒家思想为基础构成了一种性格——思想模式，使中国民族获得和承续着一种清醒冷静而又温情脉脉的中庸心理：不狂暴，不玄想，贵领悟，轻逻辑，重经验，好历史，以服务于现实生活，保持现有的有机系统的和谐稳定为目标，珍视人际，讲求关系，反对冒险，轻视创新……。所有这些，给这个民族的科学、文化、观念形态、行为模式带来了许多优点和缺点。它在适应迅速变动的近现代生活和科学前进道上显得蹒跚而艰难。今天，在保存自己文化优点的同时，如何认真研究和注意吸取像德国抽象思辨那种惊人的深刻力量、英美经验论传统中的知性清晰和不惑精神、俄罗斯民族忧郁深沉的超越要求……，使中国的实践（用）理性极大地跨越一步，在更高的层次上重新构建，便是一件巨大而艰难的工作。它也将是一个历史的漫长过程。

四　乐感文化

中国实用理性不仅在思维模式和内容上，而且也在人生观念和生活信仰上造成了传统，这两者不可分割。西方《圣经》却上帝造人后，人背叛上帝，被逐出乐园而与命运相斗争。一般思想史喜欢说西方文化是所谓"罪感文化"，即对"原罪"的自我意识，为赎罪而奋勇斗争：征服自然，改造自己，以获得神眷，再回到上帝怀抱。《圣经·旧约》中描述的耶和华和撒旦的斗争，是心理上的巨大冲突，并非人世现实的纠纷，它追求的超越是内在灵魂的洗礼。虽然这种希伯来精神经由希腊世俗精神的渗入而略形缓和（《新约》以后），但是个体与上帝的直接精神联系，优越于其他一切世间（包括父母）①的关系、联系和秩序这一基本模式始终未变。以灵与肉的分裂，以心灵、肉体的紧张痛苦为代价而获得的意念超升、心理洗涤以及与上帝同在的迷狂式的喜悦……，便经常是以个人为本位的西方"罪感文化"的重要环节。人们把人生的意义和生活的信念寄托于神（上帝），寄托于超越此世间的精神欢乐。这种欢乐经常必须是通过此世间的个体身心的极度折磨和苦痛才可能获有。这是基督教以及其他好些宗教的特征。下面是看报偶然剪下的一则材料，具体细节不一定可靠，但它在表现自我惩罚以求超越的宗教精神上仍是可信的，特抄引如下：

  据路透社报道，最近马来西亚有许许多多的印度教徒群集在吉隆坡附近一个大雾笼罩的石灰穴洞口上，庆祝泰波心节（悔过节），他们用利针戳穿自己的舌头，或将一支手指宽的铁杆穿过自己的脸颊，去击鼓和歌颂他们的家庭和朋友。他们用铁扣针、铁链和尖利凶器来"惩罚"自己，表示

---

① 严复所说"中国委天数，而西人恃人力"，"中国首重三纲而西人最明平等"，固然是指近代西方文化与中国的不同，但也可溯源于中西传统源起的差异。由于强调赎罪，所以重人力奋斗；由于有上帝，所以人均平等地等待最后审判。

对神忏悔和诚心。这些教徒在进行这种活动的过程中都晕倒过去。

　　这只是一种较低级的宗教，远不及基督教的深邃精致。基督教把痛苦视作"原罪的苦果"，人只有通过它才能赎罪，才能听到上帝的召唤，才能达到对上帝的归依和从属，痛苦成了人圣超凡的解救之道。把钉在十字架鲜血淋漓的耶稣作为崇拜的对象，这种情景和艺术，在中国文化传统中便极少见，甚至是格格不入的①。

　　这只是肉体的摧残，还有精神的磨折。陀斯妥耶夫斯基小说中的那种"灵魂拷问"便是例子，它们都是要在极度苦痛中使人的精神得到超升。这种宗教精神在西方文化中非常重要。例如马克斯·韦伯（Max Weber）最著名的理论，便是清教徒的宗教信念使他们刻苦、节约、积累和工作，产生了资本主义。这在根本上说并不准确，但它毕竟强调表述了这种极端克己、牺牲一切以求供奉上帝的西方宗教精神对历史的巨大推动作用。中国虽然一直有各种宗教，却并没有这种高级的宗教精神。中国的实用理性使人们较少去空想地追求精神的"天国"；从幻想成仙到求神拜佛，都只是为了现实地保持或追求世间的幸福和快乐。人们经常感伤的倒是"譬如朝露，去日苦多"，"他生未卜此生休"，"又只

---

① 正如"恶"在中国哲学中不占重要的原始地位一样，罪、苦，亦然。在中国哲学中，"天道"本身是"生生"、是"善"，"恶"只是对它的偏离，从而是派生和从属的。人的现实生存和人世生活是善，并非恶或罪。而"道"的无处不在（甚至"道在屎溺"）更使罪、恶无存身处。所以中国哲学的阴阳便不是光明与黑暗、善与恶、上帝与魔鬼誓不两立的斗争，而是彼此依存渗透互补。参看本书诸文。

恐流年暗中偷换"……。总之非常执著于此生此世的现实人生。如果说海德格尔认为人只有自觉地意识到他正在走向死亡才能把握住"此在",他是通过个体的"此在"追求着"存在的意义";实际上如同整个西方传统一样,仍然是以有一个超越于人世的上帝作为背景的话;那么孔子说"未知生,焉知死;未知事人,焉知事鬼",死的意义便只在于生,只有知道生的价值才知道死的意义(或泰山或鸿毛),"生死"都在人际关系中,在你我他的联系中,这个关系本身就是本体,就是实在,就是真理。"鸟兽不可与同群,吾非斯人之徒而谁与?"自觉意识到自己属于人的族类,在这个人类本体中就可以获有自己的真实的"此在"。因之,在这里,本体与现象是浑然一体不可区分的,不像上帝与人世的那种关系。这里不需要也没有超越的上帝,从而也就没有和不需要超越的本体。正如章太炎在驳斥康有为建立孔教所说:"国民常性,所察在政事日用,所务在工商耕稼,志尽于有生,语绝于无验"①,亦即"体用不二"。"体用不二"②正是中国哲学特征"天人合一"的另一种提法。与印度那种无限时空从而人极为渺小不同,在中国哲学中,天不大而人不小,"体"不高于"用","道"即在"伦常日用"、"工商耕稼"之中,"体"、"道"即是"伦常日用"、"工商耕稼"本身。这就是说,不舍弃、不离开伦常日用的人际有生和经验生活去追求超越、先验、无限和本体。本体、道、无限、超越即在此当下的现实生活和人际关系之中。"天人合一"、"体用不二"都是要求于有限中求无限,即实

---

① 《太炎文录·驳建立孔教议》。
② 本文所讲"体用不二"与熊十力讲的心物不分的"体用不二"不同,这里不涉及物质、精神的认识论关系问题。

在处得超越，在人世间获道体①。

中国哲学无论儒、墨、老、庄以及佛教禅宗都极端重视感性心理和自然生命。儒家如所熟知，不必多说。庄子是道是无情却有情，要求"物物而不物于物"，墨家重生殖，禅宗讲"担水砍柴"，民间谚语说"留得青山在，不怕没柴烧"，等等，各以不同方式呈现了对生命、生活、人生、感性、世界的肯定和执著。它要求为生命、生存、生活而积极活动，要求在这活动中保持人际的和谐、人与自然的和谐（与作为环境的外在自然的和谐，与作为身体、情欲的内在自然的和谐）。因之，反对放纵欲望，也反对消灭欲望②，而要求在现实的世俗生活中取得精神的平宁和幸福亦即"中庸"，就成为基本要点。这里没有浮士德式的无限追求，而是在此有限中去得到无限；这里不是陀斯妥耶夫斯基式的痛苦超越，而是在人生快乐中求得超越。这种超越即道德又超道德，是认识又是信仰。它是知与情，亦即信仰、情感与认识的融合统一体。实际上，它乃是一种体用不二、灵肉合一，既具有理性内容又保持感性形式的审美境界，而不是理性与感性二分、体（神）用（现象界）割离、灵肉对立的宗教境界。审美而不是宗教，成为中国哲学的最高目标，审美是积淀着理性的感性，这就是特点所在。

自孔子开始的儒家精神的基本特征便正是以心理的情感原则

---

① 海德格尔遵循西方传统，强调反人类中心，而去追求超越的存在实即非人格神的上帝；萨特不去强调这种存在，却使自己陷入纯然主观的境地而使其体系较之海氏大为渺小。值得注意的是海氏后期讲"乐"（Joy），从而由无家被弃到有家可归。但这个"家"对海来说，仍然不脱上帝的影子，尽管海是无神论者。

② 在许多宗教那里，如马克思评论印度教所指出的那样，它是自我折磨的禁欲的宗教，又是极端纵欲淫荡贪暴的享乐宗教。佛教中的某些派别也是如此。

作为伦理学、世界观、宇宙论的基石。它强调，"仁，天心也"，天地宇宙和人类社会都必须处在情感性的群体人际的和谐关系之中。这是"人道"，也就是"天道"。自然、规律似乎被泛心理（情感）化了。正因为此，也就不再需要人格神的宗教，也不必要求超越感性时空去追求灵魂的永恒不朽。永恒和不朽都在此感性的时空世界中。你看，大自然（"天"）不是永恒的么？你看，"人"（作为绵延不绝的族类）不也是永恒的么？"天地之大德曰生"，"生生之谓易"。你看它们（天地人）不都在遵循着这同一规律（"道"）而充满盈盈生意么？这就是"仁"，是"天"，是"理"，是"心"，是"神"，是"圣"，是"一"……。中国哲学正是这样在感性世界、日常生活和人际关系中去寻求道德的本体、理性的把握和精神的超越。体用不二、天人合一、情理交融、主客同构，这就是中国的传统精神，它即是所谓中国的智慧。如前面所多次说过，这种智慧表现在思维模式和智力结构上，更重视整体性的模糊的直观把握、领悟和体验，而不重分析型的知性逻辑的清晰①。总起来说，这种智慧是审美型的。

因为西方文化被称为"罪感文化"，于是有人以"耻感文化"②（"行己有耻"③）或"忧患意识"④（"作易者其有忧患乎⑤"）来相对照以概括中国文化。我以为这仍不免模拟"罪感"之意，不如用"乐感文化"更为恰当。《论语》首章首句便是，"学而时习之，不亦说乎；有朋自远方来，不亦乐乎。"孔子

---

① 参阅本书《庄玄禅宗漫述》。
② 如 Herbert Fingarette。
③ 《论语·子路 13·20》。
④ 如徐复观。
⑤ 《易·系辞下》。

还反复说,"发奋忘食,乐以忘忧,不知老之将至云耳","饭疏食饮水,曲肱而枕之,乐亦在其中矣"。这种精神不只是儒家的教义,更重要的是它已经成为中国人的普遍意识或潜意识,成为一种文化——心理结构或民族性格。"中国人很少真正彻底的悲观主义,他们总愿意乐观地眺望未来……"①

因之,"乐"在中国哲学中实际具有本体的意义,它正是一种"天人合一"的成果和表现。就"天"来说,它是"生生",是"天行健"。就人遵循这种"天道"说,它是孟子和《中庸》讲的"诚",所以,"诚者,天之道也;诚之者,人之道也",而"反身而诚,乐莫大焉"。这也就是后来张载讲的"为天地立心",给本来冥顽无知的宇宙自然以目的性②。它所指向的最高境界即主观心理上的"天人合一",到这境界,"万物皆备于我"(孟子),"人能至诚则性尽而神可穷矣"(张载);人与整个宇宙自然合一,即所谓尽性知天、穷神达化,从而得到最大快乐的人生极致。可见这个极致并非宗教性的而毋宁是审美性的③。这也许就是中国乐感文化(以身心与宇宙自然合一为依归)与西方罪感文化(以灵魂归依上帝)的不同所在吧?包括鲁迅,也终于并不喜欢陀思妥耶夫斯基,这大概不会是偶然吧?我们今天应继续沿着鲁迅的足迹前进。鲁迅一生不遗余力地反国粹,斥阿

---

① 参看本书《秦汉思想简议》。
② 参看康德《判断力批判》下卷,自然以文化道德的人为目的。《礼记·礼运》"人者,天地之心",它们似乎都是从客观上讲的。但如纯从客观目的论讲,就会走向宗教有神论。
③ 审美境界可有三层次,悦耳悦目(the Sense of beauty),悦心悦意(the Pleasant-feeling, the satisfaction of mind/heart),悦志悦神。这里所指乃悦神(包含"智的直观"intellectual intuition),参考拙作美学诸文。

Q，要求改造国民性，而其灵柩上却毫无所愧地覆盖着"民族魂"的光荣旗帜。坚决批判传统的鲁迅恰恰正代表着中国民族开辟新路的乐观精神："日新之谓盛德"，"日日新，又日新"。现在的问题是不能使这种所谓"乐观"和开拓变为一种浅薄的进化论、决定论，而应该像鲁迅那样在吸取外来文化影响下所生长和具有的深沉的历史悲剧感、人类命运感……。这样，它才真正具有现代型的无可抵挡的乐观力量。

由于"乐感文化"所追求的"乐"并非动物式的自然产物，而是后天修养的某种成果。它作为所谓人生最高境界，乃是教育的功效，所以儒家无论孟、荀都主学习、重教育；或用以发现先验的善（孟），或用以克制自然的恶（荀）。它们所要求的人格塑造是以仁智统一、情理渗透为原则，实际是孔子仁学结构向教育学的进一步的推演。一方面它要求通过培育锻炼以达到内在人格的完成和圆满；另一方面，由于肯定人生世事，对外在世界和现实世事的学习讲求，也成为塑造的重要方面和内容。"我善养吾浩然之气"与"博施济众"从内外两方面以构成所追求的完整人格即建造个体主体性。这也就是所谓"内圣外王之道"。

如果说，孟子、《中庸》和宋明理学在"内圣"人格的塑造上作了贡献的话，那么荀、易、董和经世致用之学则在培养人格的"外王"方面作出了贡献。所谓"现代新儒家"轻视或抹杀后一方面，并不符合思想史和民族性格史的历史真实。我之所以要强调荀子，并一直讲到章学诚，也是针对"现代新儒家"而发的。

儒学之所以成为中国传统思想主干的另一原因，如同中国民族不断吸收融化不同民族而成长发展一样，还在于原始儒学本身的多因素多层次结构所具有的包容性质，这使它能不断地吸取融化各家，在现实秩序和心灵生活中构成稳定系统。由于有这种稳定的反馈系统以适应环境，中国思想传统一般表现为重"求同"。所谓"通而同之"①，所谓"求大同存小异"，它通过"求同"来保持和壮大自己，具体方式则经常是以自己原有的一套来解释、贯通、会合外来的异己的东西，就在这种会通解释中吸取了对方、模糊了对方的本来面目而将之"同化"。秦汉和唐宋对道、法、阴阳和佛教的吸收同化是最鲜明的实例。引庄入佛终于产生禅宗，更是中国思想一大杰作。在民间的"三教合流"、"三教并行不悖"、孔老释合坐在一座殿堂里……，都表现出这一点。中国没有出现类似宗教战争之类的巨大斗争，相反，存别异求共同，由求同而合流。于是，儒学吸取了墨、法、阴阳来扩展填补了它的外在方面，融化了庄、禅来充实丰富了它的内在方面，而使它原有的仁学结构在工艺—社会和文化—心理两个方面虽历经时代的推移变异，却顽强地保持、延续和扩展开来。而这也正是中国智慧中值得注意的一个特色。也许，这正是文化有机体通过同化而生长的典型吧②。

---

① 所以，有意思的是，不独宋明理学，就是像苏辙等人也同样在搞儒佛同一，他用《中庸》解佛法："所谓不思善不思恶，则喜怒哀乐之未发也。盖中者，佛性之异名，而和者六度万行之总目也。致中和而天地万物生于其间，此非佛法何以当之?"（《老子解》卷4）"古之圣人中心行道而不毁世法"（同上）。也可以柳宗元作例。正如韩愈认为"孔子必用墨子，墨子必用孔子"一样，柳则认为"余观老子亦孔子之异流也，不得以相抗，又况杨墨申商刑名纵横之说……皆有以佐世，其后有释氏……通而同之，咸伸其长而黜其奇衺，要之与孔子同道"（《柳河东集·送元十八山人南游序》)，也是以孔子儒学为基础通过"求同"以融取异物。这类文字思想甚多，清晰地表现了"通而同之"的中国智慧和民族性格。孔子说，"攻乎异端斯害也已"。虽然孟子辟杨墨，韩愈排佛教，王船山斥陆王等等都声色俱厉，"义正词严"，但多半是社会斗争的短暂反映；就总体情况说，并不如此。汉唐文化的包容同化从外在方面显示了这一点。

② 参看本书《秦汉思想简议》。

大体来看，中国传统思想的哲学方面经历了五个阶段。在先秦，主要是政治论的社会哲学，无论是儒、墨、道、法都主要是为了解答当时急剧变动中的社会基本问题，救治社会弊病。在秦汉，它变化为宇宙论哲学。到魏晋，则是本体论哲学。宋明是心性论哲学。直到近代，才有谭嗣同、章太炎、孙中山的认识论哲学。而在这所有五个阶段中，尽管各有偏重，"内圣外王""儒道互补"的实用理性的基本精神都始终未被舍弃。孙中山提出"知难行易"学说，开始在认识论上有真正重视知性的近代趋向，但远远没能得到充分发展。

马克思主义输入中国后，中国传统意识形态产生了迅速的改变。但是，为什么马克思主义会这样迅速地和忠挚地首先被中国知识分子而后为广大人民所接受所信仰？这便是一个很值得思考的问题。当然，主要原因在于中国现代救亡图存即反帝反封建的紧急的时代任务，使进步的知识分子在经历了许多挫折和尝试错误之后，选择和接受了这种既有乐观的远大理想和具体的改造方案，又有踏实的战斗精神和严格的组织原则的思想理论。马克思主义的实践性格非常符合中国人民救国救民的需要。但是，中国传统的民族性格、文化精神（亦即文化心理结构）和实用理性是否也起了某种作用呢？[①] 重行动而富于历史意识，无宗教信仰却

[①] 1949年以后许多有自己明确的哲学观点、信仰甚至体系的著名学者和知识分子，如金岳霖、冯友兰、贺麟、汤用彤、朱光潜、郑昕等人，也都先后放弃或批判了自己的原哲学倾向，并进而接受马克思主义。尽管他们对马克思主义哲学了解的深度和准确度还可以讨论，但接受的内在忠诚性却无可怀疑。金岳霖解放初期还与艾思奇辩论，六十年代初却主动写了《论所以》；朱光潜对马克思主义哲学的态度也很典型。这与他们由热情地肯定共产党领导革命成功使国家独立不受外侮从而接受马克思主义有关；但这种由"人道"（政治）而"天道"（哲学）的心理转移，不又正是中国的思想传统么？他们不正是自觉不自觉地表现了这一传统么？

有治平理想，有清醒理智又充满人际热情……，这种传统精神和文化心理结构，是否在气质性格、思维习惯和行为模式上，使中国人比较容易接受马克思主义呢？以前一些人常说，马克思主义不适合中国国情，但实际的事实却并不如此，马克思主义不仅在中国成功地领导和完成了一场翻天覆地的农民战争，在整个中国社会中生了根，而且在这个过程中，从毛泽东的军事政治战略到刘少奇的个人修养理论，到邓小平的"实事求是是毛泽东思想的精髓"和"两个文明"（物质文明与精神文明）的提法，已经使马克思主义很大程度上中国化，即与中国社会的实际、思想意识的实际结合起来了。因之，如果将马克思主义与许多其他一种近现代哲学理论如新实在论、分析哲学、存在主义等等相比较，马克思主义对中国人也许是更为亲近吧?！这也说明马克思主义在中国结合传统，进一步中国化当非偶然插曲，而将成为历史的持续要求。相反，那些过度繁琐细密的知性哲学（如分析哲学）、极端突出的个体主义（如存在主义），对中国人的心理结构和文化传统倒是相距更为遥远和陌生。我们可以吸收融化其中许多合理的东西（如严格的语言分析、思辨的抽象力量、个体的独立精神等等），但并不一定会被它们所同化，倒可能同化它们。所以，即使从中国思想历史的传统看，也似乎不必过分担心随着现代化的来临，许多外来思潮如存在主义等等将席卷走中国的一切；相反，我们应该充满民族自信去迎接未来，应该更有胆量、更有气魄和智慧去勇敢地吸取外来文化和融化它们。

五　天人合一

但是，应该重复说一次，中国思想传统有着自己的重大缺陷和问题，实用理性正面临着严重的挑战。如前所述，挑战首先来自社会的迅速发展和变迁，从新石器时代以来历史久远的家庭农业小生产和血缘纽带将宣告结束；现代化的进程要求扫清种种封闭因循、消极反馈的行为模式和生活模式，高度发达的自然科学要求舍弃局限于经验论的思想模式……。除了经济发展所带来的社会秩序的变异和生活模式的变革，从而引起与传统思想和传统模式的冲突变革外，文化本身所带来的价值观念的矛盾、冲突和重新估计，也将日益突出。其中个体的重要性与独特性的发展，心理的丰富性、复杂性的增加，使原有的所谓"内圣外王之道"和"儒道互补"成了相对贫乏而低级的"原始的圆满"，而远远不能得到现实生活发展中和精神超越中的满足。缺乏独立个性的中国人如今有了全新人格的追求。捆绑在古典的和谐、宁静与相对稳定中，避开冒险、否定和毁灭，缺乏个体人格的真正成熟的历史时期已成过去，以弗洛依德等理论为基础的自由放纵倾向、与之相反要求回归上帝的神秘宗教倾向，以及追求离群流浪、单独承担全部精神苦难的"绝对"个性①……，可能成为从各个方向对中国传统意识的挑战。中国传统思想和心理结构往何处去？是保存还是舍弃？什么才是未来的道路？如本文所一再认为，正是今天需要加以思索的问题。

关于中国社会和中国文化出路的争论，从清末到今天已经延续了一百年。"中体西用"和"全盘西化"是两种最具代表性而且至今仍有巨大影响的方案。清末主张"中体西用"的洋务派，要求只采取现代科技工艺而排斥与这些很难分割的西方的价值观

---

① 近代由于"上帝死了"（尼采），产生了个体主义的绝对孤独，于是有尼采的权力意志，海德格尔的"此在"，萨特的"自由"等等。

念和政经体制,终于没有成功。以后的"中国文化本位"论则影响更小。主张"全盘西化"的胡适、吴稚晖等人要求彻底抛弃和否定中国既有的文化——心理的各种传统,一切模拟西方,但也应者寥寥,并无结果。殷海光在台湾坚持这一主张,也不成功。实际上,中国现代化的进程既要求根本改变经济政治文化的传统面貌,又仍然需要保存传统中有生命力的合理东西。没有后者,前者不可能成功;没有前者,后者即成为枷锁。其实这就是我们今天讲的"马克思主义中国化"、"中国化的社会主义道路";如果硬要讲中西,似可说是"西体中用"。所谓"西体"就是现代化,它是社会存在的本体。它虽然来自西方,却是全人类和整个世界发展的共同方向。所谓"中用",就是说这个现代化进程仍然必须通过结合中国的实际(其中也包括中国传统意识形态的实际)才能真正实现。这也就是以现代化为"体",以民族化为"用"。因为"体""用"两者本是不可分离地结合在一起的,从而如何尽量吸取消化外来一切合理东西,来丰富、改造和发展自己,便是无可回避的现实课题。

这似乎是老生常谈,卑之无甚高论;实际却是艰巨的历史工作,需要我们作出长期的和各种具体的努力。即使在理论上也需要提出许多子命题来分门别类地去研究探讨。其中,研究表现在传统思想中的文化心理结构如何适应、转换和改造才可能生存和发展,便是本书想要讨论的问题。我试图一分为二地描述剖析以儒家为主干的中国传统思想的某些现象,如上述的心理结构、血缘基础、实用理性、儒道互补、乐感文化、天人合一等等。

"天人合一"便是一个十分复杂的问题。中国"天人合一"观念源远流长,其来有自。大概自漫长的新石器农耕时代以来,它与人因顺应自然如四时季候、地形水利（"天时""地利"）而生存和发展有密切的关系，同时，这一时期尚未建立真正的阶级统治，人们屈从于绝对神权和绝对王权的现象尚不严重，原始氏族体制下的经济政治结构和血亲宗法制度使氏族、部落内部维持着某种自然的和谐关系（"人和"即原始的人道、民主关系）。这两个方面大概是产生"天人合一"（人与自然、个体与群体的顺从、适应的协调关系）观念的现实历史基础。从远古直到今天的汉语的日常应用中，"天"作为命定、主宰义和作为自然义的双层含义始终存在。在古代，两者更是混在一起，没有区分。从而在中国，"天"与"人"的关系实际上具有某种不确定的模糊性质，既不像人格神的绝对主宰，也不像对自然物的征服改造。所以，"天"既不必是"人"匍匐顶礼的神圣上帝①，也不会是"人"征伐改造的并峙对象。从而"天人合一"，便既包含着人对自然规律的能动地适应、遵循，也意味着人对主宰、命定的被动地顺从崇拜。

  "天人合一"观念成熟在先秦。《左传》中有许多论述，孔、孟、老、庄……都从不同角度不同方面提出了这种观念。无论是积极的或消极的，它们都强调了"人"必须与"天"相认同、一致、和睦、协调。值得注意的是，这一认同恰好发生在当时作为时代潮流的理性主义兴起、宗教信仰衰颓之际。这

---

① 值得注意的是，即在此时，就有人对"天"的怨愤。《诗经·雨无正》："浩浩昊天，不骏其德，降丧饥馑，斩伐四国"；《诗经·召旻》："昊天疾威，天笃降丧。瘨我饥馑，民卒流亡"；《诗经·正月》："瞻彼阪田，有菀其特；天之扤我，如不我克"等等，都是对天"降"自然灾害的悲怨愤慨；仍然是把主宰与自然混连在一起的。与后世以至今日对自然灾害的悲怨相去并不太远。

种"天人合一"观念既吸取了原宗教中的天人认同感,又去掉了它原有的神秘、迷狂或非理性内容,同时却又并未完全褪去它原有的主宰、命定含义,只是淡薄了许多;其自然含义的方面相对突出了①。

"天人合一"在董仲舒及其他汉代思想系统中扮演了中心角色,其特征是具有反馈功能的天人相通而"感应"的有机整体的宇宙图式。这个宇宙论的建构意义在于,它指出人只有在顺应(既认识又遵循)这个图式中才能获得活动的自由,才能使个体和社会得以保持其存在、变化和发展(或循环)。这种"天人合一"重视的是国家和个体在外在活动和行为中,与自然及社会相适应、合拍、协调和同一。

如果说,汉儒的"天人合一"是为了建立人的外在行动自由的宇宙模式,这里"天"在实质上是"气",是自然,是身体的话;那么宋儒的"天人合一"则是为了建立内在伦理自由的人性理想,这里的"天"则主要是"理",是精神,是心性。所以前者是宇宙论即自然本体论,后者是伦理学即道德形而上学。前者的"天人合一"是现实的行动世界,"生生不已"指的是这个感性世界的存在、变化和发展(循环);后者的"天人合一"则是心灵的道德境界,"生生不已"只是对整体世界所作的心灵上的情感肯定,实际只是一种主观意识的投射,不过是将此投射提高到道德本体上来了,即将伦理作为本体与宇宙自然相通而合一。

---

① Joseph Needham 和 Dert Bodde 都强调中国思想根本特点之一,在于无创造主的观念(见 J.N. 的《中国科技发展史》第 2 卷和 D.B. 的 *Essays on Chinese Civilization*, New Jersey, 1981 年),这大概正是因为"天"的双层含义的相互制约而并存的结果。所以一方面没有脱开自然的人格神,另方面又无与人事无干的独立的自然规律(Law of Nature)。

它把"天人合一"提到了空前的哲学高度,但这个高度是唯心主义的。"天人合一"的感性现实面和具体历史性被忽略以至取消了。值得注意的是,无论在汉儒那里或宋儒那里,无论"天"作为"气"的自然或作为"理"的精神,虽然没有完全去掉那原有的主宰、命运含义,但这种含义确乎极大地褪色了。汉儒的阴阳五行的宇宙论和宋儒的心性理气的本体论从内外两个方面阻碍了"天"向人格神的宗教方向的发展。

如果今天还保存"天人合一"这个概念,便需要予以"西体中用"的改造和阐释。它不能再是基于农业小生产上由"顺天""委天数"而产生的"天人合一"(不管它是唯物论的还是唯心论的,不管是汉儒的还是宋儒的),从而必须彻底去掉"天"的双重性中的主宰、命定的内容和含义,而应该以马克思讲的"自然的人化"为根本基础。马克思主义源于西方。在西方近代,天人相分、天人相争即人对自然的控制、征服、对峙、斗争,是社会和文化的主题之一。这也突出地表现在主客关系研究的哲学认识论上。它历史地反映着工业革命和现代文明:不是像农业社会那样依从于自然,而是用科技工业变革自然,创造新物①。但即在这时,一些重要的思想家,马克思是其中的先行者,便已注意到在控制、征服自然的同时和稍后,有一个人与自然相渗透、相转化、相依存的巨大课题,即外在自然(自然界)与内在自然(人作为生物体的自然存在和他的心理感受、需要、能力等等)在历史长河中人类化(社会化)的问题,亦即主体与客体、理性与感性、人群与个人、"天理"(社会性)与"人欲"(自然性)……,在多种层次上相互交融合一的问题。这个问

---

① 参看拙作《批判哲学的批判——康德述评》,人民出版社,1979、1984年。

题也就是历史沉入心理的积淀问题。就是说，它以近代大工业征服自然改造自然之后所产生的人与自然崭新的客观关系为基础，这个崭新关系不再是近代工业初兴期那种为征服自然而破损自然毁坏生态的关系，而是如后工业时期在物质文明高度发达的同时恢复自然、保护生态的关系，从而人与自然不再是对峙、冲突、征服的关系，而更应是和睦合一的关系；人既是自然的一个部分，却又是自然的光环和荣耀，是它的真正的规律性和目的性。这是今天发达国家或后工业社会所要面临解决的问题，也是发展中国家所应及早注意研究的问题。而这，恰好就是"天人合一"的问题，是这个古老命题所具有的现代意义。它显然只有在我所理解的马克思实践哲学的基础上才可能得到真正的解答①。

　　鲁迅说，读中国书常常使人沉静下来。我认为，包括上述中国传统思想中的人生最高境界的审美也具有这方面的严重缺陷。它缺乏足够的冲突、惨厉和崇高（Sublime），一切都被消融在静观平宁的超越之中。因之，与上述物质实践的"天人合一"相对应，今日作为人生境界和生命理想的审美的"天人合一"，如何从静观到行动，如何吸取西方的崇高和悲剧精神，使之富有冲破宁静、发奋追求的内在动力，便又仍然只有把它建立在上述人化自然的理论基础之上，才能获得根本解决。这就是把美和审美引进科技和生产、生活和工作，不再只是静观的心灵境界，而成为推进历史的物质的现实动力，成为现代社会的自觉韵律和形式。只有在这样一个现实物质实践的基础上，才可能经过改造而吸收中国"参天地，赞化育"的"天人合一"的传统观念，真正实现

---

① 参看拙作《批判哲学的批判——康德述评》。

人与自然（作为生态环境的外在自然）的和谐相处和亲密关系；与此同时，人自身的自然（作为生命情欲的内在自然）也取得了理性的渗透和积淀。外在和内在两方面的自然在这意义上都获得了"人化"，成为对照辉映的两个崭新的感性系统，这才是新的世界、新的人和新的"美"。这就是我所理解和解释的"自然的人化"或"天人合一"。

（本文据1985年3月4日讲演记录整理）

后　记

自己有些不好的习惯。例如，最近几年写文章时总有点心不在焉。有时由于想着"下一个节目"而不能集中全力。编《中国近代思想史论》的集子时，心里想的是《美的历程》；写《历程》时，心里想的是这本书；写这本书时又想着别的……。于是每本书便都是急于脱手，匆匆写完、编就、交出、了事。书出版后，自己又总是颇不满意：论证不充分，材料有错漏，文字未修饰，甚至有文法不通的句子。但又无可如何，不想再弄。就这样使自己陷在写书——不满意——再写——再不满意的可笑境地中。

与此相关联的近年写作的另一习惯，是尽写些提纲性的东西。从有关中国近代思想史的文章，到《美的历程》，到这本书，都是极为粗略的宏观框架。特别是后两书，上下数千年，十多万字就打发掉。而且，既无考证，又非专题；既无孤本秘笈，僻书僻典，又非旁征博引，材料丰多。我想，这很可能要使某种专家不摇头便叹气的。不过这一点，我倒是自甘如此，有意为之。我记得每次走进图书馆的书库时，几乎总有一种异样的感觉：望洋兴叹，惘然若失。再博览，书总是读不尽的；既然已经有了这么多的书,我何必再来添一本?活着就是为了皓首穷经来写书么?我应该写什么样的书呢?……

这种非常幼稚的感受和问题,对我却似乎是种严重的挑战。"百无一用是书生",自误入文史领域之后,我是深感自己无用才来写书的。但是,中国有那么多的东西可写,有那么多的重要问题和典籍需要研究,有那么多的荒地急待开垦,我到底搞什么写什么呢?我时常惶惑着。五十年代我曾想穷二十年之力研究和写一本《从嘉靖到乾隆》的明清意识形态史;我也曾想结合上古史研究《三礼》;我也想编阮籍的年谱并搞些考证;我当然更想再深入探索一下中国近代的戊戌辛亥时期;或一生守着康德;此外,美学方面还有好些很有意思的题目。就拿这本书来说,这本书讲了许多儒家,其实我的兴趣也许更在老庄玄禅;这本书都是提纲,其实我更想对其中的一些问题例如宋明理学的发展行程作些细致的分析。我常常想,只要在上述题目中选定一个,在我原有基础上,搞它十年八载,大概是可以搞出一两本"真正"的专著来的。如今垂垂老矣,却始终没能那样做。

有一次与两位年轻记者谈话时,我偶然说到,自己不写五十年前可写的书,不写五十年后可写的书。这被记者们发表了,其实,人各有志,不必一样。我非常爱读那些功力深厚具有长久价值的专题著作,我也羡慕别人考证出几条材料,成为"绝对真理",或集校某部典籍,永远为人引用……;据说这才是所谓"真学问"。大概这样便可以"藏之名山,传之后世"了。但我却很难产生这种"不朽"打算,那个书库张着大口的嘲讽似乎总在我眼前荡漾着。这倒使我终于自暴自弃也自觉自愿地选择了写这种大而无当的、我称之为"野狐禅"的空疏之作。我在另处介绍过,"对于创造性思维来说,见林比见树更重要"(《书林》,1984

年第 2 期）。我只希望我这种尽管粗疏却打算"见林"的书，能对具有创造情怀的年轻一代有所启发或助益。在学术文化和非学术文化领域内，我仍坚持五年前说过的，"希望属于下一代"（拙文《读书与写文章》，《书林》1981 年第 2 期）；他们将破旧立新，大展宏图，全面创造。我若能"为王先驱"，替他们效力服务，即于愿足矣，又何必他求？特别是当我的这种写作得到了许多青年同志和一些中老年学者的热情支持、鼓励和关怀后，我似乎更加快乐了。

　　这本书所想讲的便与我所接触的年轻大学生中的两种不同意见有关。一种意见要求彻底打碎传统，全盘输入西方文化以改造民族；另一种希望在打碎中有所保存和继承。前者认为后者在客观上将阻碍现代化的进程；后者认为还应该看到后现代化，要注意高度现代化了的欧美社会所面临的精神困扰。我没有参与这一争论。我仍然是社会存在决定社会意识的理论的信徒，深信当前中国的社会前进首先还是需要基础的变动，需要发展社会生产力、科学技术以及改变相应的各种经济政治体制。在意识形态领域，首先要努力配合这一变化。同时也应该高瞻远瞩，为整个人类和世界的未来探索某些东西。从前一方面说，中国民族的确是太老大了，肩背上到处都是沉重的历史尘垢，以致步履艰难，进步和改革极为不易，"搬动一张桌子也要流血"（记得是鲁迅讲的）。在思想观念上，我们现在某些方面甚至比五四时代还落后，消除农民革命带来的后遗症候的确还需要冲决网罗式的勇敢和自觉。所以本书反对那准宗教式的伦理主义，揭示儒、道、墨等思想中的农业小生产的东西，并以《中国近代思想史论》一书作为本书前导。从后一方面说，比较起埃及、巴比伦、印度、玛雅等古文明来，中国文明毕竟又长久地生存延续下来，并形成了世罕其匹、如此巨大的时空实体。历史传统所积累成的文化形式又仍然含有值得珍贵的心理积淀和相对独立性质；并且百年来以及今日许多仁人志士的奋斗精神与这文化传统也并非毫无干系。所以本书又仍然较高估计了作为理性凝聚和积淀的伦理、审美遗产。这实际也涉及历史主义与伦理主义的二律背反问题。我有时总想起卢梭与启蒙主义的矛盾，浪漫派与理性主义的矛盾，康德与黑格尔的矛盾，托尔斯泰与屠格涅夫的矛盾，油画《近卫军临刑的早晨》中雄图大略的彼得大帝与忠诚的无畏勇士们的矛盾，也想起今天实证主义与马尔库塞的矛盾……。历史本就在这种悲剧性矛盾中行进。这是一个深刻的问题啊。

本书目标之一，就是想把这类问题（不止这一个）从中国思想史角度提出来，供年轻同志们参考、注意和研究。

目的达到了没有呢？不知道。所涉及那许多问题讲清楚没有呢？不知道。大概没有。怎么办呢？以后再说。而这，就算这本书的后记吧。

1985 年

Copyright ⓒ 2008 by SDX Joint Publishing Company
All Rights Reserved.
本作品版权由生活·读书·新知三联书店所有。
未经许可，不得翻印。

图书在版编目（CIP）数据

中国古代思想史论／李泽厚著.—北京：生活·读书·
新知三联书店，2008.6（2025.2 重印）
（李泽厚集）
ISBN 978-7-108-02897-6

Ⅰ.中… Ⅱ.李… Ⅲ.思想史-研究-中国-古代
Ⅳ.B21

中国版本图书馆 CIP 数据核字（2008）第 011805 号

著作财产权人：ⓒ 三民书局股份有限公司
本书中文简体字版由三民书局股份有限公司授权生活·读书·新知三联书店在中国境内（台湾、香港、澳门地区除外）独家出版。
本书中文简体字版禁止以商业用途于台湾、香港、澳门地区散布、销售。
版权所有，未经著作权所有人书面授权，禁止对本书之任何部分以电子、机械、影印、录音或其他方式复制或转载。
著作权合同登记号　图字：01-2008-1259

责任编辑	曾　诚
装帧设计	罗　洪
责任印制	董　欢

出版发行　生活·讀書·新知 三联书店
（北京市东城区美术馆东街 22 号）

邮　　编	100010
网　　址	www.sdxjpc.com
经　　销	新华书店
印　　刷	河北鹏润印刷有限公司
版　　次	2008 年 6 月北京第 1 版 2025 年 2 月北京第 13 次印刷
开　　本	880 毫米 × 1230 毫米 1/32　印张 11.25
字　　数	239 千字
印　　数	63,001-67,000 册
定　　价	88.00 元